O CAPITALISMO COMO RELIGIÃO

Walter Benjamin, foto de passaporte, 1928.

# O CAPITALISMO COMO RELIGIÃO

WALTER BENJAMIN

*organização*
Michael Löwy

*tradução*
Nélio Schneider

Copyright © Boitempo, 2013

Tradução dos originais em alemão em *Gesammelte Schriften* (7v., org. Rolf Tiedemann, Hermann Schweppenhäuser et al., Frankfurt, Suhrkamp, 1972-1991).

| | |
|---:|:---|
| *Coordenação editorial* | Ivana Jinkings |
| *Editores-adjuntos* | Bibiana Leme e João Alexandre Peschanski |
| *Coordenação de produção* | Livia Campos |
| *Assistência de produção* | Isabella Teixeira |
| *Tradução* | Nélio Schneider |
| *Revisão* | Lucas Cartaxo e Thaisa Burani |
| *Índice onomástico* | Alícia Toffani e Artur Renzo |
| *Capa* | David Amiel |
| *Diagramação* | Acqua Estúdio Gráfico |

CIP-BRASIL. CATALOGAÇÃO-NA-FONTE
SINDICATO NACIONAL DOS EDITORES DE LIVROS, RJ.

B416c

Benjamin, Walter, 1892-1940
    O capitalismo como religião / Walter Benjamin ; [organização Michael Löwy ; tradução Nélio Schneider, Renato Ribeiro Pompeu]. - 1. ed. - São Paulo : Boitempo, 2013.
192 p. ; 23 cm.    (Marxismo e literatura)

Inclui índice
ISBN 978-85-7559-329-5

    1. Ciência política. 2. Ciências sociais. 3. Materialismo histórico. 4. Capitalismo. 5. Teoria crítica. 6. Civilização moderna - Aspectos sociais. I. Löwy, Michael. II. Título. III. Série.

13-02886                                            CDD: 320
                                                          CDU: 32

É vedada a reprodução de qualquer parte deste livro sem a expressa autorização da editora.

1ª edição: julho de 2013; 1ª reimpressão: dezembro de 2013;
2ª reimpressão: novembro de 2014; 3ª reimpressão: julho de 2017;
4ª reimpressão: novembro de 2019; 5ª reimpressão: julho de 2021;
6ª reimpressão: outubro de 2023

BOITEMPO
Jinkings Editores Associados Ltda.
Rua Pereira Leite, 373
05442-000 São Paulo SP
Tel.: (11) 3875-7250 / 3875-7285
editor@boitempoeditorial.com.br
boitempoeditorial.com.br | blogdaboitempo.com.br
facebook.com/boitempo | twitter.com/editoraboitempo
youtube.com/tvboitempo | instagram.com/boitempo

# Sumário

*Prefácio* – WALTER BENJAMIN, CRÍTICO DA CIVILIZAÇÃO ................... 7

1. O CAPITALISMO COMO RELIGIÃO .................................................. 21
2. DIÁLOGO SOBRE A RELIGIOSIDADE DO NOSSO TEMPO ............. 27
3. ROMANTISMO ..................................................................................... 53
4. DRAMA BARROCO E TRAGÉDIA ..................................................... 59
5. O SIGNIFICADO DA LINGUAGEM
   NO DRAMA BARROCO E NA TRAGÉDIA ....................................... 63
6. AS ARMAS DO FUTURO .................................................................... 69
7. DE CIDADÃO DO MUNDO A GRÃO-BURGUÊS ............................. 73
8. BERNOULLI, *BACHOFEN* ................................................................. 117
9. TRÊS LIVROS ...................................................................................... 119
10. LIVROS QUE PERMANECERAM VIVOS ........................................ 125
11. CRÍTICA TEOLÓGICA ....................................................................... 127
12. E. T. A. HOFFMANN E OSKAR PANIZZA ...................................... 131
13. UM ENTUSIASTA NA CÁTEDRA: FRANZ VON BAADER ............ 139
14. INSTITUTO ALEMÃO DE LIVRE PESQUISA .................................. 145
15. CRÔNICA DOS DESEMPREGADOS ALEMÃES ............................. 159
16. BÉGUIN, *L'ÂME ROMANTIQUE* ..................................................... 167
17. BRION, *BARTOLOMÉ DE LAS CASAS* .......................................... 171

*Índice onomástico* ..................................................................................... 173
*Sobre o autor e o organizador* .................................................................. 191

## Siglas

(nota numerada) – Nota do autor

N. E. – Nota desta edição

N. E. A. – Nota da edição alemã

N. T. – Nota do tradutor

# Prefácio

## WALTER BENJAMIN, CRÍTICO DA CIVILIZAÇÃO[a]

*Michael Löwy*

Walter Benjamin ocupa uma posição singular na história do pensamento crítico moderno: é o primeiro seguidor do materialismo histórico a romper radicalmente com a ideologia do progresso linear. Essa particularidade não deixa de ter relação com sua capacidade de integrar à teoria crítica elementos da *Zivilisationskritik* romântica. Por sua crítica radical da civilização burguesa moderna, por sua desconstrução da ideologia do progresso – a Grande Narrativa dos tempos modernos, comum tanto aos liberais quanto aos socialistas –, os escritos de Benjamin parecem um bloco errático à margem das principais correntes da cultura moderna.

As coletâneas dos escritos de Walter Benjamin disponíveis em português estão longe de serem exaustivas. Entre os textos esquecidos figuram incontáveis riquezas e, em certos casos, verdadeiras minas de ouro. Recolhemos para esta antologia textos inéditos em português ou difíceis de consultar, que contêm, em graus variados, uma crítica radical da civilização capitalista-industrial moderna. A maior parte desses escritos, que versam sobre temas que vão das armas químicas das guerras futuras à condição dos operários na Alemanha nazista, expressa um olhar lúcido, ora irônico ora trágico sobre o mundo "civilizado" do século XX (e às vezes sobre suas origens nas guerras de conquista do século XVI). Essa crítica, que assume formas literárias, teológicas ou filosóficas, se abastece em três fontes principais: o messianismo judaico, o romantismo alemão e – a partir de 1925 – o marxismo. Carregada de "tempo presente" (*Jetztzeit*) neste início do século XXI, ela igualmente se liga ao que Freud designava como a "inquietante estranheza".

As referências ao romantismo estão presentes ao longo de todo esse itinerário e não foram obliteradas pelas descobertas de Marx ou de Lukács. Desde o texto de juventude intitulado "Romantismo" até a resenha do livro de Albert Béguin, *L'âme romantique et le rêve* (1939), passando pelos textos sobre Johann

---

[a] Tradução do francês por Renato Pompeu. (N. E.)

Jakob Bachofen, Ernst Theodor Amadeus Hoffmann e Franz von Baader, Benjamin não para de construir, com as peças do caleidoscópio romântico, suas próprias figuras da subversão cultural.

O romantismo não é apenas uma escola literária do século XIX ou uma reação tradicionalista contra a Revolução Francesa – duas proposições que se encontram num número incalculável de obras de eminentes especialistas em história literária ou em história das ideias políticas. Antes, é mais uma forma de sensibilidade que irriga todos os campos da cultura, uma visão do mundo que se estende da segunda metade do século XVIII (de Rousseau!) até nossos dias, um cometa cujo "núcleo" incandescente é a revolta contra a civilização capitalista-industrial moderna, em nome de certos valores sociais ou culturais do passado. Nostálgico de um paraíso perdido – real ou imaginário –, o romantismo se opõe, com a energia melancólica do desespero, ao espírito quantificador do universo burguês, à reificação mercantil, ao utilitarismo raso e, sobretudo, ao desencantamento do mundo. Pode assumir formas regressivas, reacionárias, restauradoras, que visam um retorno ao passado, mas igualmente formas revolucionárias que integram as conquistas de 1789 (liberdade, democracia, igualdade), formas revolucionárias para as quais o objetivo não é uma volta para trás, mas um desvio pelo passado comunitário para rumar ao futuro utópico. É evidentemente a essa última sensibilidade que pertence Benjamin[1].

Tentamos situar, seguindo a ordem cronológica, certos aspectos da "crítica da civilização" romântico-revolucionária de Benjamin, através de alguns dos escritos aqui reunidos. Não se trata de um percurso sistemático, mas antes de anotações às margens do livro (no sentido de *Randglossen*) sobre este ou aquele texto que nos parece particularmente marcante. Trata-se, é claro, de uma leitura "orientada", de uma interpretação pessoal que não pretende nenhum privilégio epistemológico. Outras abordagens possíveis e legítimas desses textos não deixarão de se desenvolver na sequência da publicação desta coletânea.

Um dos primeiros artigos de Benjamin (publicado em 1913) se intitula "Romantismo": é uma celebração do romantismo como "verdade, beleza e ação". Outro texto da mesma época, o "Diálogo sobre a religiosidade do nosso tempo", associa romantismo a socialismo e revolução, como formas de uma

---

[1] Para uma discussão sobre o conceito de romantismo, ver meu livro com Robert Sayre, *Révolte et mélancolie: le romantisme à contre-courant de la modernité* (Paris, Payot, 1992). [Ed. bras.: *Revolta e melancolia: o romantismo na contramão da modernidade*, Petrópolis, Vozes, 1995.]

"religião social", e contrasta as lutas heroicas e revolucionárias do passado em relação à marcha ridícula do assim chamado "progresso", que avança como um caranguejo. Desde os primeiros textos de Benjamin, a crítica romântica do progresso se desenvolve de um ponto de vista revolucionário.

Os dois artigos sobre o *Trauerspiel* [drama barroco] são, naturalmente, textos ligados diretamente à problemática de seu grande trabalho sobre o drama barroco alemão. O fragmento "Drama barroco e tragédia" (1916) é uma das primeiras formulações de sua crítica teológica ao tempo mecânico, e constitui, nesse aspecto, um dos fundamentos filosóficos de sua rejeição às ideologias do progresso. Segundo Benjamin, o "tempo mecânico", o tempo que mede espacialmente o movimento dos ponteiros do relógio, é uma "forma relativamente vazia", à qual se opõe radicalmente o tempo histórico-messiânico, o tempo da "consumação" messiânica de que fala a Bíblia. A temática do conflito entre as duas temporalidades atravessa o conjunto das reflexões de Benjamin, dos escritos teológicos de juventude até as teses "Sobre o conceito de história" (1940).

Em 1921, Benjamin redige um fragmento intitulado "O capitalismo como religião", inspirado pelo livro de Ernst Bloch sobre Thomas Münzer, publicado nesse mesmo ano. O texto, de poucas páginas mas denso, e também paradoxal e às vezes hermético, é radicalmente anticapitalista: a religião capitalista, escreve Benjamin, conduz a humanidade para a "casa do desespero". De uma impressionante atualidade, o fragmento tem curiosas semelhanças com a polêmica dos teólogos da libertação latino-americanos contra a "idolatria do mercado". Não se trata de um escrito marxista: a principal referência teórica é Max Weber e, na busca de uma alternativa ao capitalismo, parece inspirar-se no socialismo romântico do pensador anarquista Gustav Landauer.

Se num primeiro momento as simpatias revolucionárias de Benjamin se orientam em direção ao socialismo libertário e ao anarcossindicalismo, é lendo *História e consciência de classe* (1923)[b], de Lukács, que descobre o marxismo. Em 1929, numa pequena nota bibliográfica, ele se refere a esse livro como "a obra filosófica mais coesa da literatura marxista", cuja principal virtude é colocar no centro de sua reflexão "a situação crítica da luta de classes". Manifestando sua autonomia em relação à versão "oficial" do movimento comunista, Benjamin defende o livro de Lukács contra os porta-vozes do partido soviético (Deborin).

---

[b] Trad. Rodnei Nascimento, São Paulo, Martins Fontes, 2003. (N. E.)

A adesão de Benjamin ao materialismo histórico não significa o abandono das ideias românticas: estão presentes em sua interpretação do marxismo, que ganha assim uma qualidade crítica singular. Uma das manifestações mais importantes dessa singularidade é a preocupação com os riscos relacionados à utilização militar dos avanços científicos e técnicos modernos. Exemplo dessa preocupação, aliás inspirado pelo pessimismo revolucionário proclamado no ensaio de 1929 sobre o surrealismo, é um pequeno artigo intitulado "As armas do futuro" (1925), com o irônico subtítulo "Batalhas com cloroacetofenona, difenilamina cloroarsina e sulfato de dicloroetila". O tema é a utilização da química moderna a serviço do "militarismo internacional": as próximas guerras poderão fazer uso de gases mortais – como o gás mostarda ou a lewisita – que não fazem nenhuma distinção entre civis e militares e podem destruir todas as formas de vida humana, animal ou vegetal num vasto território. O "ritmo" dessas futuras guerras químicas, contra as quais não há nenhuma defesa, será ditado pelo desejo de cada potência de "não só [...] defender-se, mas também de suplantar os terrores provocados pelo inimigo por terrores dez vezes maiores". Essas futuras catástrofes superam a imaginação humana: "a monstruosidade do destino ameaçador" serve de pretexto à preguiça mental e aos discursos tranquilizadores sobre a "impossibilidade" de tal guerra.

É surpreendente ver até que ponto esse curto texto, sóbrio e quase clínico – que tem um equivalente no aforismo intitulado "Alarme de incêndio" de *Rua de mão única* (1928)[c], no qual se trata igualmente da guerra química –, previu as dramáticas consequências das inovações tecnológicas para as guerras modernas. Se mesmo ele, o mais pessimista dos pensadores revolucionários do entreguerras, não podia prever a chegada de uma forma de tecnologia militar infinitamente mais moderna e mais mortífera do que os gases tóxicos – a arma atômica –, mesmo assim percebeu, com uma acuidade extraordinária, o tipo de perigos de que era portador o progresso técnico no quadro da civilização (burguesa) moderna. Esse modesto artigo é um exemplo impressionante da lucidez desse "dissidente da modernidade", dessa Cassandra do século XX, cujas sóbrias advertências tiveram ainda menos eco entre seus contemporâneos do que as da própria Cassandra entre os troianos.

Isso não quer dizer que, como os partidários retrógrados da *Zivilisationskritik*, Benjamin rejeite em bloco toda a tecnologia moderna. É assim que ele se

---

[c] Trad. Rubens Rodrigues Torres Filho e José Carlos Martins Barbosa, São Paulo, Brasiliense, 1987. (N. E.)

dissocia explicitamente – numa resenha daquele mesmo ano (1925), consagrada a um livro de Carl Albrecht Bernoulli sobre Bachofen – de autores como Ludwig Klages, que alardeavam uma "rejeição sem perspectiva do estado 'técnico' e 'mecanizado' do mundo atual". Sem negligenciar o interesse do trabalho antropológico de Klages sobre o ctonismo – culto patriarcal da terra e dos mortos – em Bachofen, ele afirma sem equívocos uma crítica radical das profecias da decadência feitas por esse autor – que, nessa época, ainda não tinha aderido ao nazismo – e de suas premissas filosóficas e teológicas. Nesse curto texto, Benjamin só menciona de passagem o interesse de Friedrich Engels por Bachofen, mas esse aspecto – a recepção pela esquerda em relação ao autor do *Muterrecht* [direito materno] – será abordado no texto em francês para a N. R. F. em 1935: alimentando-se em "fontes românticas", a obra de Bachofen fascinou Engels, Paul Lafargue e Elisée Reclus por sua "evocação duma sociedade comunista na aurora da história", uma sociedade de tipo matriarcal tão democrática e igualitária que constituiria uma verdadeira "subversão do conceito de autoridade" e seria um exemplo, para além dos séculos, para o "ideal libertário". A nós parece que Bachofen, relido por Engels e Reclus, ocupa uma posição importante no dispositivo teológico-político de Benjamin: a sociedade sem classes do passado mais arcaico não seria o equivalente profano desse "paraíso perdido" que é discutido nas teses "Sobre o conceito de história"?

A lucidez premonitória de Benjamin é muitas vezes sedutora, mas ele não era um oráculo infalível e podia, como todo mundo, se enganar redondamente. Um exemplo particularmente surpreendente: numa resenha sobre três livros, publicada em 1928, na qual trata de *Der Verrat der Intellektuellen* [A traição dos intelectuais], de Julien Benda, Benjamin escreveu, comparando canhestramente os intelectuais franceses e alemães: "E se na França os seus espíritos mais representativos aderiram aos nacionalistas extremos, enquanto na Alemanha aderiram aos radicais de esquerda, isso não tem a ver só com as diferenças nacionais, mas também com a pequena burguesia francesa economicamente mais resistente". Erro curioso!

Em sua crítica da ideologia do progresso, Benjamin se interessou sobretudo pela Europa, mas existe uma poderosa crítica da conquista do México pelos espanhóis num pequeno e interessantíssimo texto que foi completamente esquecido pelos críticos e especialistas em sua obra: trata-se da resenha que publicou em 1929 sobre a obra de Marcel Brion a respeito de Bartolomé de Las Casas, o célebre bispo espanhol que, no México, assumiu a defesa dos índios. A resenha de Benjamin apareceu na *Die Literarische Welt*, a famosa revista alemá dos anos Weimar, em 21 de junho de 1929. Brion era, como se sabe, um espírito fascinado pelo romantismo alemão, pelo fantástico e pelo maravilhoso; escreveu várias obras biográficas, entre elas a que chamou aqui a atenção de Benjamin: *Bartholomé de Las Casas: "Père des Indiens"*[2].

Tomando a contrapelo a história da conquista espanhola das Américas como obra de "civilização", Benjamin a considera aqui como o primeiro capítulo da história colonial europeia, um capítulo que transformou "todo o novo mundo conquistado numa câmara de tortura". As ações da "soldadesca espanhola" criaram um novo conceito espiritual "que não se pode representar sem horror". Como toda colonização, a do Novo Mundo teve suas razões econômicas – os imensos tesouros de ouro e prata das Américas –, mas os teólogos oficiais tentaram justificá-la com a ajuda de argumentos jurídico-religiosos: "a América seria terra sem dono; a subjugação seria a precondição da missão; seria dever cristão interferir nos sacrifícios humanos dos mexicanos". "Combatente heroico num posto absolutamente perdido", Bartolomé de Las Casas lutou pela causa dos povos indígenas afrontando, por ocasião da célebre controvérsia de Valladolid (1550), o cronista e cortesão Sepúlveda, "teórico da razão de Estado", e finalmente conseguiu obter do rei da Espanha a abolição da escravidão e da *encomienda* (sistema de servidão dos índios) – medidas que jamais foram efetivamente aplicadas nas Américas.

Estamos aqui na presença de uma dialética histórica no campo da moral, sublinha Benjamin: "em nome do catolicismo um sacerdote se contrapõe aos horrores cometidos em nome do catolicismo" – do mesmo modo que outro padre, Bernardino de Sahagún, salvou na sua obra a herança cultural indígena destruída sob a bênção do catolicismo.

Mesmo se tratando de uma pequena resenha, o texto de Benjamin é uma fascinante aplicação de seu método ao passado da América Latina, interpretando a história do ponto de vista dos vencidos por meio do materialismo histórico. Sua afirmação sobre a dialética moral do catolicismo merece igualmente ser notada, pois constitui quase uma intuição da futura Teologia da Libertação...

A adesão de Benjamin ao materialismo histórico não significa o desaparecimento de seu interesse pela teologia, mas esse interesse assume desde logo formas pouco convencionais. Assim, numa nota de 1930 intitulada "Crítica teológica", Benjamin observa, a propósito de um livro do crítico literário Willy Haas, que o interesse do autor – que se refere tanto ao Talmude, a Kierkegaard e

---

[2] Paris, Plon, 1928.

a Tomás de Aquino quanto a Pascal – remete menos aos escritos propriamente teológicos do que às "obras daqueles que concederam asilo aos conteúdos teológicos extremamente ameaçados, em seu disfarce mais esfarrapado" – uma fórmula que se aplica perfeitamente ao relacionamento do próprio Benjamin com o teológico! Para Benjamin, uma das grandes qualidades do livro de Haas seria, portanto, ter proposto uma interpretação de Kafka "que, em toda parte, penetra com a máxima energia até os assuntos teológicos" – o que Benjamin tentará também fazer alguns anos mais tarde.

A teologia – ou a religião – e a crítica romântica da modernidade inspiram igualmente outro ensaio dessa mesma época, consagrado a E. T. A. Hoffmann e Oskar Panizza. Para Benjamin, Hoffmann é importante na medida em que é um herdeiro romântico do "ideário mais antigo da humanidade"; ele acreditava firmemente em "conexões ativas com os tempos mais primevos (*Urzeit*)". Essas citações ilustram uma dimensão significativa do relacionamento de Benjamin com o passado: sua preferência vai na direção dos tempos antigos, arcaicos, primitivos, e não, como entre a maior parte dos românticos, da Idade Média. Mas o escritor romântico alemão o interessa também por causa do "mais cabal dualismo religioso" entre o vivente e o autômato, que atravessa seus contos, do mesmo modo que atravessa os contos de Edgar Allan Poe, Alfred Kubin e Oskar Panizza. Os contos de Hoffmann – Benjamin provavelmente pensa no célebre "Homem de areia", história que apresenta Olímpia, uma boneca mecânica, que no fim provoca a loucura e a morte do personagem principal – são inspirados pela identidade secreta entre o autômato e o diabólico e pela ideia de que a vida cotidiana na sociedade moderna é "produto de um mecanismo artificial asqueroso, cujo núcleo é governado por Satanás". A alegoria do autômato, o sentimento agudo e desesperador do caráter mecânico, uniforme, vazio e repetitivo da vida dos indivíduos na sociedade industrial é uma das grandes iluminações que atravessam os escritos de Benjamin no curso dos anos 1930.

Uma visão "resolutamente religiosa" caracteriza também outro autor romântico tardio que vai interessar Benjamin: Franz von Baader. Personagem inclassificável, esse católico heterodoxo – antipapista –, crítico feroz (mas conservador) da economia capitalista liberal, sonhava com uma "Igreja universal" em que o clero teria a vocação de assumir a defesa dos proletários, os novos hilotas excluídos da civilização industrial. Se esse filósofo social-cristão – completamente esquecido pelos historiadores do romantismo – atrai a atenção de Benjamin, que redige em 1931 uma resenha sobre o livro de David Baumgardt sobre "Franz von Baader e o romantismo filosófico", é porque seu pensamento tipicamente romântico estava, no entanto, impregnado pela ideias do Iluminismo [*Aufklärung*] e, contrariamente às ideias feitas sobre o romantismo, era hostil ao nacionalismo. Graças a sua abordagem romântico-esclarecida, esse "entusiasta na cátedra" (é o título da nota de Benjamin) pôde estabelecer, por volta de 1835, um "diagnóstico da situação social das classes trabalhadoras" que "esteve à frente de quase todos os seus contemporâneos". O que também agrada Benjamin em Baader é o seu cosmopolitismo antinacionalista: "Porque sua teoria era romântica na mesma proporção em que era cosmopolita", declaração a que Benjamin faz seguir uma citação na qual aborda uma Igreja universal, um "templo de Zoroastro", desembaraçado de qualquer limitação nacional e inspirado pelo "espírito da humanidade".

Encontramos de novo Baader numa antologia de textos de autores alemães dos séculos XVIII e XIX – antecedidos de pequenas notas –, publicada por Benjamin em colaboração com o ensaísta Willy Haas na revista *Die Literarische Welt*, em 1932. Numa das pequenas notas dos editores, há a seguinte passagem, que associa Baader a outros críticos românticos-conservadores da civilização: "A polêmica defensiva de cunho feudal altamente conservador contra a sociedade industrial burguesa feita por Adam Müller e Franz Baader, que ainda se encontrava em seus primórdios mas estava em gradativa expansão, atesta uma perspicácia espantosa, quase profética, e muitas vezes é quase literalmente coincidente com a posterior crítica ofensiva que Karl Marx fez da sociedade capitalista; ainda assim, Marx rejeitou expressamente e com aspereza essa crítica romântica".

Os autores aqui sem dúvida têm em mira a passagem bem conhecida do *Manifesto Comunista* em que Marx e Engels ridicularizam o "socialismo feudal", mas ao mesmo tempo reconhecem que, "por vezes a sua crítica amarga, mordaz e espirituosa feriu a burguesia no coração"[d].

Cosmopolitismo contra nacionalismo: não é por acaso que essa oposição é um dos temas principais da antologia de 1932: o inimigo nacional-"socialista" já estava *ante portas*. A introdução anuncia que se trata de pôr em evidência a inquietante evolução da consciência burguesa alemã a partir do "ideal cosmopolita" – ou ainda, a partir do "antigo cosmopolitismo burguês" – rumo ao "chauvinismo dos Estados industriais na era do capitalismo avançado". Um

---

[d] Karl Marx e Friedrich Engels, *Manifesto Comunista* (trad. Álvaro Pina, São Paulo, Boitempo, 1998), p. 59-60. (N. E.)

dos primeiros extratos escolhidos é uma advertência de Herder – outro romântico esclarecido – contra a "loucura nacional" e as "imagens malsãs" que ela cria em torno da palavra "sangue": "incesto [*Blutschande* = ato vergonhoso contra o próprio sangue], amigos íntimos [*Blutsfreunde* = amigos que fizeram um pacto de sangue], tribunal de morte [*Blutgericht* = 'tribunal de sangue']". Comentando os escritos nacionalistas que se sucederam à Guerra Franco-Prussiana, os dois editores constatam que "a burguesia forjou novas armas de guerra: concepções de mundo, teorias raciais, metáforas políticas, humanas e filosóficas". Há aqui de novo a inquietação de Benjamin em relação às "armas novas", expressa dessa vez não em termos de tecnologia, mas num terreno não menos letal: a ideologia.

Se a ascensão do racismo é uma das preocupações dos dois editores – Willy Haas também era judeu –, é surpreendente o silêncio da antologia sobre a questão do antissemitismo. Esse silêncio chega ao ponto de a antologia apresentar o autor de um dos extratos – uma espécie de reportagem sobre os horrores da guerra franco-russa de 1813 –, Ernst Moritz Arndt, como "um poeta libertário patriótico e publicista da época napoleônica", sem nenhuma menção a seu virulento antissemitismo, que, no entanto, o fez ser considerado pelos nazistas como um de seus precursores! É preciso dizer que a cegueira em relação à ascensão do antissemitismo era amplamente compartilhada pela *intelligentsia* judaica alemã.

A partir de 1933, não há mais dúvidas. Obrigado a se exilar na França por causa da instauração do Terceiro Reich, Benjamin sobrevive graças ao subsídio – modesto – da Escola de Frankfurt. Em 1938, ele vai publicar, numa revista a rigor conservadora, *Maß und Wert* (editada em Paris), uma homenagem ao Instituto de Pesquisa Social, nessa época já transferido para o exílio em Nova York. Coloca no centro de suas reflexões o combate dos frankfurtianos contra o positivismo, a expressão mais coerente do conformismo burguês. Desde 1931, escreve, Horkheimer tinha denunciado "a propensão tão característica do positivismo de considerar a sociedade burguesa como eterna e tratar suas contradições – tanto as teóricas quanto as práticas – como bagatela". Três anos depois, o mesmo autor mostra como "a submissão acrítica ao vigente [...] acompanha o relativismo do pesquisador positivista como a sua sombra". Essa crítica do positivismo implica o questionamento da "'empresa' (*Betrieb*) científica", que se colocou sem problemas de consciência a serviço dos poderosos, assim como as ciências "positivas" em geral, tão frequentemente cúmplices "de atos de violência e da barbárie".

Outro tema importante dessa nota, aparentemente modesta mas de fato muito significativa – o único escrito de Benjamin sobre a Escola de Frankfurt! –, se refere a uma problemática que já evocamos anteriormente: as leituras de esquerda de Bachofen. Aborda os trabalhos de Erich Fromm, com referência a Freud e, sobretudo, a Bachofen, de quem se apropria da "teoria da ordem polar das famílias: a ordem matricêntrica e a ordem patricêntrica" – uma teoria "que a seu tempo foi considerada por Engels e por Lafargue uma das maiores realizações históricas daquele século". A fórmula é um tanto exagerada, mas o que interessa a Benjamin é utilizar essa leitura de Bachofen para criticar, com Fromm, a autoridade patriarcal (ou patricêntrica), fundamento da estrutura autoritária do conjunto da sociedade. Segundo Benjamin, os trabalhos de Fromm contribuem para o objetivo para o qual convergem todos os trabalhos do Instituto de Pesquisa Social, "uma crítica da consciência burguesa".

Também em 1938 Benjamin publica uma nota sobre um romance da escritora comunista judia Anna Seghers, intitulado *Die Rettung* [O salvamento], com o título de "Uma crônica dos desempregados alemães". Esse texto, surpreendente de muitos pontos de vista, pode ser considerado uma espécie de sequência ao grande ensaio sobre o narrador, de 1936: Seghers é apresentada não como uma romancista, mas como uma narradora, e seu livro, como uma crônica, o que lhe dá, aos olhos do autor da resenha, um valor espiritual e político muito alto. Benjamin compara sua arte à dos miniaturistas de antes da perspectiva ou à dos cronistas da Idade Média, cujos personagens são "delimitados por um tempo transfigurado que pode interromper subitamente a sua atuação". "O reino de Deus os alcança como catástrofe." A catástrofe que se abateu sobre os desempregados e os trabalhadores alemães, o Terceiro Reich, é o exato oposto desse "Reino de Deus": "Porém, ela é algo como a sua imagem inversa, o aparecimento do anticristo. Como se sabe, este arremeda a bênção que foi anunciada como messiânica. Assim sendo, o Terceiro Reich arremeda o socialismo". Aquilo que Benjamin esboça aqui – a propósito de um romance de inspiração comunista! – é de fato uma espécie de crítica judaico-cristã do nazismo como falso Messias, como anticristo, como manifestação diabólica de um espírito do mal, enganador e ardiloso. O socialismo é assim teologicamente interpretado como o equivalente da promessa messiânica, enquanto o regime hitleriano, a imensa mistificação que se pretende "socialista e nacional", surge a partir dos poderes infernais: a expressão "inferno nazista" aparece mais adiante no texto. Depois de ter prestado homenagem a Seghers por ter reconhecido, corajosamente e sem circunlóquios, a derrota da revolução na Alemanha, Benjamin conclui sua nota com uma pergunta angustiada: "esses homens se libertarão?". A única esperança seria uma Redenção (*Erlösung*) – ainda um conceito messiânico –, mas de onde viria? Dessa vez, a resposta é profana: a salvação virá das crianças, das crianças dos proletários de que fala o romance.

Pouco antes da guerra, em janeiro de 1939, Benjamin publica um último texto de homenagem ao romantismo, uma resenha do livro de Albert Béguin *L'âme romantique et le rêve*. Estudando o romantismo como movimento espiritual e prolongando suas reflexões até o surrealismo, Benjamin conseguiu escapar às amarras acadêmicas. Sua pesquisa é exemplar, pelo rigor e precisão, mas lhe falta uma dimensão essencial: o esclarecimento da constelação histórica que permitiu a emergência das ideias românticas e que fez de certos poetas – Ritter, Novalis, Karoline von Günderrode – verdadeiros "guardiães da soleira" (*Hütter der Schwelle*). Benjamin não propõe uma análise histórica, mas sugere uma hipótese sobre o fascínio romântico pelo sonho: "Seu apelo à vida onírica foi um aviso de emergência; foi um indicativo, não tanto do caminho que a alma deve tomar para retornar ao lar, mas de que esse caminho já havia sido obstruído [*Verlegt*]".

O fim da história é conhecido: em 1940, quando era meia-noite no século, os gritos de socorro enviados por Benjamin não haviam sido ouvidos. Encontrando-se sem saída, barrado seu último caminho, não teve outra alternativa a não ser o suicídio.

---

Não só nos documentos incluídos neste livro, mas no conjunto da obra de Benjamin, a crítica romântica da *Zivilisation* capitalista está onipresente; como uma corrente elétrica, ela atravessa seus escritos e alimenta algumas de suas principais *iluminações profanas*. O texto que concentra, como em uma *pedra de raio* – expressão de André Breton para definir alguns dos principais poetas românticos alemães – essas iluminações são as teses "Sobre o conceito de história" (1940), seu testamento filosófico e um dos textos mais significativos do pensamento revolucionário desde as "Teses sobre Feuerbach", de Marx (1845)[3]. Nesse itinerário, ele vai utilizar, como materiais para uma operação altamente explosiva, não somente os escritos da *Frühromantik*, o primeiro romantismo

---

[3] Para uma interpretação das teses, remeto a meu livro *Walter Benjamin: aviso de incêndio: uma leitura das teses "Sobre o conceito de história"* (trad. Wanda Nogueira Caldeira Brant, São Paulo, Boitempo, 2005).

alemão, do inicio do século XIX, mas também outras estrelas da nebulosa romântica anticapitalista, do socialista utópico Charles Fourier ao poeta surrealista André Breton.O produto essa operação será a invenção de um novo marxismo, atravessado de estilhaços messiânicos e românticos.

Se a maioria dos pensadores da teoria crítica compartilhavam o objetivo de Adorno (em *Minima Moralia*[e]) de colocar o ataque dirigido contra a civilização burguesa pelos românticos conservadores a serviço dos objetivos emancipadores do Iluminismo, Benjamin é talvez aquele que mostrou o maior interesse pela apropriação crítica dos temas e ideias do romantismo anticapitalista. Nas *Passagens*[f], ele se refere a Korsch para pôr em evidência a dívida de Marx, via Hegel, em relação aos românticos alemães e franceses, mesmo os mais contrarrevolucionários. No entanto, nenhuma confusão é possível: contrariamente aos conservadores e aos nostálgicos reacionários das hierarquias do passado, a crítica marxista de Benjamin se situa explicitamente do ponto de vista dos vencidos e dos oprimidos, das classes dominadas, dos párias da história[4].

Existe nele, como em muitos utopistas, uma surpreendente dialética entre o passado mais distante – o de uma "vida anterior" pré-histórica evocada, segundo ele, pelos poemas de Baudelaire – e o futuro emancipado. Nas *Passagens* parisienses, dois críticos românticos da civilização, Fourier e Bachofen, aparecem respectivamente como figuras emblemáticas da nova e da antiga harmonia. As sociedades arcaicas da história primitiva (*Urgeschichte*), sobre as quais fala Bachofen, são também as sociedades da harmonia entre os seres humanos e a natureza, harmonia quebrada pelo "progresso" capitalista-moderno. Sua visão de uma constituição matriarcal da sociedade opõe a imagem da natureza como mãe nutriz à "concepção criminosa (*mörderische*) da exploração da natureza dominante desde o século XIX"[5]. Benjamin associa estreitamente a abolição da exploração do trabalho humano e a abolição da exploração da natureza, e encontra no "trabalho apaixonado" dos "*harmoniens*", segundo Fourier, o modelo utópico de uma atividade emancipada e a promessa de uma reconciliação futura com a natureza. Na segunda Comunicação, "Paris, capital do século XIX"

---

[e] Trad. Gabriel Cohn, Rio de Janeiro, Azougue, 2008. (N. E.)

[f] Trad. Irene Aron e Cleonice Paes Barreto Mourão, Belo Horizonte, Editora UFMG, 2006. (N. E.)

[4] Ver sobre esse assunto o belo livro de Eleni Varikas, *Les rébuts du monde. Figures du paria* (Paris, Stock, 2007), col. Un ordre d'idées.

[5] Walter Benjamin, *Livre des Passages Parisiens* (Paris, Ed. Du Cerf, 2000), p. 377; cf. "Passagenwerk", em *Gesammelte Schriften (GS)* (Frankfurt, Suhrkamp, 1986, v. I), p. 456.

(1939), ele escreve: "Um dos traços notáveis da utopia fourierista é que a ideia da exploração da natureza pelo homem, tão corrente na época posterior, lhe é estranha [...]. A concepção posterior da exploração da natureza pelo homem é o reflexo da exploração real do homem pelos proprietários dos meios de produção"[6]. Essa sensibilidade "ecossocialista" antes do tempo é sem dúvida uma das características que distinguem radicalmente os escritos de Benjamin das tendências dominantes de sua época (aí incluídas as tendências da esquerda).

O pensamento de Benjamin está profundamente enraizado na tradição romântica alemã e na cultura judaica da Europa Central; ele corresponde a uma conjuntura histórica precisa, que é aquela da época das guerras e das revoluções, entre 1914 e 1940. E, no entanto, os temas principais de sua reflexão são de uma surpreendente *universalidade*: nos dão instrumentos para compreender realidades culturais, fenômenos históricos, movimentos sociais em outros contextos, outros períodos, outros continentes. No começo do século XXI, em face de uma civilização industrial-capitalista, cujos "progresso", "expansão" e "crescimento" conduzem numa velocidade crescente a uma catástrofe ecológica sem precedentes na história da humanidade, esses instrumentos constituem um precioso arsenal de armas críticas e uma janela aberta para as paisagens-do-desejo da utopia. Para Benjamin, só uma revolução podia interromper a marcha da sociedade burguesa rumo ao abismo, mas ele dava a respeito da revolução uma definição nova: "Marx havia dito que as revoluções são a locomotiva da história mundial. Mas talvez as coisas se apresentem de maneira completamente diferente. É possível que as revoluções sejam o ato, pela humanidade que viaja nesse trem, de puxar os freios de emergência"[7].

---

[6] Idem, "Exposé de 1939", *Livre des Passages Parisiens*, cit., p. 50.
[7] Citado em Michael Löwy, *Walter Benjamin: aviso de incêndio*, cit., p. 93-4.

E. T. A. Hoffmann

Bartolomé de las Casas

Franz von Baader

Jakob Bachofen

# 1

## O CAPITALISMO COMO RELIGIÃO[a]

O capitalismo deve ser visto como uma religião, isto é, o capitalismo está essencialmente a serviço da resolução das mesmas preocupações, aflições e inquietações a que outrora as assim chamadas religiões quiseram oferecer resposta. A demonstração da estrutura religiosa do capitalismo, que não é só uma formação condicionada pela religião, como pensou Weber, mas um fenômeno essencialmente religioso, nos levaria ainda hoje a desviar para uma polêmica generalizada e desmedida. Não temos como puxar a rede dentro da qual nos encontramos. Mais tarde, porém, teremos uma visão geral disso.

Contudo, três traços já podem ser identificados na estrutura religiosa do capitalismo. Em primeiro lugar, o capitalismo é uma religião puramente cultual, talvez até a mais extremada que já existiu. Nele, todas as coisas só adquirem significado na relação imediata com o culto; ele não possui nenhuma dogmática, nenhuma teologia. Sob esse aspecto, o utilitarismo obtém sua coloração religiosa. Ligado a essa concreção do culto está um segundo traço do capitalismo: a duração permanente do culto. O capitalismo é a celebração de um culto *sans*

---

[a] Original: Primeiro Bloco de Notas, Ms 700-702 – Folhas [26], [27], [28]; primeira parte sem título nas folhas [26] e [27], continuação com título no verso, *Dinheiro e clima* (ver *Gesammelte Schriften IV*, org. Tillman Rexroth, Frankfurt, Suhrkamp, 1972, p. 941) no anverso da folha [28].

Esse registro em duas partes contém uma das poucas manifestações de Benjamin sobre Nietzsche e Freud; ele posicionou o título só sobre a segunda parte, após uma inserção de anotações sobre *Dinheiro e clima*. O *terminus a quo* [data inicial] da redação está assegurado pelas referências bibliográficas na primeira parte, na qual o livro mais recente citado é o de Unger, de 1921; o *terminus ad quem* [data final] pode ser determinado com o auxílio dos dados na lista de leituras de Benjamin: entre os autores que com certeza não foram acolhidos nela depois de meados de 1921 estão Sorel, Landauer e Adam Müller. Como o livro de Müller foi citado na segunda parte do texto, pode-se dar como assegurado que este foi finalizado em meados de 1921. (N. E. A.)

Texto-base da tradução: Walter Benjamin, *Gesammelte Schriften VI* (org. Rolf Tiedemann e Hermann Schweppenhäuser, Frankfurt, Suhrkamp, 1985), p. 100-3, 890-6. (N. E.)

*trêve et sans merci* [sem trégua e sem piedade][b]. Para ele, não existem "dias normais", não há dia que não seja festivo no terrível sentido da ostentação de toda a pompa sacral, do empenho extremo do adorador. Em terceiro lugar, esse culto é culpabilizador. O capitalismo presumivelmente é o primeiro caso de culto não expiatório, mas culpabilizador. Nesse aspecto, tal sistema religioso é decorrente de um movimento monstruoso. Uma monstruosa consciência de culpa que não sabe como expiar lança mão do culto, não para expiar essa culpa, mas para torná-la universal, para martelá-la na consciência e, por fim e acima de tudo, envolver o próprio Deus nessa culpa, para que ele se interesse pela expiação. Esta, portanto, não deve ser esperada do culto em si, nem mesmo da reforma dessa religião, que deveria poder encontrar algum ponto de apoio firme dentro dela mesma; tampouco da recusa de aderir a ela. Faz parte da essência desse movimento religioso que é o capitalismo aguentar até o fim, até a culpabilização final e total de Deus, até que seja alcançado o estado de desespero universal, no qual ainda se deposita alguma *esperança*. Nisto reside o aspecto historicamente inaudito do capitalismo: a religião não é mais reforma do ser, mas seu esfacelamento. Ela é a expansão do desespero ao estado religioso universal, do qual se esperaria a salvação. A transcendência de Deus ruiu. Mas ele não está morto[c]; ele foi incluído no destino humano. Essa passagem do planeta "ser humano" pela casa do desespero na solidão absoluta de sua órbita constitui o *éthos* definido por Nietzsche. Esse ser humano é o ser super-humano [*Übermensch*], o primeiro que começa a cumprir conscientemente a religião capitalista. O quarto traço dessa religião é que seu Deus precisa ser ocultado e só pode ser invocado no zênite de sua culpabilização. O culto é celebrado diante de uma divindade imatura; toda representação dela e toda ideia sobre ela viola o mistério da sua madureza.

    A teoria freudiana também faz parte do império sacerdotal desse culto. Ela foi concebida em moldes totalmente capitalistas. A partir de uma analogia muito profunda ainda a ser esclarecida, aquilo que foi reprimido – a representação pecaminosa – é o capital que rende juros para o inferno do inconsciente.

    O tipo de pensamento religioso capitalista ganha expressão grandiosa na filosofia de Nietzsche. A ideia do ser super-humano transpõe o "salto" apocalíptico

---

[b] No original, está "sans rêve" [sem sonho], possivelmente um erro tipográfico, pois Benjamin alude aqui ao princípio dos senhores medievais de combater sem dó os infiéis. (N. E.)

[c] Cf. o dito contrário em Nietzsche, *A gaia ciência* (São Paulo, Martin Claret, 2003), aforismos 115, 127, 207, ou *Assim falou Zaratustra* (São Paulo, Martin Claret, 2003), p. 24 (Preâmbulo II) e p. 78 (Dos Compassivos). (N. E. A.)

não para o arrependimento, a expiação ou a penitência, mas para a intensificação aparentemente constante porém descontínua em sua última etapa, causando ruptura. Por conseguinte, nos termos do *non facit saltum* [não dá salto][d], a intensificação e o desenvolvimento são incompatíveis. O ser super-humano é o ser humano histórico que chegou lá sem conversão, que cresceu através do céu. Essa arrebentação do céu pela humanidade intensificada, que, em termos religiosos, é e permanece culpabilização (também para Nietzsche), fez Nietzsche incorrer em um prejulgamento. E, de modo semelhante, também Marx: o capitalismo impenitente se converte em socialismo com juros e juros sobre juros, que, como tais, são função da *culpa* (ver a ambiguidade demoníaca desse conceito).

O capitalismo é uma religião puramente de culto, desprovida de dogma.

No Ocidente, o capitalismo se desenvolveu como parasita do cristianismo – o que precisa ser demonstrado não só com base no calvinismo, mas também com base em todas as demais tendências cristãs ortodoxas –, de tal forma que, no final das contas, sua história é essencialmente a história de seu parasita, ou seja, do capitalismo.

Comparação entre as imagens dos santos de diversas religiões, de um lado, e das cédulas bancárias[e] de diversos Estados, de outro.

O espírito que se expressa nos ornamentos das cédulas bancárias.

Capitalismo e direito. O caráter pagão do direito. Sorel, *Réflexions sur la violence*, p. 262[f].

---

[d] Ou seja, a *lex continuitatis* [lei da continuidade], segundo a qual *la nature ne fait jamais de sauts* [a natureza jamais dá saltos]; Leibniz, "Nouveaux Essais" (Pref.), em *Philosophische Schriften* (org. C. J. Gerhardt, Berlim, 1875-1890), v. V, p. 49. (N. E. A.) [Ed. bras.: *Novos ensaios sobre o entendimento humano*, trad. L. J. Baraúna, São Paulo, Nova Cultural, 1996, p. 29. (N. E.)]

[e] Sobre isso, Benjamin escreve em "Einbahnstraße" [Rua de mão única], *Gesammelte Schriften IV*, cit., p. 139: "Seria preciso fazer uma análise descritiva das cédulas bancárias. Seria um livro em que a força ilimitada da sátira só se equipararia à força de sua objetividade. Porque além desses documentos não há outro lugar em que o capitalismo se porta com tanta ingenuidade em sua santa seriedade. O que se vê aí de pequenos inocentes em torno de cifras, deusas segurando tábuas da lei e heróis experimentados embainhando a espada diante de unidades monetárias, tudo isso é um mundo à parte: arquitetura de fachada do inferno. – Se Lichtenberg tivesse visto o papel-moeda já disseminado, o plano para este livro não lhe teria escapado". (N. E. A.)

[f] Georges Sorel, *Réflexions sur la violence* (5. ed., Paris, 1919). (N. E. A.) [Ed. bras.: *Reflexões sobre a violência*, São Paulo, Martins Fontes, 1992. (N. E.)]

"Überwindung des Kapitalismus durch Wanderung" [Superação do capitalismo pela migração]. Unger, *Politik und Metaphysik* [Política e metafísica], p. 44[g].

Fuchs, *Struktur der kapitalistischen Gesellschaft* [Estrutura da sociedade capitalista], ou similar[h].

Max Weber, *Gesammelte Aufsätze zur Religionssoziologie* [Artigos reunidos sobre a sociologia da religião], 2 v. 1919-1920[i].

Ernst Troeltsch, *Die Soziallehren der christlichen Kirchen und Gruppen* [As doutrinas sociais das igrejas e grupos cristãos] (*Gesammelte Werke*, v. I, 1912)[j].

Ver sobretudo as indicações bibliográficas de Schönberg no ponto II.

Landauer, *Aufruf zum Sozialismus* [Convocação ao socialismo], p. 144[k].

As preocupações: uma doença do espírito própria da época capitalista. Situação sem saída de cunho espiritual (não material) em forma de pauperismo, vadiagem, mendicância, monaquismo. Uma condição tão sem saída é culpabilizadora. As "preocupações" são o indicativo dessa consciência de culpa provocada pela situação sem saída. "Preocupações" surgem da angústia provocada pela situação sem saída de cunho comunitário, não de cunho individual-material.

Na época da Reforma, o cristianismo não favoreceu o surgimento do capitalismo, mas se transformou no capitalismo.

Metodologicamente, seria preciso investigar quais foram as ligações que o dinheiro estabeleceu com o mito no decorrer da história, até ter extraído do cristianismo a quantidade suficiente de elementos míticos para constituir o seu próprio mito.

*Wergeld* [indenização por morte de pessoa no direito antigo]/tesouro das boas obras/salário devido ao *sacerdote*. Plutão como deus da riqueza.

Adam Müller, *Reden über die Beredsamkeit* [Discursos sobre a eloquência], 1816, p. 56s[l].

---

[g] Erich Unger, *Politik und Metaphysik: Die Theorie. Versuche zu philosophischer Politik, I. Veröffentlichung* (Berlim, 1921). (N. E. A.)

[h] Bruno Archibald Fuchs, *Der Geist der bürgerlich-kapitalistischen Gesellschaft. Eine Untersuchung über seine Grundlage und Voraussetzungen* (Munique, R. Oldenbourg, 1914). (N. E. A.)

[i] Max Weber, *Gesammelte Aufsätze zur Religionssoziologie* (Tübingen, 1920s), 2 v. (N. E. A.)

[j] Ernst Troeltsch, Die Soziallehren der christlichen Kirchen und Gruppen, em *Gesammelte Schriften* (Tübingen, 1912), v. I. (N. E. A.)

[k] Gustav Landauer, *Aufruf zum Sozialismus* (Berlim, Palestra, 1911); idem, *Aufruf zum Sozialismus* (2. ed. aumentada e melhorada, Berlim, Edição da Revolução, 1919). (N. E. A.)

[l] Adam Müller, *Zwölf Reden über die Beredsamkeit und deren Verfall in Deutschland, gehalten zu Wien im Frühlinge 1812* (Leipzig, 1816). (N. E. A.)

Conexão entre o dogma da natureza dissolutiva do saber (que, nessa qualidade, ao mesmo tempo redime e mata) e o capitalismo: o balanço de sua condição de saber que redime e liquida.

Contribui para o conhecimento do capitalismo enquanto religião ter presente que o paganismo original certamente foi o primeiro a não conceber a religião como interesse "moral", "mais elevado", mas como interesse prático o mais imediato possível; em outras palavras, é preciso ter presente que ele, a exemplo do capitalismo atual, tampouco tinha clareza sobre sua natureza "ideal" ou "transcendente", mas considerava o indivíduo irreligioso ou de outra crença de sua comunidade como um membro inquestionável, exatamente no mesmo sentido em que a burguesia atual encara seus integrantes economicamente inativos.

<Fr[agmento] 74>

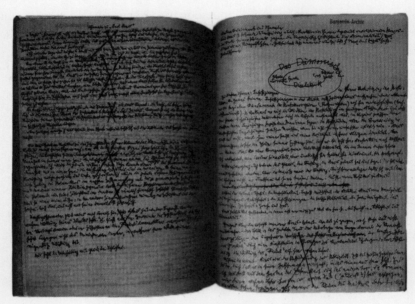

Manuscrito dos estudos sobre Baudelaire
(Arquivo Walter Benjamin, Berlim).

## 2

## DIÁLOGO SOBRE A RELIGIOSIDADE DO NOSSO TEMPO[a]

[Introdução do editor alemão (nas *GS*, consta no início das notas, p. 890s.):

No dia 10/10/1912, Benjamin escreveu a Ludwig Strauß: "Acabei de escrever um diálogo sobre o sentimento religioso do nosso tempo. Oportunamente, talvez o Sr. possa me dizer sua opinião sobre ele" (carta de 10/10/1912 a Ludwig Strauß). No dia 30/4/1913, consta o seguinte numa carta enviada a Carla Seligson, de Freiburg: "Espero poder enviar-lhe em algumas semanas um trabalho meu. Durante o inverno passado escrevi um *Diálogo sobre a religiosidade do nosso tempo*, que mandei datilografar. Sobre isso oportunamente" (*Briefe*, p. 49). Benjamin finalizou com estas palavras outra carta igualmente dirigida a Carla Seligson em 5/6/1913: "A Sra., por favor, não espere para responder só depois de ter recebido o *Diálogo sobre a religião*. A Sra. certamente o receberá, mas ainda não encontrei tempo de providenciar a datilografia da segunda parte" (*Briefe*, p. 60). Dois meses depois, Benjamin escreveu à mesma destinatária: "Embora meu diálogo esteja pronto, enviá-lo-ei à Sra. em outra oportunidade, pois creio que já a sobrecarreguei além da conta com filosofia" (*Briefe*, p. 90). Um motivo central do *Diálogo sobre a religiosidade do nosso tempo* – a ligação da nova religião com a ideia do literato – já havia sido antecipada por Benjamin numa carta de 11/9/1912 a Strauß; o diálogo certamente surgiu em Berlim entre essa data e o dia 10/10/1912, quando o texto já estava terminado (cf. carta de 10/10/1912 a Ludwig Strauß). A carta de 11/9/1912 inicia uma série de quatro cartas a Strauß, nas quais Benjamin se posicionou criticamente em relação ao sionismo:

> Justamente os melhores judeus da Europa Ocidental não têm mais liberdade como judeus. Eles só podem aderir ao movimento judaico no sentido aludido em sua

---

[a] Original: cópia carbono de texto datilografado com correções à mão de Benjamin e Gershom Scholem (*Benjamin-Archiv*, Ts 1-23).
Texto-base da tradução: Walter Benjamin, *Gesammelte Schriften II/1* (org. Rolf Tiedemann e Hermann Schweppenhäuser, Frankfurt, Suhrkamp, 1972), p. 16-35, 890-6. (N. E.)

carta. Porque eles estão ligados ao movimento literário. O conceito ainda tem uma formulação muito restrita, embora diga o essencial. Eles estão comprometidos com o internacionalismo. Não imagino que seja muito fácil estabelecer os valores do internacionalismo. Ou melhor: sei que ele não é um valor, mas está entre os objetivos a que consagramos nosso trabalho e que, por essa via, se convertem em valores para quem vem depois. São exatamente os judeus, na medida em que compõem a vanguarda científica, literária e comercial, que hoje estão amarrados ao internacionalismo por sua existência e sua vontade.

Quero falar só dos literatos porque a vontade destes me parece ser a mais promissora em termos de futuro e a mais significativa em termos de cultura e até de religião. Sua posição é uma das mais peculiares em nossa sociedade. Ademais, na maioria dos círculos, a palavra "literato" tem um tom depreciativo, ou só é dita nesse tom. E, ao procederem dessa maneira, sua postura diante dela é a da perplexidade que sentimos quando nos defrontamos com algo que, em algum ponto que não sabemos bem, é totalmente superior a nós. Pois de fato sentimos que são os literatos que levam os dias de hoje tão a sério como Tolstói levou a sério a cultura do cristianismo. Os "literatos" tiram as consequências do nosso tão louvado esclarecimento e ausência de preconcepção. Não lhes basta ser esclarecidos no esconderijo da segurança burguesa, mas eles requisitam para si os novos modos de viver que hoje reconhecemos como humanos, isto é, cujo espírito descobrimos (na arte). Sua séria missão consiste em extrair da arte (que eles próprios não têm como fazer) o espírito para a vida do seu tempo. Sei muito bem que o que aqui escrevo não se aplica ao literato individual com a sua imperfeição, mas creio que se trata da ideia do literato. É preciso entender, a partir dessa ascese, todas as suas manifestações, inclusive a do café literário. – Na base das ideias religiosas está um extremo. As exigências das antigas religiões foram privadas do seu extremo, em parte por meio do cumprimento das exigências, em parte pelo embotamento da consciência. Não é possível criar religião a partir do apaziguamento na própria perfeição. A antiga sabedoria se manifesta de maneira nova e atual nos debates do congresso dos monistas: Ostwald propõe um instituto que disponibiliza oradores monistas para festividades de família.

Não quero dizer sobre o literato (enquanto ideia) mais do que isto: ele é chamado a ser, na nova consciência social, aquilo que "os pobres no espírito, os escravizados e os humildes" foram no primeiro cristianismo. Por enquanto só se pode perguntar se essa consciência social buscará e encontrará fórmulas metafísicas, se será uma consciência universal ou apenas mais uma consciência de classe.

O que interessa em tudo isso é demonstrar que hoje os melhores judeus estão comprometidos com um processo valioso na sociedade da Europa ocidental. Heinrich Mann pergunta, em *Batismos de judeus*, de Sombart: o que seria do espírito, da arte e do amor entre nós sem os judeus?

Com certeza não se pode afirmar que o sionismo político chega a agir contra esse trabalho cultural judeu – no entanto, ele está totalmente distante de sua práxis, não tendo relação nenhuma com ela. (Carta de 11/9/1912 a Ludwig Strauß.)

Ocupar-se com a possibilidade de uma nova religiosidade foi um traço característico do jovem Benjamin. Essa ocupação teve o seu primeiro registro escrito numa narrativa didática que foi publicada por ele em 1910 sob o pseudônimo de Ardor no precursor ainda mimeografado de *Der Anfang* [O início], reproduzido a seguir em virtude da afinidade temática com o *Diálogo sobre a religiosidade do nosso tempo*:

### Três homens em busca da religião

Três jovens estavam parados de mãos dadas debaixo do grande pinheiro que encimava a colina. Seus olhares estavam voltados para baixo, para o seu povoado natal e para além dele, por onde corriam as estradas que queriam trilhar dali por diante... rumo à vida. Um deles falou: "Daqui a trinta anos, voltaremos a nos encontrar aqui e então veremos quem de nós encontrou a religião, a religião única e verdadeira". Os demais concordaram e, com um aperto de mão, separaram-se em três direções diferentes, seguindo por três estradas diferentes rumo à vida.
Depois de vagar por algumas semanas, um deles viu surgir diante de si as torres e cúpulas de uma enorme cidade... Resoluto, dirigiu-se à cidade, pois havia escutado maravilhas sobre as grandes cidades: todos os tesouros da arte estariam guardados nelas, volumosos livros cheios de sabedoria milenar e, afinal de contas, também muitas igrejas, nas quais todas aquelas pessoas oravam a Deus. Ali devia estar também a religião. Cheio de destemida esperança, cruzou o portão da cidade ao cair do sol... Ele permaneceu trinta anos na cidade, pesquisando e procurando a religião verdadeira e única.
O segundo jovem havia tomado uma estrada diferente, que serpenteava por vales sombreados e montanhas cobertas de mato. Ele perambulou faceiro e despreocupado e, onde via um lugar aprazível, deitava-se para descansar e sonhar. E assim, quando estava a contemplar absorto a beleza do pôr do sol, quando estava deitado placidamente na relva a admirar as nuvens brancas desfilarem pelo céu azul, quando no meio do mato de repente via reluzir na escuridão por trás das árvores um lago oculto, sentia-se feliz e pensava ter descoberto a religião... Ele passou trinta anos assim, perambulando e descansando, sonhando e contemplando.
A sorte do terceiro não foi tão amena. Sendo pobre, não tinha como ficar perambulando alegremente por muito tempo, mas foi forçado a pensar primeiro em como ganhar o pão de cada dia. E por isso ele nem vacilou muito – poucos dias depois já estava em um povoado a serviço do ferreiro para aprender o ofício. Foi um tempo duro para ele e, em todo caso, não houve oportunidade para que fosse em busca da religião. E não foi só no primeiro ano, mas foi assim todo o tempo. Porque depois de ter aprendido o ofício, ele não passou muito tempo percorrendo o mundo, mas foi arranjar trabalho numa cidade grande. Lá trabalhou arduamente por uma série de anos, e quando o trigésimo ano chegou ao fim ele havia alcan-

çado a condição de artífice autônomo, mas não havia conseguido ir à procura da religião e, portanto, não a havia encontrado.

Por volta do final do trigésimo ano ele tomou o caminho do seu povoado natal. A estrada o levou por uma região montanhosa fenomenal e selvagem, e ele caminhou dias inteiros sem encontrar ninguém. Na manhã do reencontro, porém, teve vontade de escalar uma daquelas altas montanhas, cujos picos avistara sobranceiros durante toda a sua caminhada. De madrugada, várias horas antes da alvorada, pôs-se a caminho; a escalada foi muito penosa, já que ele estava sem o equipamento adequado. Tentando retomar o fôlego, ele ficou parado sobre o pico. Então viu, sob o brilho do sol da manhã que acabara de despontar, uma vasta planície descortinar-se diante dele... com todos os povoados em que havia exercido o seu ofício – e com a cidade em que havia se tornado mestre ferreiro. Viu claramente diante de si todos os caminhos que percorrera e os lugares em que trabalhara. Não conseguia parar de olhar para aquilo tudo! Porém, quando olhou mais para cima, para o resplendor do sol, diante de seus olhos viu um novo mundo elevar-se lentamente nas nuvens, em meio ao fulgor cintilante. Ele divisou cumes montanhosos, picos brancos reluzentes que se alteavam até as nuvens. Porém, uma luz muito elevada acima da terra ofuscou seus olhos e não permitiu que visse as coisas com nitidez, mas mesmo assim ele imaginou ter visto vultos vivendo ali, e catedrais de cristal reverberavam longinquamente na luz da manhã até ele. Ao ver isso, ele se prostrou no chão, comprimiu sua testa contra a rocha, chorou e respirou fundo. Um momento depois, levantou-se e lançou mais um olhar para o mundo maravilhoso lá de cima, que agora se apresentava diante dele em todo o esplendor do sol. Por fim, ele também divisou fracamente alguns caminhos estreitos que conduziam para as montanhas florescentes e brilhantes. Então, voltou-se e desceu da montanha. E não foi fácil para ele orientar-se novamente no vale lá embaixo.

Porém, ao anoitecer daquele dia, ele chegou a seu povoado natal e foi ao encontro de seus amigos, na colina sobranceira ao povoado. Então, eles se sentaram ao pé do grande pinheiro e contaram um para o outro o que lhes sucedera e como haviam encontrado a sua religião. O primeiro narrou sobre a sua vida na cidade grande, sobre como havia pesquisado e estudado nas bibliotecas e nos auditórios, sobre como havia ouvido o que disseram os mais importantes professores. Ele próprio certamente não encontrou uma religião, mas, mesmo assim, achava ter sido o que mais realizou. Ele disse: "Porque em toda aquela grande cidade não há uma só igreja cujos dogmas e princípios eu não seja capaz de refutar". Então o segundo narrou o que lhe sucedeu em sua peregrinação, e muitas coisas fizeram os dois ouvintes dar boas risadas e escutar com atenção. Mas, apesar de todos os esforços, ele não foi capaz de fazê-los compreender a sua religião e ele, na verdade, nunca conseguiu dizer muito mais do que: "Sabe, uma coisa assim é preciso sentir na própria pele!". E repetia: "É preciso sentir isso na própria pele!". Os outros não o compreenderam e quase acabaram por rir-se dele. Bem devagar e ainda tomado pela forte experiência que tivera, o terceiro começou a contar tudo o que lhe acontecera. Mas ele não contou da mesma maneira que os outros haviam narrado o que lhes sucedera; ele não contou como vivenciara os acontecimentos, mas como ele visualizara os seus caminhos pela manhã, em pé sobre o cume da montanha. Bem por fim e hesitando muito, ele mencionou aqueles picos montanhosos brancos e reluzentes. "Creio que se conseguirmos uma visão panorâmica como essa da nossa vida, também veremos o caminho para aquelas montanhas e para os picos ofuscantes. Porém, decerto só poderemos intuir o que está contido naquele fogo, e cada um de nós deverá tentar dar-lhe forma segundo as coisas que nos sucederam". Dito isso, ele se calou. Os outros dois certamente não entenderam tudo, mas nenhum deles falou; antes, olharam para a noite que estava caindo, na tentativa de talvez avistarem os picos reluzentes a distância. (Texto-base: *Der Anfang. Zeitschrift für kommende Kunst und Literatur.* Redator: Georges Barbizon. Berlim [texto mimeografado], n. 20, ago. 1910, série II, final [n. 5], p. 38s.)]

---

Visitei um amigo com o propósito de esclarecer, numa conversa, ideias e dúvidas que me vieram nas últimas semanas. Já era quase meia-noite quando o diálogo sobre a finalidade da arte tomou o rumo da religião.

EU: Eu lhe seria grato se o Sr. pudesse mencionar aqueles que, em nosso tempo, têm boa consciência ao apreciar a arte. Excetuo aqui os ingênuos e os artistas. Chamo de ingênuos aqueles que, por natureza, são capazes de não entrar em êxtase ao sentirem uma alegria momentânea – como tantas vezes acontece conosco –, mas para os quais uma alegria representa a concentração do ser humano inteiro. Essas pessoas nem sempre têm bom gosto; acredito até que, em sua maioria, são iletradas. Mas elas sabem o que fazer com a arte e não se deixam levar pelas modas artísticas. E depois os artistas: é verdade que, no caso deles, não há nenhum problema? Para eles, a contemplação da arte faz parte do seu ofício.

ELE: O fato é que o Sr., como pessoa culta, trai toda tradição. Fomos educados a não perguntar pelo valor da arte. *L'art pour l'art* [a arte pela arte]!

EU: Com toda razão fomos educados assim. O *l'art pour l'art* é a última barreira que protege a arte do filisteu. Caso contrário, qualquer fulano falaria sobre o direito da arte do mesmo modo como trata dos preços da carne. Porém, *nós* temos liberdade nesse ponto. Diga-me: o que o Sr. pensa do *l'art pour l'art*? Ou melhor: o que é isso para o Sr.? O que significa isso?

ELE: Significa simplesmente: a arte não é funcionária do Estado, não é empregada da Igreja, nem mesmo é a favor da vida da criança. Etc. *L'art pour l'art* significa: não se sabe que destino dar à arte.

EU: Acredito que o Sr. tenha razão com relação à maioria. Porém, novamente não no que diz respeito a nós. Acredito que temos de desvencilhar-nos desse mistério do filisteu, do *l'art pour l'art*. Ele é enunciado para o artista e só para ele. Para nós ele tem outro sentido. Naturalmente não devemos nos dirigir à arte para receber dela nossas vãs fantasias. Mas tampouco podemos nos contentar com a admiração. Portanto, "*l'art pour nous* [a arte por nós]"! Extraiamos da obra de arte valores para a vida: beleza, conhecimento das formas e sentimento. "Toda arte é dedicada à alegria. E não há tarefa mais elevada nem mais importante que proporcionar alegria às pessoas", diz Schiller.

ELE: Os semiletrados na base do *l'art pour l'art*, com seu entusiasmo ideológico e sua perplexidade pessoal, com sua semicompreensão técnica, são os menos capazes de apreciar a arte.

EU: Visto de outro ângulo, tudo isso não passa de sintoma. Nós somos irreligiosos.

ELE: Graças a Deus! Isso, se o Sr. entende religião como credulidade irrefletida para com uma autoridade, ou apenas como crença em milagres, ou só como mística. A religião é incompatível com o progresso. É do seu feitio acumular todas as forças prementes e expansivas na interioridade num único ponto alto sublime. A religião é a raiz da inércia. É a sua santificação.

EU: De modo algum estou contradizendo o que o Sr. está dizendo. Religião é inércia caso inércia signifique para o Sr. a interioridade persistente e o alvo persistente de toda busca. Somos irreligiosos porque não mais observamos em lugar algum o persistir. O Sr. percebe como se está demolindo o fim em si, essa santificação última do fim? Como cada coisa particular que não é reconhecida clara e honestamente se converte em "fim em si"? Por sermos deploravelmente pobres em valores, isolamos tudo. Em decorrência, faz-se da necessidade uma virtude obrigatória. Arte, ciência, esporte, convívio social – esse divino fim em si desce até o indivíduo mais andrajoso. Cada qual representa algo, significa algo, é único.

O AMIGO:     O que o Sr. menciona aqui não é nada mais que os sintomas de uma alegria de viver altiva e senhorial. Nós nos tornamos mundanos, meu caro, e está na hora de que também as cabeças mais medievais se apercebam disso. Damos às coisas a sua própria consagração; o mundo se encontra completamente contido em si mesmo.

EU:     De acordo! Qual é o mínimo que pedimos dessa mundanidade? Alegria nesse mundo novo e moderno. E o que todo o progresso, toda a mundanidade têm a ver com religião se não nos proporcionarem uma alegre tranquilidade? Certamente não preciso lhe dizer que nossa mundanidade se tornou um esporte desgastante? Somos acossados pela alegria de viver. Senti-la é nosso maldito dever e nossa obrigação. Arte, comércio, luxo, tudo é obrigatório.

O AMIGO:     Não ignoro isso. Porém, peço-lhe que observe os fenômenos. Temos agora em nossa vida um ritmo que pouco tem da Antiguidade e da serenidade clássica. Mas não deixa de ser uma nova espécie de contentamento intenso. Por mais que com frequência se mostre forçado, ele está aí. Buscamos com intrepidez o que proporciona alegria. Todos nós temos uma curiosa sede de aventura ao buscar o que nos surpreende pela alegria e pela admiração que provoca.

EU:     O Sr. se expressa em termos bastante imprecisos e, no entanto, alguma coisa nos impede de refutá-lo. Sinto que, no fundo, você está dizendo uma verdade, uma verdade não banal, tão nova que permitiria supor que a religião já está na sua gênese. Ainda assim, nossa vida não está afinada por esse tom puro. Para nós, nos últimos séculos, as antigas religiões sucumbiram. Porém, não acredito que isso tenha ficado tão sem consequências a ponto de podermos nos alegrar inocentemente com o Iluminismo. Uma religião refreava poderes, cuja ação livre deve ser temida. As religiões passadas ofereciam abrigo dentro de si para a necessidade e a miséria. Agora estas foram liberadas. Não temos mais a certeza que os nossos antepassados extraíam da fé na justiça distributiva. A consciência do proletariado, do progresso e de todos esses poderes que os antigos puderam satisfazer ordeiramente em seus serviços religiosos para alcançar a paz nos intranquilizam. Eles não nos deixam alcançar a sinceridade, pelo menos não no que se refere à alegria.

O AMIGO: Com a derrocada da religião social, o social se aproximou de nós. Ele está mais exigente, ao menos mais presente diante de nós. Talvez mais implacável. E nós o cumprimos de forma sóbria, talvez rigorosa.

EU: Porém, em tudo isso falta-nos completamente o respeito pelo social. O Sr. sorri; sei que enuncio um paradoxo. Quando digo isso, estou querendo dizer que nossa atividade social, por mais rigorosa que seja, padece disto: ela perdeu sua seriedade metafísica. Ela se tornou assunto de ordem pública e de decoro pessoal. Para quase todos os que se ocupam na área social trata-se apenas de uma questão de civilização, como a luz elétrica. O sofrimento foi *desdivinizado*, se o Sr. puder relevar a expressão poética.

O AMIGO: Novamente ouço o Sr. prantear a dignidade desaparecida, a metafísica. Porém, levemos as coisas sobriamente para dentro da vida! Não nos percamos na infinitude! Não nos sintamos vocacionados em cada almoço! Acaso não é cultura o ato de trazer algo das alturas da voluntariedade patética para o plano da obviedade? Eu pensaria que toda cultura se baseia na conversão dos mandamentos divinos em leis humanas. Quanto esforço supérfluo para extrair tudo do plano metafísico!

EU: Se pelo menos houvesse a consciência da sobriedade sincera em nossa vida social. Mas nem isso. Encontramo-nos presos num ridículo estado intermediário: presume-se que a tolerância tenha libertado a atividade social de toda a exclusividade religiosa – e os mesmos que proclamam a atividade social dos esclarecidos transformam a tolerância, o esclarecimento, a indiferença e até a frivolidade em religião. Serei o último a falar contra as formas singelas da vida cotidiana. Porém, quando pelas costas essa atividade social natural é novamente transformada em parâmetro sagrado e tirânico para medir as pessoas, indo muito além daquilo que se faz necessário em termos de ordem estatal, o socialismo de fato acaba sendo uma religião. E os "esclarecidos" agem hipocritamente frente à religião ou em suas exigências. Um termo por muitos outros: os dias das flores[b].

O AMIGO: O pensamento do Sr. é duro porque é a-histórico. Mas uma coisa é certa: encontramo-nos em meio a uma crise religiosa. E ainda não estamos em condições de dispensar a pressão caritativa, mas indigna de um ser humano livre, exercida pelo dever sociorreligioso. Ainda não conseguimos galgar completamente as alturas da autonomia moral. Pois essa é a essência da crise. A religião, guardiã dos conteúdos morais, foi reconhecida como forma, e nós nos encontramos no processo de conquistar a nossa moralidade como algo óbvio. Esse trabalho ainda não foi concluído; ainda nos deparamos com fenômenos de transição.

EU: Graças a Deus! Tenho verdadeiro pavor da imagem da autonomia moral conjurada pelo Sr. Kant, que diz que religião é reconhecer nossos deveres como mandamentos divinos. Isto é: a religião nos garante um elemento eterno em nosso trabalho diário, e é isso que necessitamos, antes de tudo. A autonomia moral louvada pelo Sr. transformaria o ser humano numa máquina de trabalhar para fins que sempre são condicionados um pelo outro numa sequência infinda. Do modo como o Sr. a concebe, a autonomia moral é um absurdo, o rebaixamento de todo trabalho ao nível técnico.

O AMIGO: Desculpe-me, mas o Sr. dá a impressão de viver tão distante da modernidade quanto o mais reacionário dos fazendeiros da Prússia oriental. Com certeza a concepção técnico-prática tirou o espírito de cada fenômeno vital em toda a natureza e por fim tirou também o espírito do sofrimento e da pobreza. Porém, no panteísmo descobrimos o espírito comum de todas as particularidades, de tudo que se encontra isolado. Podemos renunciar a todos os

---

[b] *Blumentage*: não é possível desvendar completamente o sentido dessa passagem. A suposição mais plausível é a feita por Scholem, ao escrever "que os *Blumentage* se referem a alguma proposta feita por assim chamados 'esclarecidos', que naquela ocasião pode ter sido tratada no sentido de introduzir *Blumentage* que caracterizassem ou sugerissem celebrações festivas ligadas a reformas religiosas. Como se sabe, os monistas, que eram ateístas declarados, também gostavam de expressar-se com vocábulos religiosos ou de organizar eventos pseudorreligiosos. Vide, por exemplo, as pregações dominicais monistas de Wilhelm Ostwald" (carta a R. Tiedemann de 28/11/1974). (N. E. A.)

fins divinos supremos, pois o mundo, a unidade de toda multiplicidade, é o fim dos fins. É quase vergonhoso voltar a falar disso. Consulte nossos grandes poetas vivos, Whitman[c], Paquet, Rilke e inúmeros outros, oriente-se no movimento religioso livre, leia os jornais liberais: em toda parte o Sr. se deparará com um sentimento panteísta veemente. Para não falar do monismo, que é a síntese de toda a nossa forma. Esta é a força, viva apesar de tudo, da técnica: ela nos proporcionou o orgulho dos sapientes e, ao mesmo tempo, a reverência daqueles que tomaram conhecimento da soberba estrutura do mundo. Porque, apesar de todo o saber – não é mesmo? –, nenhuma geração foi mais reverente no reconhecimento da vida mais ínfima do que a nossa. E aquilo que animou os filósofos, desde os jônios até Espinosa, e os poetas incluindo o espinosista Goethe, a saber, aquele sentimento panteísta da natureza, incorporou-se em nosso patrimônio.

EU: Se contradigo o que o Sr. diz – e sei que não estou contradizendo só o Sr., mas a época, desde os seus representantes mais simples até os mais importantes –, por favor, não tome isso como mania de me mostrar interessante. Estou realmente falando sério quando digo que não reconheço nenhum outro panteísmo além do humanismo de Goethe. Sua poesia mostra o mundo todo divinizado, pois ele foi herdeiro do Iluminismo, pelo menos *no ponto* em que só o bem lhe era essencial. E aquilo que, na boca de qualquer outro, não só teria parecido inessencial como realmente teria sido fraseologia sem conteúdo, na boca de Goethe, e na criação dos poetas em geral, converte-se em conteúdo. Não me entenda mal, não se pode contestar a ninguém o direito de ter sentimentos, mas a pretensão de ter sentimentos *que servem de parâmetro* deve ser examinada. Sendo assim, digo que, por maior que seja o grau de sinceridade com que alguém sente seu panteísmo, só os poetas podem fazer dele um parâmetro e torná-lo comunicável. E um sentimento que só é possível no píncaro de sua constituição não conta mais como religião. Ele é arte, é edificação, mas não é *o* sentimento capaz de fundamentar nossa vida comunitária no plano religioso. Mas é isso que a religião pretende.

---

[c] Walt Whitman morreu em 1892, não sendo, portanto, exatamente um "poeta vivo" na época em que esse diálogo foi registrado por escrito. (N. E. A.)

O AMIGO:     Permita-me. Não quero refutá-lo, mas apenas evidenciar a barbaridade que o Sr. está dizendo, e isso com um exemplo: a escola superior. Em que espírito ela educa seus alunos?

EU:     No espírito do humanismo – como ela própria diz.

O AMIGO:     Na opinião do Sr., nossa formação escolar seria, portanto, uma educação para poetas e para pessoas que têm uma vida sentimental das mais fortes, das mais capazes de criar?

EU:     O Sr. fala exatamente o que trago no peito. Eu realmente me pergunto: o que uma pessoa de aptidões normais fará com o humanismo? Esse ápice da harmonia de conhecimentos e sentimentos de fato constitui um recurso formativo para pessoas jovens sedentas de valores? O humanismo, o panteísmo, nada mais seriam que a poderosa encarnação da concepção estética da vida? Não acredito. Podemos até vivenciar no panteísmo os instantes supremos, os instantes mais harmoniosos da felicidade – mas ele jamais terá forças para determinar a vida moral. No que diz respeito ao mundo não se deve rir, nem chorar, mas compreender. É nessa sentença de Espinosa que culmina o panteísmo[d]. *Nota bene*: já que você me pergunta pela escola, digo que ela não apresenta o panteísmo a que você se refere nem sequer *reformulado*. Como é raro o recurso sincero aos clássicos! A obra de arte, que é a única manifestação sincera do sentimento panteísta, foi banida. E se você quiser ouvir mais um parecer meu: é a esse panteísmo, que a nossa escola nos ministrou a conta-gotas, que devemos a fraseologia.

O AMIGO:     Portanto, por fim, o Sr. ainda acusa o panteísmo de insinceridade.

EU:     Insinceridade... não, eu não diria isso. Mas irreflexão; é isso que critico nele. Porque os tempos não são mais os de Goethe. Tivemos o romantismo e a ele devemos uma forte impressão do lado escuro do natural: este não é essencialmente bom, é estranho, pavoroso, temível, horrendo – ordinário. Nós, porém, vivemos

---

[d] Referência a uma passagem do livro I, § IV do *Tratado político*: *humanas actiones non ridere, non lugere, neque detestari, sed intelligere*: "[tive todo o cuidado] para não ridicularizar as ações humanas, não as lamentar, não as detestar, mas adquirir delas verdadeiro conhecimento". Ed. bras.: Baruch de Espinosa, "Tratado político", em *Pensamentos metafísicos etc.* (São Paulo, Nova Cultural, 1997), p. 437-516, aqui p. 440. (N. T.)

como se não tivesse havido romantismo, como se esse fosse o primeiro dia da criação. Por isso afirmo que o nosso panteísmo é irrefletido.

O AMIGO: Tendo a crer que topei com uma ideia fixa acalentada pelo Sr. Francamente duvido que seja possível fazer que o Sr. compreenda o caráter simples e, não obstante, elementar do panteísmo. Com perspicácia lógica desconfiada, o Sr. jamais conseguirá entender esse aspecto maravilhoso do panteísmo: nele, justamente o feio e o ruim aparecem como necessários e, por conseguinte, como divinos. Essa convicção transmite uma rara sensação de estar em casa, aquela paz que Espinosa chamou irretocavelmente de *amor dei* [amor de Deus].

EU: Admito que o *amor dei* enquanto conhecimento, enquanto noção, não se coaduna com a minha concepção de religião. Na base da religião há um dualismo, uma busca interior por união com Deus. Algum grande indivíduo até poderá conseguir isso pela via do conhecimento. A religião pronuncia as palavras mais poderosas; ela é mais exigente, conhece também o não divino e até o ódio. Apresentar uma divindade que está em toda parte, que fazemos participar de cada vivência e de cada sentimento, é dourar o sentimento, é profanação.

O AMIGO: O Sr. se engana ao pensar que falta ao panteísmo o necessário dualismo religioso. Isso de modo algum é assim. Eu já disse anteriormente que, não obstante todo o profundo conhecimento científico, estamos imbuídos de um sentimento de humildade diante do menor dos seres vivos e até do mundo inorgânico. Nada está mais distante de nós que a presunção do eruditismo. É você mesmo que diz: não temos a mais profunda compreensão, uma compreensão empática por tudo que acontece? Basta pensar nas correntes modernas do direito penal. Queremos respeitar como ser humano até mesmo o criminoso. Sentenciamos o melhoramento, não a punição. É a nossa vida sentimental que é atravessada pelo verdadeiro antagonismo religioso, por uma compreensão penetrante e uma humildade que eu quase chamaria de resignante.

EU: Nesse antagonismo nada vejo além de ceticismo. Não chamo de religiosa uma humildade que nega todo conhecimento científico por duvidar, a exemplo de Hume, da validade da lei de causa e efeito, nem chamo de religiosa qualquer especulação leiga semelhante. Isso é simplesmente debilidade sentimental piedosa. Se nossa humildade, por sua vez, solapa a consciência do que temos de mais valioso, que é como você chama o saber, ela não proporciona nenhum antagonismo religioso vivo, mas a autodecomposição cética. Porém, bem sei que é justamente isto que torna o panteísmo tão tremendamente cômodo: sentimo-nos igualmente confortáveis tanto no inferno quanto no céu, tanto na presunção quanto no ceticismo, tanto na condição super-humana quanto na condição social humilde. Pois é claro que não é possível passar sem um pouco de super-humanidade apática, quero dizer, isenta de sofrimento. Onde a criação é divina é claro que o senhor da criação o é tanto mais.

O AMIGO: Ainda assim, sinto falta de uma coisa em tudo o que o Sr. diz. O Sr. não é capaz de descrever a sublimidade de um conhecimento que domina tudo. E esse é um pilar fundamental de nossa convicção.

EU: O que é, então, esse nosso saber *para nós*? Não estou perguntando o que ele significa para a humanidade, porém que valor tem para a vivência de cada indivíduo? Pois é preciso levantar a questão da vivência. E, nesse tocante, só o que vejo é que esse saber se tornou para nós um fato habitual com o qual crescemos desde o sexto ano de idade até o fim da nossa vida. Sempre nos embalamos na importância desse saber para qualquer problema, para a humanidade – para o próprio saber. Pessoalmente, porém, ele nada tem a ver conosco, ele nos deixa frios, como tudo que é habitual. O que dissemos quando o Polo Norte foi alcançado? Um evento sensacional que logo foi esquecido. Quando Ehrlich descobriu o tratamento para a sífilis, houve ceticismo e cinismo nos folhetins humorísticos. Um jornal russo escreveu que lamentavelmente agora a depravação estaria liberada. Em suma: simplesmente não acredito na sublimidade religiosa do saber.

O AMIGO: Isso não leva o Sr. necessariamente ao desespero? O Sr. não crê em nada? O Sr. é cético em relação a tudo?

EU: Creio em nosso próprio ceticismo, em nossa própria desesperança. Você entenderá o que quero dizer. Minha fé no significado religioso de nossa época não é menor que a sua. Sim, também eu creio no significado religioso do saber. Entendo o tremor reverente que a compreensão da natureza provocou em nós, e sobretudo tenho a sensação de que todos nós ainda vivemos totalmente dentro das descobertas do romantismo.

O AMIGO: E o que você chama de descobertas do romantismo?

EU: Como indiquei anteriormente, é a percepção das coisas terríveis, incompreensíveis e vis entretecidas em nossa vida. Porém, todos esses conhecimentos e milhares de outros mais não representam nenhum triunfo. Eles nos tomaram de assalto e estamos simplesmente perplexos e amordaçados. Há uma lei tragicômica em vigor no fato de a natureza ter se aberto em sua imensa objetalidade bem no momento em que, com Kant, Fichte e Hegel, tomamos consciência da autonomia do espírito; justo no momento em que Kant descobriu as raízes da vida humana na razão prática, a razão teórica foi obrigada a desenvolver, mediante um trabalho interminável, a moderna ciência da natureza. – Essa é a nossa situação. Toda a moralidade social, que com estupendo entusiasmo juvenil quisemos criar, foi algemada pelo profundo ceticismo de nossas concepções. E hoje entendemos menos que nunca o primado kantiano da razão prática sobre a razão teórica.

O AMIGO: Em nome da necessidade religiosa o Sr. defende um reformismo desenfreado e não científico. Ao que parece, o Sr. não consegue conviver muito bem com a sobriedade que antes aparentemente reconhecia. O Sr. ignora a grandeza e até a santidade do trabalho objetivo abnegado realizado não só a serviço da ciência, mas, nessa época de formação em ciências naturais, também no campo social. É claro que uma juventude revolucionária não se satisfaz com isso.

EU: Com certeza. No estado atual da nossa cultura, também o trabalho social deve submeter-se a um ritmo evolucionista, em vez de seguir inclinações heroicas e revolucionárias. Porém, digo-lhe esta *uma* coisa: ai de nós se, ao fazer isso, esquecermos o objetivo, se nos entregarmos confiantes a um ritmo evolutivo similar ao do caranguejo. E é isso que fazemos. É por isso que jamais sairemos desse estado em nome do desenvolvimento; só conseguiremos sair em nome do objetivo. A questão é que não podemos estabelecer esse objetivo exteriormente. Só há um lugar em que o ser humano culto pode se preservar puro, no qual ele realmente tem permissão de estar *sub specie aeterni* [na perspectiva da eternidade]: este lugar é o seu interior, é ele próprio. E a necessidade que temos, antiga e muitas vezes deplorada, está ligada ao fato de que nós mesmos nos perdemos. Perdemo-nos *mediante* todos os gloriosos progressos que o Sr. louva: perdemo-nos, eu quase diria, mediante o progresso. Porém, as religiões procedem da necessidade e não da felicidade. E quando o sentimento de vida do panteísmo louva essa pura negatividade, esse perder a si próprio e esse tornar-se estranho a si mesmo como dissolução no social, isso não é algo verdadeiro.

O AMIGO: Certamente – eu não sabia que o Sr. era individualista.

EU: Não sou, assim como o Sr. não é. Os individualistas estabelecem o próprio ego como fator determinante da vida. Eu já disse que o ser humano culto não consegue isso, na medida em que para ele o progresso da humanidade vige como máxima óbvia. Aliás: essa máxima foi absorvida pela cultura com tal naturalidade que, já por isso, ela seria sem conteúdo, cômoda e indiferente como fundamento da religião para os avançados. Digo isso só de passagem. – Não tenho qualquer intenção de pregar o individualismo. O que eu quero é que o ser humano culto *apreenda* a sua relação com a sociedade, que rompa com a mentira indigna, como se o ser humano se realizasse completamente no serviço à sociedade, como se o social em que sem dúvida vivemos fosse o que, no fim das contas, determina também a personalidade. Que se leve a sério a máxima socialista, que se admita que o indivíduo é coagido, que ele é coagido e obscurecido na sua vida interior; e que, a partir dessa necessidade, se recupere uma consciência da riqueza e da existência natural da personalidade. Aos poucos, uma nova geração terá a ousadia de voltar a examinar a si própria, e não só por meio de seus artistas. Ela reconhecerá a pressão e a inverdade que agora nos coagem. Ela reconhecerá o dualismo de moralidade social e personalidade. Dessa necessidade brotará uma religião. E ela será necessária porque nunca antes a personalidade esteve enredada tão sem esperanças no mecanismo social. Porém, receio que o Sr. ainda não tenha me entendido totalmente e supõe que haja individualismo onde apenas exijo sinceridade e, em consequência, um socialismo sincero em contraposição ao atual socialismo convencional. Em contraposição a um socialismo que admite todo aquele que sente que algo não vai bem consigo mesmo.

O AMIGO: Chegamos a um campo em que quase não é mais possível discutir. O Sr. quase não apresenta provas e se reporta ao futuro. Porém, olhe à sua volta no tempo presente. O Sr. tem aí o individualismo. Sei que o Sr. o combate. Porém, justamente a partir do seu ponto de vista, penso que o Sr. deve reconhecer que ele é sincero. Porém, em lugar nenhum o individualismo ruma para o objetivo que o Sr. enuncia.

EU: Há muitos tipos de individualismo. Não nego que até mesmo haja pessoas que podem se dissolver no social com toda sinceridade; não serão as pessoas mais profundas, tampouco as melhores. Porém, nem estou em condições de determinar se no individualismo há embriões que levarão à minha visão das coisas, ou melhor, a uma religiosidade futura. De qualquer modo, identifico os primórdios desse movimento. Que seja, por mim, a época heroica de uma nova religião. Os heróis dos gregos são fortes como os deuses, faltando-lhes apenas a cultura divina. É assim que se me afiguram os individualistas.

O AMIGO: Não exijo uma formulação bem acabada. Porém, aponte para mim, na vida sentimental desta época, essas correntes neorreligiosas, esse socialismo individualista, do mesmo modo como o Sr. identifica em toda parte o panteísmo nas mentes das pessoas. Não vejo nada que pudesse dar suporte a isso. Cinismo espirituoso e esteticismo descorado não são os embriões da religiosidade futura.

EU: Eu não seria capaz de acreditar que o Sr. também condena a nossa literatura com o habitual olhar desdenhador de cima para baixo. Tudo isso me diz algo diferente. Abstraindo de que o esteticismo espirituoso não é a marca que distingue as nossas maiores criações, não ignore o aspecto incisivo e exigente que reside no espirituoso. Essa obsessão por sulcar abismos e saltar por cima deles. Não sei se o Sr. me entende quando digo que esse espirituoso é simultaneamente precursor e inimigo do sentimento religioso.

O AMIGO:     O Sr. chama de religioso um anseio saturado pelo inaudito? Nesse caso, o Sr. poderia ter razão.

EU:     Modifiquemos um pouco nosso modo de olhar para esse anseio! Por acaso ele não provém da poderosa vontade de não considerar tudo como ancorado tão tranquila e obviamente no ego, como estamos habituados a fazer? Ele prega uma inimizade místico-individualista ao habitual. Esse é o seu lado fecundo. Entretanto, ele não consegue contentar-se com essa palavra última e acrescenta-lhe ainda uma conclusão impertinente. A ingenuidade trágica do espirituoso. Como eu já disse, ele salta por cima dos abismos que ele próprio sulca. Temo e amo esse cinismo que é tão corajoso e, no fim das contas, só um pouco egocêntrico além da conta, visando não colocar a própria contingência acima da necessidade histórica.

O AMIGO:     O Sr. fundamenta um sentimento que eu também conheço. O neorromantismo – Schnitzler, Hofmannsthal, inclusive Thomas Mann, às vezes – significante, amável, até cordialmente simpático e perigoso.

EU:     Contudo, eu não gostaria de falar desses, mas de outros que manifestamente são dominantes nesta época, ou pelo menos dão significado a ela. Direi de bom grado tudo que sei sobre isso. No entanto, chegamos a um campo sem limites.

O AMIGO:     Os sentimentos fluem para o espaço ilimitado, e o objeto da religião é a infinitude. Isso faz parte da bagagem que trago do meu panteísmo.

EU:     Bölsche disse certa vez que a arte antecipa premonitoriamente a consciência universal e a esfera vital de épocas posteriores. E passo a acreditar que as obras de arte dominantes em nossa época – não, não simplesmente as dominantes, acredito que as obras que nos tocam com mais veemência no primeiro encontro que temos com elas, que sobretudo Ibsen e o naturalismo carregam essa consciência neorreligiosa. Tome como exemplo os dramas de Ibsen. O pano de fundo é formado sempre pelo problema social – isso é certo. Porém, o que move o drama são as pessoas que têm de orientar sua personalidade frente à nova ordem social: Nora, a senhora Alving e, indo mais fundo: Hedda, Solness, Borkman, Gregers e muitos outros. E, além disso, o modo como essas pessoas falam.

O naturalismo descobriu a linguagem individual. Isso nos comove de tal modo quando lemos nosso primeiro Ibsen ou Hauptmann que, com nossa expressão mais cotidiana e mais íntima, obtemos o direito de figurar na literatura, numa ordem mundial válida. Desse modo se eleva o nosso sentimento individual. – Ou tome o exemplo de uma concepção de indivíduo e sociedade como a da *Herakles' Erdenfahrt* [Viagem de Hércules à Terra][e], de Spitteler! É isso que intuímos, ali está o nosso objetivo, e essa é, por sua vez, uma das passagens mais inflamantes, mais carregadas de entusiasmo já escritas na Era Moderna. Em seu serviço à humanidade na condição de salvador, Hércules não consegue preservar sua personalidade, nem ao menos sua honra. Ele, porém, admite isso com uma sinceridade incisiva e jubilosa. Sinceridade que o eleva, não obstante todo o sofrimento, mediante esse sofrimento. – Isso constitui uma contradição viva e brusca à inércia social da nossa época. – E nisso reside a humilhação mais profunda; realmente digo que é a mais profunda humilhação a que o indivíduo moderno deve submeter-se, sob pena de perder suas possibilidades sociais: a dissimulação da individualidade, de tudo o que interiormente o comove e o põe em movimento. Gostaria de revelar-lhe agora o ponto mais concreto de todos: é apoiando-se nisso que a religião se erguerá. Uma vez mais seu ponto de partida será aquilo que foi submetido à servidão – mas o segmento social que hoje suporta essa servidão necessária e histórica é o dos literatos. Eles querem ser os sinceros, querem expressar seu entusiasmo pela arte, seu "amor ao mais afastado", para usar uma expressão de Nietzsche[f], mas a sociedade os rejeita – eles próprios precisam erradicar, em autodestruição patológica, todo o demasiado humano de que o vivente necessita. Assim procedem os que querem traduzir valores em vida, em convenção: e nossa falsidade os condena à condição de *outsiders* e à exuberância que os torna

---

[e] Título do canto V da parte V ("Zeus") de *Olympischem Frühling* [A primavera olímpica], de Carl Spitteler. (N. E. A.)

[f] Friedrich Nietzsche, "Also sprach Zarathustra", "Von der Nächstenliebe", em *Werke in drei Bänden* (org. Karl Schlechta, Munique, 1955), v. II, p. 324s. (N. E. A.) [Ed. bras.: "Do amor ao próximo", em *Assim falou Zaratustra,* trad. Alex Marins. São Paulo, Martin Claret, 2003, p. 59-60. (N. T.)]

estéreis. Jamais espiritualizaremos as convenções se não quisermos preencher essas formas de vida social com nosso espírito pessoal. E são os literatos e a nova religião que nos ajudam a fazer isso. A religião proporciona um novo fundamento e uma nova nobreza à vida cotidiana, à convenção. Ela se transforma em culto. Por acaso não temos sede da convenção espiritualizada, do culto?

O AMIGO: Não está claro para mim, para dizer pouco, como o Sr. espera uma nova religião de pessoas que, nas cafeterias, levam uma vida impura e tantas vezes privada de espírito, de pessoas que, com sua mania de grandeza e inércia, negam a mais simples das obrigações, de pessoas que são a representação mesma da falta de pudor.

EU: Eu não disse que espero delas a nova religião, mas que as considero como portadoras do espírito religioso em nossa época. E afirmo isso mesmo que o Sr. me diga cem vezes que estou inventando. Com certeza essas pessoas em parte levam uma vida das mais ridículas, das mais decadentes e das mais desespiritualizadas. Mas essa miséria não decorreu da carência espiritual, do anseio por uma vida pessoal sincera? O que fazem essas pessoas senão ocupar-se com a própria sinceridade sumamente problemática? Mas naturalmente o que concedemos aos heróis de Ibsen nada tem a ver com a nossa vida.

O AMIGO: O Sr. mesmo não disse anteriormente que essa sinceridade fanática e penetrante está interditada ao ser humano culto, que ela desagrega toda a nossa capacidade interior e exterior?

EU: Sim, e por isso nada seria mais temível do que a generalização do ofício de literato. Porém, há a necessidade de uma levedura, de um agente de fermentação. Na mesma proporção em que não queremos ser literatos nesse último sentido, eles devem ser respeitados como executores da vontade religiosa.

O AMIGO: A religião é pudica frente a si mesma, sendo purificação e santificação solitárias. O Sr. vê o ofício do literato como o oposto crasso disso. É por isso que ele é mal-afamado entre as pessoas pudicas.

EU: Por que o Sr. atribui justamente ao pudor toda a santidade e fala tão pouco do êxtase? Na verdade, esquecemos que de modo algum foi com tranquilidade interior que os *movimentos* religiosos cativaram gerações inteiras. Considere o pudor uma arma necessária do instinto de autopreservação; porém, não o santifique, pois ele é totalmente natural. Ele jamais terá algo a temer de um *páthos*, de um êxtase, os quais podem se expandir e difundir. A única coisa que talvez possa destruí-lo é o ardor impuro do *páthos* covarde reprimido.

O AMIGO: E o literato realmente está sob o signo dessa falta de pudor. Esta e a podridão interior acabam com ele.

EU: O Sr. não deveria recorrer a esse argumento, visto que o literato está submetido a esse *páthos* solapador porque a sociedade o degredou, porque ele quase não chega a constituir as formas mais deploráveis para viver a sua mentalidade. Quando recuperarmos a força para constituir séria e dignamente as convenções em substituição ao nosso arremedo social, teremos o sintoma da nova religião. A cultura da expressão é a cultura suprema e só é concebível sobre a base dessa religião. Mas os nossos sentimentos religiosos são livres. – E assim dotamos convenções e relações sentimentais falsas com a energia inútil da piedade.

O AMIGO: Felicito o Sr. por seu otimismo e por sua coerência. O Sr. acredita mesmo que, diante da miséria social vigente, diante dessa torrente de problemas não resolvidos, há a necessidade ou mesmo a possibilidade de uma nova problemática, que você chega a chamar de religião? Pense apenas num problema tremendo que é a questão da ordenação sexual do futuro.

EU: Excelente ideia! Penso que justamente essa questão só pode ser resolvida com base na sinceridade mais pessoal possível. Só conseguiremos posicionar-nos em relação ao complexo dos problemas sexuais e do amor quando o desvincularmos do entrelaçamento mendaz com ideias sociais infinitas. O amor é, num primeiro momento, uma questão pessoal entre duas pessoas e de forma alguma um meio para o fim da geração de filhos; leia sobre isso *Faustina*, de Wassermann[g]. De resto, acredito mesmo que o nascimento de uma religião se dê a partir de uma necessidade profunda e quase desconhecida. Portanto, como eu já disse, acre-

---

[g] Jakob Wassermann, *Faustina. Ein Gespräch über die Liebe* (Berlim, 1912). (N. E. A.)

dito que para os líderes espirituais o elemento social não é mais um elemento religioso. É preciso deixar que o povo fique com sua religião, sem cinismo. Ou seja, ele ainda não necessita de nenhum novo conhecimento, nem de nenhuma nova meta. Eu poderia ter dialogado com alguém que teria falado em termos bem diferentes dos usados pelo Sr. Para essa pessoa, o social seria uma vivência que, para começar, teria de ser arrancada à força de sua sinceridade fechada e extremamente ingênua. Ela teria sido representante da massa dos viventes e pertenceria, no sentido mais amplo possível, às religiões históricas.

O AMIGO: Também nesse ponto o Sr. fala de sinceridade. Devemos retornar, portanto, ao ponto de vista do ser humano egocêntrico?

EU: Acredito que sistematicamente o Sr. me entende mal. Falo de duas sinceridades. A sinceridade frente ao social e a sinceridade que um ser humano tem frente ao conhecimento de sua vinculação social. Só abomino a posição intermediária: o primitivismo mendaz do ser humano complicado.

O AMIGO: E agora o Sr. realmente acredita que pode erigir a nova sinceridade em meio ao caos religioso e cultural em que estão presas as lideranças? Apesar da *décadence* [decadência] e da mística, dos teosofistas, adamitas e de seitas inumeráveis? Porque também entre eles toda religião tem inimigos renhidos. O Sr. encobre o abismo entre natureza e espírito, sinceridade e mentira, indivíduo e sociedade – ou como quiser agrupá-los.

EU: Ora, o Sr. mesmo chama a mística de inimiga da religião. Ela não só lança a ponte sobre a agudeza da problemática religiosa: ela é ao mesmo tempo adequada e social. Porém, pondere em que medida isso afetaria o panteísmo. – Mas não o sentimento religioso recém-despertado. Ela o afetaria tão pouco que chego a vislumbrar na validade e na difusão da mística e da *décadence* seus sintomas. Mas permita-me explicar melhor isso: eu já disse que fixo historicamente o momento dessa nova religião, a saber, a sua fundação. Ela se deu no momento em que Kant sulcou o abismo entre a sensualidade e o entendimento e quando reconheceu a supremacia da razão prática, da razão moral, em tudo o que acontece. A humanidade havia despertado de seu sono desenvolvimentista, e esse despertar simultaneamente a privou de sua unidade. O que fez o classicismo? Ele voltou a unir espírito e natureza: acionou a faculdade de julgar e criou a unidade, que sempre só pode ser uma unidade do instante, do êxtase, dos grandes visionários. Não podemos vivenciá-la de modo sincero, fundante. Ela não pode se tornar fundamento da vida. Ela representa o seu ápice estético. O classicismo foi um fenômeno estético de reação, na consciência pungente de que se tratava da batalha pela totalidade do ser humano; do mesmo modo também chamo a mística e a *décadence* de fenômenos de reação. Eles constituem a consciência que, na décima segunda hora, quer se salvar da sinceridade do dualismo, que quer se livrar da personalidade. Porém, a mística e a *décadence* travam uma batalha sem perspectiva: elas negam a si mesmas. A mística nega a si mesma pelo modo escolástico-extático afetado com que concebe o sensual como espiritual ou ambos como manifestação do verdadeiro suprassensível. Incluo o monismo entre essas especulações sem perspectiva. Chamo-as de produtos inofensivos de pensadores que requerem um dispêndio gigantesco da mente sugestionável e, como já falamos, o espirituoso é a linguagem da mística. A *décadence* faz pior, mas para mim trata-se do mesmo sintoma e da mesma infecundidade. Ela busca a síntese no natural. Ela comete o pecado mortal de naturalizar o espírito, de tomá-lo como óbvio, condicionado apenas causalmente. Ela nega os valores (e, desse modo, a si própria) para subjugar o dualismo de dever e pessoa.

O AMIGO: Talvez o Sr. saiba o que se passa: às vezes, espremermos o cérebro por certo tempo, acreditamos estar na pista de algo novo e inaudito e, de repente, vemo-nos, estarrecidos, diante de uma tremenda banalidade. É o meu caso agora. Pergunto-me involuntariamente: o que há de importante no tema que estamos abordando? Não se trata de uma obviedade, de algo que não vale a pena discutir, isso de que vivemos num dilema entre individual e social? Cada qual o experimentou em si mesmo, experimenta-o diariamente. Bem, fizemos triunfar a cultura e o socialismo. E desse modo tudo já está decidido. – Veja só, perdi toda a visão e toda a compreensão.

EU:	E pela minha experiência, em contrapartida, estamos diante de uma verdade mais profunda no momento em que se vai a um grau mais fundo numa obviedade; eu diria, no momento em que ela é espiritualizada. E foi isso que nos sucedeu com a religião. O Sr. certamente tem razão no que diz. Mas faça um complemento. Não devemos conceber essa relação como tecnicamente necessária, como se tivesse nascido da exterioridade e do acaso. Tomemo-la como moralmente necessária, tornando a espiritualizar a necessidade da virtude! Com certeza vivemos em meio a uma necessidade. Porém, nosso comportamento só se tornará valioso caso se compreenda em termos morais. Por acaso foi dito o que há de terrível e de incondicional na submissão da pessoa a fins sociomorais? Não! Por que não? Porque de fato nada mais se sabe da riqueza e da relevância da individualidade. Conhecendo as pessoas da vida cotidiana como eu conheço, asseguro-lhe que elas perderam a sensação física de sua personalidade espiritual. No momento em que encontrarmos *isso* novamente *e* nos curvarmos sob a moralidade cultural, ficaremos humildes. Só então obteremos o sentimento da *schlechthinnige Abhängigkeit* [dependência por excelência][h], do qual fala Schleiermacher, em lugar da dependência convencional. – Porém, talvez praticamente nem seja possível dizer-lhe isso, já que o Sr. está fundado numa consciência tão nova da imediatidade pessoal.

O AMIGO:	Volto a dizer que as suas ideias se alçam num voo quase vertical, de tal modo que se afastam celeremente de toda problemática da atualidade.

EU:	*Isso* era a última coisa que eu esperava ouvir, eu que falei a noite toda da situação de necessidade pela qual passam as lideranças.

O AMIGO:	E, não obstante, o mote de nossas lutas religiosas é "crer e saber". O Sr. não disse uma palavra sobre isso. Acrescento, todavia, que do meu ponto de vista, que é o do panteísmo ou do monismo, não existe essa questão. Mas *o Sr.* deve satisfações a ela.

---

[h] Cf. Friedrich Schleiermacher, *Der christliche Glaube. Nach den Grundsätzen der evangelischen Kirche im Zusammenhange dargestellt* (7. ed., org. Martin Redeker, Berlim, 1960), v. I, p. 23 (§ 4), *passim*; foi só na 2. ed. de 1830 que Schleiermacher usou pela primeira vez o conceito da *schlechthinnige Abhängigkeit*, oriundo de Ferdinand Delbrück. (N. E. A.)

EU:  Seguramente: digo que o sentimento religioso está enraizado na totalidade da época; é a esta que pertence o saber. Se o saber não for problemático em si, uma religião que tem seu início no que é urgente não terá por que preocupar-se com ele. E praticamente não houve épocas em que o saber tenha sido problematizado por sua natureza. A coisa só chegou a esse ponto em razão de mal-entendidos históricos. E esse problema, que está entre os mais modernos e do qual os folhetins estão repletos, surge porque não perguntamos desde o princípio pela religião da época; o que se pergunta, em vez disso, é se uma das religiões históricas ainda poderia encontrar abrigo nela, mesmo que fosse necessário decepar-lhe os braços e as pernas, assim como a cabeça. – Paro por aqui – trata-se de um dos meus temas preferidos de vasta abrangência.

O AMIGO:  Ocorre-me uma palavra de Walter Calé. "Depois de falar, sempre achamos que não dissemos o 'essencial'."[i] Talvez agora você tenha uma sensação parecida.

EU:  De fato, é a sensação que tenho. Vem-me à mente que uma religião, afinal, jamais poderá se resumir ao dualismo – que a sinceridade e a humildade de que falamos são o conceito moral que promove sua unidade. Vem-me à mente que nada podemos dizer sobre o deus e a doutrina dessa religião e pouco sobre a sua vida de culto; que a única coisa concreta é a sensação de um dado novo inaudito que nos faz sofrer. Também acredito que já tivemos profetas: Tolstói, Nietzsche, Strindberg; que por fim a nossa época grávida descobrirá um ser humano novo. Recentemente escutei uma canção. Acredito no ser humano religioso nos termos dessa canção de amor marota[j]:

> Se fosses com teus encantos em quadro pintada
> E encontrasse a imagem o príncipe pagão,
> Com um belo presente serias honrada
> A sua coroa depositaria ele em tua mão.

---

[i] Walter Calé, *Nachgelassene Schriften* (prefácio de Fritz Mauthner, org. Arthur Brückmann, Berlim, 1920), p. 329. (N. E. A.)

[j] Hugo Wolf, "Dass doch gemalt all' deine Reize wären", em *Das Italienische Liederbuch*. (N. E.)

Ordenaria converter-se à fé proclamada
O seu reino inteiro até o último rincão.
Logo tornaria público em toda parte:
Todos sejam cristãos e devem amar-te.
Na mesma hora todo pagão se converteria
Tornar-se-ia bom cristão e te amaria.

Meu amigo esboçou um sorriso cético mas amável, e acompanhou-me até a porta da casa sem dizer nada.

György Lukács em 1913.

# 3

## ROMANTISMO[a]

## Um discurso não proferido para a juventude escolar

Camaradas! Se alguma vez já pensamos em nós, não em nós como indivíduos, mas em nós como comunidade, como juventude – ou se já lemos a respeito da juventude –, sempre pensamos que ela certamente deve ser romântica. Milhares de poemas bons e ruins dizem isso; ouvimos os adultos dizer que dariam tudo para voltar a ser jovens. No entanto, isso tudo é uma realidade que sentimos, surpresos e alegres, nos momentos em que fizemos um bom trabalho, durante uma escalada, quando construímos algo ou lemos uma narrativa de bravura. – Em suma: mais ou menos como certa vez de súbito me veio à consciência – ainda sei onde, foi no degrau de uma escadaria: "mas sou jovem ainda" (eu devia ter 14 anos de idade, e o que me encheu de alegria foi o fato de ter lido a respeito de um dirigível).

A juventude é toda cercada de esperança, amor e admiração: daqueles que ainda não são jovens, das crianças e daqueles que não podem mais sê-lo por terem perdido a fé em algo melhor. É assim que nos sentimos: somos representantes, cada um de nós vale por milhares, assim como cada rico vale por milhares de proletários, assim como cada pessoa talentosa vale por milhares sem talento. Devemos sentir-nos como jovens pela graça de Deus, se tivermos esse entendimento.

Ora, imaginei que estaríamos num congresso da juventude com centenas ou milhares de participantes jovens. De repente escuto apartes – "conversa fiada", "bobagem!" – e olho para os bancos: ao lado dos poucos impulsivos que me interrompem, jazem centenas de outros quase dormindo. Um ou outro se ergue um pouco, mas parece não me levar a sério.

---

[a] Originalmente publicado em Ardor (pseudônimo), "Romantik", em *Der Anfang* (jun. 1913, v. I, caderno 2, p. 38-42. Texto-base das *GS*.
Ardor (pseudônimo), "Romantik", em *Der Anfang. Zeitschrift der Jugend* (org. Georges Barbizon e Siegfried Bernfeld, 1913-1914. Seleta ed. e posfaciada por Eckart Peterich, Lauenburg, Adolf Saal, 1922), p. 14-17. (N. E. A.)
Texto-base da tradução: Walter Benjamin, *Gesammelte Schriften III/1* (org. Rolf Tiedemann e Hermann Schweppenhäuser, Frankfurt, Suhrkamp, 1972), p. 42-7, 897-8. (N. E.)

Então me vem isto à mente:

Falei da juventude pela graça de Deus, falei da nossa vida, de como ela é na tradição, na literatura, entre os adultos. Mas a juventude para a qual falo dorme ou está com raiva. Há algo de podre no reino da Dinamarca. Sou grato ao vosso sono e à vossa raiva, pois é sobre isso que eu queria falar. Eu queria perguntar: o que achamos do romantismo? Nós o temos? Nós o conhecemos? Acreditamos nele?

Milhares de vozes riem e uma só voz grita um "não" veemente.

"Portanto, desistimos do romantismo? Talvez queiramos ser a primeira juventude sóbria da história?"

Mais uma vez ressoou um "não", do qual destoaram só três ou quatro vozes bem claras dizendo "sim". Então continuei a falar:

Vocês me deram uma resposta e eu também respondo. A todos aqueles que acreditam ter uma juventude atemporal diante de si, uma juventude eternamente romântica, a juventude eternamente segura que trilha o eterno caminho para o filistério[b], a eles dizemos: vocês estão mentindo para nós e para vocês mesmos. Com seus gestos paternais, com sua veneração incensadora, vocês nos roubam a consciência. Vocês nos erguem sobre nuvens cor-de-rosa até perdermos o chão debaixo dos pés. Depois cada vez mais se dão conta de uma juventude que dormita num individualismo narcotizado. O filistério nos paralisa para dominar sozinho a sua época; porém, se nós nos deixarmos paralisar pela narcose das ideias, rapidamente afundaremos atrás dele e a juventude se tornará a geração dos futuros filisteus.

Não sei não, camaradas, mas receio ter chegado ao romantismo. Não *àquele* romantismo que não é verdadeiro, mas a um romantismo muito poderoso e perigoso. É exatamente o mesmo que o classicismo cosmopolita casto de Schiller decompõe na confortável poesia da comodidade em prol da fidelidade burguesa e do particularismo. Mas quero analisar um pouco melhor o falso romantismo. Ele gruda em nós a cada passo, mas não passa de uma roupa ensebada com que o filistério nos vestiu para que nós mesmos não conseguíssemos nos reconhecer direito.

Nossa escola está repleta de falso romantismo. Nada há de verdadeiro no que nos oferecem de dramas ou de heróis da história, de vitórias da técnica e da ciência. Nós o recebemos fora de seu contexto espiritual. Essas coisas que dizem servir para formar-nos são eternos fatos isolados, e a cultura é um feliz

---

[b] Expressão oriunda do mundo estudantil alemão, significando o conjunto social composto pelos "veneráveis senhores" e pelas "altas damas" que já concluíram seus estudos e se enquadraram nas regras habituais da sociedade. (N. T.)

acaso. Inclusive há escolas que podem nem ter chegado ao ponto de chamá-lo de feliz. Pois onde ficamos sabendo da história viva que leva o espírito à vitória, na qual o espírito obtém as suas conquistas, as conquistas que ele próprio constrói? Estamos sendo enrolados, impedidos de pensar e agir, visto que nada nos dizem sobre a história, sobre o devir da ciência, sobre o devir da arte, sobre o devir do Estado e do direito. Desse modo, fomos privados da religião do espírito e de toda a fé nele. Esse foi o falso romantismo, a saber, que devíamos ver o extraordinário em tudo que é infinitamente particular, em vez de vê-lo no devir do ser humano, na história da humanidade. É assim que se fabrica uma juventude apolítica, eternamente restrita à arte, à literatura e a vivências amorosas, sendo até nestas sem espírito e diletante. Camaradas, o falso romantismo, o grotesco isolamento em que fomos postos na relação com o devir, tornou muitos de nós apáticos; por tanto tempo tiveram de crer na nulidade que até a fé se tornou nula para eles. A falta de ideais de nossa juventude é o último resquício de sua sinceridade.

Camaradas, é nesse estado que se encontra a formação de uma juventude que, num esforço obstinado, é isolada do real, obnubilada com um tal de romantismo da objetividade, com um tal de romantismo do ideal, com invisibilidades. Não queremos ouvir falar de helenismo e germanismo, nem de Moisés e Cristo, nem de Armínio e Napoleão, nem de Newton e Euler, enquanto não nos mostrarem o *espírito* dentro deles, a fanática realidade efetiva em que viveram essas épocas e pessoas e na qual cumpriram o seu desígnio.

É nesse estado que se encontra o romantismo da formação escolar que torna tudo inverídico e irreal a nossos olhos.

Portanto, camaradas, começamos a voltar-nos impulsivamente para nós mesmos. Tornamo-nos a tão achincalhada juventude individualista dos super-humanos. Realmente não foi nenhum milagre termos nos bandeado jubilosos para o lado do primeiro que nos chamou a nós mesmos, que nos chamou ao espírito e à sinceridade. Esta com certeza foi a missão de Friedrich Nietzsche entre a juventude escolar: ele lhe apontou alguma coisa sobre o amanhã, o ontem e o hoje das tarefas escolares. Ela não conseguia mais carregar esse fardo. E até mesmo essa ideia ela acabou transformando em pose afetada, já que sempre fora obrigada a proceder assim.

Agora vou falar da coisa mais triste de todas. Nós, que com Nietzsche quisemos ser aristocráticos, diferentes, verdadeiros, belos, não dispúnhamos de qualquer ordem embasada na verdade, de nenhuma *escola* da verdade. Muito menos temos um lugar da beleza. Já não dispomos mais de formas de dizer *tu* uns para os outros sem que isso soe vulgar. Em virtude das eternas poses ideais que a escola nos obriga a adotar, em razão de sua solenidade frouxa, tornamo-nos tão inseguros que já nem conseguimos mais ser livres e nobres ao mesmo tempo uns com os outros. Ao contrário: ou livres e ignóbeis ou nobres e cativos.

Precisamos de uma comunidade bela e livre em que se possa falar das coisas gerais sem ser vulgar. Ainda não temos essa possibilidade, mas queremos criá-la para nós. Não nos pejamos de dizer que ainda temos de ser triviais quando falamos dessas coisas juvenis. (Ou temos de assumir um gestual acadêmico alheio ao mundo ou um gestual estético.) Ainda somos tão incultos em nossa dimensão comunitária que a sinceridade se torna algo banal.

Portanto, é *isso* que parece quando o erotismo (e todos bem sentimos o quanto ele necessita da franqueza) alguma vez se arrisca a deixar a obscuridade envolta em silêncio.

Ora, a juventude escolar tem de aliviar-se em cinemas! (Oh, de que adianta proibir os cinemas!) Ousa-se oferecer a jovens estudantes apresentações de cabaré apropriadas para reanimar os impulsos sexuais de quinquagenários saturados de estímulos! No campo erótico, no qual o tom deveria ser dado no mínimo pela juventude madura entre 20 e 30 anos de idade, vemos que essa mesma juventude se deixa envolver e sufocar por hábitos senis e perversos. Há muito que se tem o costume de ignorar a sensibilidade sexual ou, se preferirem, o pudor das pessoas jovens. Dia e noite a cidade grande promove seus ataques a ele. Mas prefere-se fechar os olhos para isso a criar um convívio social para os jovens. Tardes em que as pessoas jovens pudessem se reunir e conviver em sua própria atmosfera erótica, em vez de constituir uma minoria pressionada e ridícula nas patuscadas dos adultos. (O *Simpósio*[c] não é lido na escola; e quando Egmont diz que visita a sua amada à noite[d], isso é riscado.)

Pelo menos há um consolo, por mais que seja mal visto dizer isso: apesar de tudo, ela toma forma e aparece – embora oculta, e não em liberdade.

Esse é o velho romantismo, que não é nutrido por nós, não pelos melhores de nós, mas por aqueles que querem nos educar a recitar passivamente a cartilha do vigente. E, em contraposição a isso, *apontei*-lhes, camaradas, um novo romantismo, muito indefinido, muito remoto, mas espero que tenha sido efetivo. Um romantismo cuja postura deve caracterizar-se pela franqueza, sendo que a conquista mais difícil desta se dará no campo do erotismo e, não obstante,

---

[c] Referência a Platão, *O banquete* (Porto Alegre, L&PM, 2009). (N. T.)
[d] Alusão ao drama *Egmont*, de J. W. Goethe. (N. T.)

a partir deste, ela impregnará nossa existência e nosso comportamento cotidianos. Um romantismo da verdade que identificará os nexos espirituais, a história do trabalho; que fará desse conhecimento uma vivência própria para agir de acordo com ele da maneira mais sóbria e não romântica possível.

Esta é a nova juventude, a juventude sóbria e romântica. Porém, não cremos que esse aspecto romântico possa ser dispensado, que ele seja antiquado e que algum dia possa ser superado. Isto é insuperável: a *vontade* romântica para a beleza, a *vontade* romântica para a verdade, a *vontade* romântica para a ação. Romântica e juvenil: pois essa vontade, que para o homem maduro pode até ser uma necessidade e uma atividade adquirida, é vivenciada por nós, em nossa época, de modo voluntário, original, incondicional e impulsivo. Ela sempre marca moralmente a história e lhe imprime o seu *páthos*, ainda que não lhe dê o seu conteúdo.

E se vocês agora, no final, olharem mais uma vez em volta, talvez constatem, quase surpresos, onde propriamente se encontram: num ponto em que o romantismo retornou às raízes de tudo que é bom, verdadeiro e belo, raízes que não são passíveis de fundamentação. Ali o imperativo narcotizado "vinho, mulher, música" não será mais uma frase sensual vazia: ali vinho pode significar abstinência, mulher pode representar um novo erotismo, música não é canção que exalta a cerveja, mas um novo hino estudantil.

Mas vou encerrando por aqui, pois já espero ouvir a acusação que não receio: a de ter privado a juventude de seus ideais.

No sentido horário, capas de *Origem do drama barroco alemão*,
na edição em alemão (original), inglês, espanhol e português.

# 4

## DRAMA BARROCO E TRAGÉDIA[a]

A apreensão mais profunda do trágico talvez deva tomar como ponto de partida não só e nem tanto a arte, mas também e bem mais a história. Porém, pelo menos é de se supor que o trágico designe um *limite* tanto do reino da arte quanto do âmbito da história. Em alguns pontos bem determinados e proeminentes de seu percurso, o tempo da história se converte no tempo trágico: mais exatamente, nas ações dos grandes indivíduos. Entre a grandiosidade no sentido histórico e a tragicidade há uma conexão de natureza essencial – que, no entanto, não se dissolve em identidade. Mas o que se pode determinar

---

[a] Original: cópia carbono de texto datilografado com correções à mão e complementações de Benjamin; dez folhas não paginadas, com largos espaços entre as linhas (*Benjamin-Archiv*, Ts 185-94). Texto-base das *GS*.
Coleção de G. Scholem, cópia feita à mão por Scholem (Caderno "Artigos mistos", p. 10-3). Na enumeração dos cinco artigos, este trabalho é mencionado em terceiro lugar (*Briefe*, p. 132). Se lermos essa enumeração ao mesmo tempo como cronologia, sendo que há razões para isso (ver *GS*, v. II, p. 924s.), o período de surgimento de "Drama barroco e tragédia" se estende de junho a novembro de 1916. Em suas observações a respeito do texto *Origem do drama barroco alemão*, os editores disseram o seguinte: "No ano de 1916, Benjamin escreveu três trabalhos de caráter histórico-filosófico metafísico que ele não publicou: "Drama barroco e tragédia", "O significado da linguagem no drama barroco e na tragédia" e "Sobre a linguagem em geral e a linguagem humana" [...]. Esses textos já contêm, em forma embrionária, noções centrais que foram teoricamente desdobradas no livro sobre o drama barroco. Em outubro de 1923, ao escrever a [Florens Christian] Rang que 'o tema original *Drama barroco e tragédia*' parece 'estar se deslocando novamente para o primeiro plano' [*Briefe*, p. 304], Benjamin não deve ter pensado só no tema, mas também em seu ensaio com o mesmo título" (*GS*, v. I, p. 884). Sobre a repercussão dos motivos do trabalho anterior no livro sobre o drama barroco há informações principalmente na primeira seção do livro intitulada "Drama barroco e tragédia" (*GS*, v. I, p. 238-78). Mais informações instrutivas encontram-se na *Tabela de categorias* referente à mencionada seção, bem como no *Exposé* a respeito do livro sobre o drama barroco, anexado às pastas contendo a tese de habilitação de Benjamin (*GS*, v. I, p. 951). (N. E. A.)
Texto-base da tradução: Walter Benjamin, *Gesammelte Schriften II/1* (org. Rolf Tiedemann e Hermann Schweppenhäuser, Frankfurt, Suhrkamp, 1972), p. 133-7, 927-9. (N. E.)

é isto: na arte, a grandiosidade histórica só pode assumir uma forma trágica. O tempo da história é infinito em todas as direções e não é preenchido em cada um dos seus momentos. Isso quer dizer que não há um único acontecimento empírico imaginável que tenha uma relação necessária com a situação temporal bem determinada em que ele sucede. Para o evento empírico, o tempo é apenas uma forma, mas – o que é mais importante – ele não é preenchido como forma. O evento não preenche a natureza formal do tempo no qual está acomodado. Pois isso não deve ser concebido como se o tempo nada mais fosse que a medida com que se afere a duração de uma modificação mecânica. Esse tempo de fato é uma forma relativamente vazia, e não faz sentido pensar em seu preenchimento. Porém, o tempo da história é diferente do tempo da mecânica. O tempo da história determina bem mais que a possibilidade de modificações espaciais de certa grandeza e certa regularidade – a saber, a do ponteiro do relógio – durante modificações espaciais simultâneas da estrutura complexa. E ainda sem determinar o que mais o tempo histórico determina, sem dizer o que ele determina além disso – portanto, sem definir a sua diferença em relação ao tempo mecânico –, deve-se dizer que nenhum evento empírico é capaz de apreender em sua totalidade a força determinante da forma histórica do tempo, nem é capaz de concentrá-la totalmente em si mesmo. Um evento desse tipo, que no sentido da história seria completo, constitui, muito antes, uma indeterminação empírica, a saber, uma ideia. Essa ideia do tempo preenchido recebe na Bíblia o nome da sua ideia histórica predominante: o tempo messiânico. Em todo caso, porém, a ideia do tempo histórico preenchido não é concebida simultaneamente como a ideia de um tempo individual. Essa determinação naturalmente transforma por completo o sentido do estar preenchido, e é ela que diferencia o tempo trágico do tempo messiânico. A relação entre o tempo trágico e o tempo messiânico é a mesma que existe entre o tempo individualmente preenchido e o tempo divinamente preenchido.

É em seu posicionamento diverso frente ao tempo histórico que se distinguem o drama barroco e a tragédia. Na tragédia, o herói morre, visto que ninguém é capaz de viver no tempo preenchido. Ele morre de imortalidade. A morte é uma imortalidade irônica; esta é a origem da ironia trágica. A origem da culpa trágica situa-se na mesma área. Ela repousa no tempo próprio do herói trágico, preenchido de modo puramente individual. Esse tempo próprio do herói trágico – que, a exemplo do tempo histórico, tampouco queremos definir aqui – inscreve todos os seus feitos e a sua existência inteira como que dentro de um círculo mágico. Quando, de modo incompreensível, a complicação trágica repentinamente se faz presente, quando o menor passo em falso acarreta a culpa, quando o mínimo deslize ou o acaso mais improvável causam a morte, quando não são pronunciadas as palavras de entendimento e solução aparentemente ao alcance de todos, trata-se daquela influência peculiar que o tempo do herói exerce sobre todo evento, visto que, no tempo preenchido, todo evento é função desse tempo. Parece quase paradoxal a nitidez dessa função no momento em que o herói se encontra completamente passivo, visto que o tempo trágico pode ser visto como o desabrochar de uma flor cujo cálice exala a acre fragrância da ironia. Pois não raro a fatalidade do tempo do herói se cumpre durante as pausas em que ele está em completo descanso (durante o sono, por exemplo); de modo semelhante, a importância que o tempo preenchido tem para o destino trágico se evidencia nos grandes momentos de passividade: na decisão trágica, no momento retardante, na catástrofe. O parâmetro trágico de Shakespeare está baseado na grandiosidade com que ele diferencia os diversos estágios de tragicidade enquanto repetições de um só tema, tornando-os cada vez mais precisos. A tragédia dos antigos, em contraposição, apresenta um incremento cada vez mais portentoso das potências trágicas; os antigos conhecem o destino trágico; Shakespeare, os heróis trágicos, a ação trágica. Com razão, Goethe o chama de romântico[b].

Na tragédia, a morte constitui uma imortalidade irônica; irônica por sua determinidade desmedida; a morte trágica é sobredeterminada, e isso é a expressão propriamente dita da culpa do herói. Hebbel talvez estivesse no caminho certo com a concepção da individuação enquanto culpa original[c]; porém, tudo depende de definir o que a culpa da individuação transgride. Nessa forma, é possível formular a pergunta pela conexão entre história e tragicidade. Não se trata de uma individuação a ser apreendida com relação ao ser humano. No drama barroco, a morte não se baseia naquela determinidade extrema que o tempo individual confere ao evento. Ela não é um ponto final; sem a certeza de uma vida superior e sem a ironia, ela é a μετάβασις [passagem] de toda a vida εἰς ἄλλο γένος [para um outro gênero]. O drama barroco é matematicamente comparável a um dos braços de uma hipérbole, sendo que seu outro braço

---

[b] Goethe, "Shakespeare und kein Ende", *Sämtliche Werke* (Jubiläumsausgabe [...] em colaboração com Konrad Burdach [et al.], org. Eduard von der Hellen, v. XXXVII: Schriften zur Literatur, parte II, Stuttgart/Berlim, s/d), p. 41 e 45. (N. E. A.)

[c] Friedrich Hebbel, "Mein Wort über das Drama!", *Sämtliche Werke* (Historisch-kritische Ausgabe, org. Richard Maria Werner, [seção I] v. II: Kritische Arbeiten II, Berlin, [s/d]), p. 3s. (N. E. A.)

está no infinito. A lei da vida superior vale no espaço restrito da existência terrena, e todos jogam até que a morte encerre o jogo para promover a repetição do mesmo jogo em escala maior num outro mundo. É na repetição que repousa a lei do drama barroco. Seus eventos são sombras metafóricas, reflexos simbólicos de outro jogo. A morte arrebata para dentro desse jogo. O tempo do drama barroco é não preenchido e, não obstante, finito. Ele é não individual, sem que tenha generalidade histórica. O drama barroco, em qualquer sentido, é uma forma intermediária. A generalidade de seu tempo é espectral, não mítica. O fato de seus atos serem em número par tem a ver, em seu âmago, com a natureza especular peculiar ao jogo. Exemplo disso, como também de todas as demais relações concebidas, é *Alarcos* de Schlegel[d], que aliás é um excelente objeto de análise do drama barroco. Quanto à hierarquia e à posição, seus personagens são da realeza, como não poderia deixar de ser no drama barroco consumado, em função de seu significado simbólico. Esse drama é enobrecido pela distância que em toda parte separa imagem e espelhamento, significante e significado. Desse modo, o drama barroco na verdade não constitui a imagem de uma vida superior, mas nada mais é que uma das duas imagens espelhadas, e sua continuação não é menos espectral que ela própria. Os mortos se convertem em fantasmas. O drama barroco esgota em termos artísticos a ideia histórica da repetição; por conseguinte, ele aborda um problema bem diferente da tragédia. Culpa e grandiosidade reivindicam, no drama barroco, uma determinidade – para não dizer uma sobredeterminidade – que diminui na mesma proporção em que aumenta sua dimensão, a extensão mais universal possível, e não por causa da culpa e da grandiosidade, mas por causa da repetição daquelas mesmas relações.

Porém, à essência da repetição temporal se deve que nenhuma forma pode estar baseada nela de modo acabado. E mesmo que a relação entre a tragédia e a arte permaneça problemática, mesmo que a tragédia talvez também seja mais ou menos que uma forma artística, ela, em todo caso, é uma forma acabada. Seu caráter temporal está esgotado e configurado na forma dramática. O drama barroco não é acabado em si mesmo; ademais, a ideia de sua resolução não se situa mais dentro do âmbito dramático. E esse é o ponto em que – a partir da análise da forma – aparece de modo decisivo a diferença entre drama barroco e tragédia. O restante do drama barroco se chama música. Talvez, assim como a tragédia caracteriza a transição do tempo histórico para o tempo dramático, o drama barroco se situe na passagem do tempo dramático para o tempo da música.

---

[d]  Friedrich Schlegel, *Alarcos. Ein Trauerspiel* (Berlim, 1802). (N. E. A.)

# 5

## O SIGNIFICADO DA LINGUAGEM
## NO DRAMA BARROCO E NA TRAGÉDIA[a]

[Introdução do editor alemão (consta no início das notas, *GS*, p. 929):

Numa carta de Benjamin a Scholem, datada de 30/4/1918, consta o seguinte:

Li três vezes a obra [*Sobre a lamentação e o hino de lamentação* (inédito)] que o Sr. enviou à minha esposa, sendo que da última vez a li com ela. Minha esposa ainda agradecerá ao Sr. pessoalmente. Eu próprio lhe devo um agradecimento especial, pois o Sr., sem saber que já me ocupei do mesmo problema há dois anos, proporcionou-me um esclarecimento essencial. Depois de ter lido a sua obra, esse problema se me afigura da seguinte maneira: a partir da minha essência enquanto judeu ocorreu-me o direito próprio, a "ordem autônoma completa" tanto da lamentação como do luto. Sem ter relação com as escrituras hebraicas, que, como sei agora, constituem o objeto dado de tal investigação, apliquei ao drama barroco a pergunta "como a linguagem em geral pode cumular-se de luto e tornar-se expressão de luto?" num breve ensaio intitulado "O significado da linguagem no drama barroco e na tragédia". Ao fazer isso, cheguei tanto no detalhe quanto no conjunto a uma noção muito próxima da sua, mas me esfalfei inutilmente estudando uma relação cujo verdadeiro conteúdo só agora começo a intuir. É que, na língua alemã, a lamentação ganha relevo, em termos linguísticos, só no drama barroco, e este, no sentido da língua alemã, é quase secundário em relação à tragédia. Não consegui me conciliar com essa ideia e não reconheci que, na língua alemã, essa hierarquia é tão legítima quanto, na língua hebraica, provavelmente é a hierarquia inversa. Agora vejo, em sua obra, que a questão que me motivou naquela época deve ser formulada com base na lamentação hebraica. Todavia, não consigo reconhecer as explanações feitas pelo Sr. como uma solução, tampouco as traduções feitas pelo Sr. a respeito me capacitam – o que certamente seria impossível – a retomar o tema antes de ter conhe-

---

[a] Original: coleção de Scholem, cópia à mão feita por Scholem (caderno "Artigos Mistos", p. 14-6). (N. E. A.)
Texto-base da tradução: Walter Benjamin, *Gesammelte Schriften II/1* (org. Rolf Tiedemann e Hermann Schweppenhäuser, Frankfurt, Suhrkamp, 1972), p. 137-40, 929-30. (N. E.)

cimento do hebraico. Em contraposição ao seu ponto de partida, o meu só teve a vantagem de me remeter desde o começo à oposição fundamental entre luto e tragicidade, a qual o Sr. ainda não identificou, a julgar pelo seu trabalho. De resto, eu teria muitas observações a fazer sobre a sua obra, que por carta necessariamente se perderiam em sutilezas sem conta – por causa das dificuldades terminológicas – [...]. A sua (e a minha) terminologia ainda não está suficientemente elaborada [...]. Comento, em especial, apenas que ainda ponho em dúvida que a evidente relação entre lamentação e luto seja a de que todo luto puro deva necessariamente desembocar na lamentação. – Daqui resulta uma série de questões tão graves que realmente é preciso prescindir de sua ponderação por escrito. (*Briefe*, p. 181s.)

A estimativa de dois anos [desde que começou a se ocupar com o assunto] deve ser entendida como aproximada: "no ano de 1916". A datação presumivelmente mais exata da época de surgimento do ensaio (assim como a dos demais ensaios) é possível graças à listagem dos cinco ensaios na carta a Belmore do final de 1916 (*Briefe*, p. 132), à qual várias vezes já se recorreu, e sua leitura como cronologia (ver *GS*, v. II, p. 924s.). De acordo com ela, o período de surgimento seria de junho a novembro de 1916. O trabalho faz parte das protocélulas do livro sobre o drama barroco, a exemplo do trabalho sobre drama barroco e tragédia (ver *GS*, v. II, p. 927s.). Benjamin expressa isso a Hugo von Hofmannsthal numa carta de 1926, nos seguintes termos:

Por fim, fiquei surpreso com sua carta contendo a alusão ao centro propriamente dito, tão oculto dessa obra [a saber, o livro sobre o drama barroco]: a exposição sobre imagem, escrita e música de fato é a protocélula da obra com suas reminiscências literais [cf. *GS*, v. I, p. 297, 27-299, 18] a um ensaio juvenil de três páginas, "Sobre a linguagem no drama barroco e na tragédia". A elaboração mais profunda desses assuntos, no entanto, necessariamente me levaria do âmbito de fala alemã para o de fala hebraica, no qual, não obstante todos os bons propósitos, ainda não consegui pôr o pé. (*Briefe*, p. 437s.; ver também *GS*, v. I, p. 884s.)

O referido trabalho – que permaneceu inédito – só existe na forma de uma cópia feita por Scholem.]

---

O trágico tem como base a legalidade do discurso oral entre seres humanos. Não existe pantomima trágica. Tampouco existe poesia trágica, nem romance trágico, nem acontecimento trágico. O trágico não só existe exclusivamente no âmbito do discurso humano de cunho dramático, mas ele inclusive é a única forma que originalmente era própria da interlocução humana. Isso quer dizer que não existe tragicidade, a não ser na interlocução inter-humana, e que não existe forma de interlocução inter-humana que não seja trágica.

Sempre que aparecer um drama não trágico, não se trata da lei própria do discurso humano a explicitar-se de modo original, mas o que aparece é apenas um sentimento ou uma relação dentro de um contexto de linguagem, dentro de um estágio linguístico.

A interlocução em suas manifestações puras não é triste nem cômica, mas trágica. Sendo assim, a tragédia é a forma dramática pura e clássica. A ênfase maior e a cunhagem mais profunda e exclusiva do triste não residem na palavra dramática, nem mesmo na palavra. Não há só dramas tristes, e digo mais: o drama barroco tampouco é o modo de ser mais triste do mundo; um poema, uma narrativa, uma vida podem ser mais tristes. Isso porque a tristeza não é idêntica à tragicidade de um poder vigente, à lei indissolúvel e inescapável de ordenações que se encerram na tragédia, mas é um sentimento. Qual é a relação metafísica entre esse sentimento e a palavra, entre ele e o discurso falado? Esse é o enigma do drama barroco. Qual é a disposição interior na essência da tristeza que lhe permite passar do estado de puro sentimento para a ordem da arte?

Na tragédia, a palavra e a tragicidade se originam, simultaneamente, do mesmo lugar. Na tragédia, cada discurso é tragicamente decisivo. A pura palavra é imediatamente trágica. Como a linguagem logra cumular-se de tristeza e ser expressão de tristeza? Esta é a questão fundamental do drama barroco ao lado da primeira pergunta: como a tristeza enquanto sentimento consegue ingressar na ordem linguística da arte? A palavra torna-se trágica atuando de acordo com o puro significado de que ela própria é portadora. A palavra enquanto portadora pura de seu significado constitui a palavra pura. Ao lado desta, porém, há uma outra palavra que vai se transformando desde o lugar de sua origem até outro lugar para o qual está voltada, ou seja, para a sua foz. A palavra em transformação é o princípio linguístico do drama barroco. Existe uma pura vida sentimental da palavra, na qual esta se purifica do som da natureza e se converte em puro som do sentimento. Para essa palavra, a linguagem é apenas um estágio passageiro no ciclo da transformação, e é por meio dessa palavra que se expressa o drama barroco. Ele descreve o percurso do som da natureza até a música passando pela lamentação. No drama barroco, o som se decompõe sinfonicamente, sendo este, ao mesmo tempo, o princípio musical de sua linguagem e o aspecto dramático de sua discórdia e de sua cisão nas pessoas. É a natureza que adentra o purgatório da linguagem unicamente em função da pureza de seus sentimentos, e a essência do drama barroco já está contida na antiga sabedoria de que a natureza inteira começaria a lamentar-se se fosse dotada de linguagem. Porque o drama barroco não é a passagem esférica do sentimento pela pura dor das palavras que desembocam na música e retornam à tristeza libertada do sentimento venturoso; ocorre que, em meio a esse percurso, a natureza se dá conta de que foi traída pela linguagem e essa tremenda inibição do sentimento se transforma em tristeza. Assim sendo, o sentido duplo da palavra, o seu *significado*, fez com que a natureza se detivesse, e enquanto a criação queria se derramar na pureza, o ser humano portou a coroa dessa criação. Esse é o significado do rei no drama barroco e esse é o sentido das ações do chefe de Estado e das ações do Estado. Elas representam o tolhimento da natureza, como que uma gigantesca represa do sentimento, para o qual subitamente desponta um novo mundo na palavra, o mundo do significado, do tempo histórico destituído de sentimento, e, em contrapartida, o rei é, ao mesmo tempo, ser humano – um ponto final da natureza – e rei – portador e símbolo do significado. A história se torna concomitante com o significado na linguagem humana; essa linguagem se cristaliza no significado, a tragicidade se levanta como ameaça e o ser humano, a coroa da criação, é o único a ser preservado para o sentimento tornando-se rei: símbolo enquanto portador dessa coroa. E a natureza do drama barroco permanece um torso nesse símbolo sublime, a tristeza preenche o mundo sensível no qual natureza e linguagem se encontram.

No drama barroco, esses dois princípios metafísicos da repetição se interpenetram e constituem a sua ordem metafísica: circularidade e repetição, círculo e dois. Porque o que se fecha na música é o círculo do sentimento, e é o dois da palavra e seu significado que destrói a tranquilidade do anseio profundo e dissemina a tristeza pela natureza. A discrepância entre som e significado permanece algo espectral, algo terrível para o drama barroco; sua natureza possuída pela linguagem torna-se presa de um sentimento sem fim, a exemplo de Polônio, tomado pela loucura em suas reflexões[b]. Porém, a trama deve chegar à resolução e, para o drama barroco, o mistério resolutivo é a música, o renascimento dos sentimentos numa natureza suprassensível.

A necessidade da resolução perfaz o caráter de trama dessa forma de arte. Porque frente ao caráter irrevogável da tragicidade, que perfaz a realidade última da linguagem e de sua ordem, toda composição animada pelo sentimento (de tristeza) deve ser chamada de trama. O drama barroco não tem como base a linguagem real; ele está baseado na consciência da unidade da linguagem proporcionada pelo sentimento que se explicita na palavra. Em meio a essa

---

[b] William Shakespeare, *Hamlet*, II, 2. (N. E. A.) [Ed. bras.: trad. Millôr Fernandes, Porto Alegre, L&PM, 1997. (N. T.)]

explicitação, o sentimento extraviado entoa o lamento da tristeza. Mas ele tem de se resolver; tendo como base a unidade recém-pressuposta, ele se converte na linguagem do puro sentimento, em música. No drama barroco, a tristeza conjura a si própria, mas também se resolve por si mesma. Essa tensão e resolução do sentimento em seu próprio âmbito é a trama. Nela, a tristeza é apenas um tom na escala dos sentimentos, e assim não há, por assim dizer, um drama barroco puro, visto que os variados sentimentos do cômico, do temível, do assustador e muitos outros entram na roda. O estilo enquanto unidade guarda-chuva dos sentimentos permanece reservado à tragédia. O mundo do drama barroco é um mundo especial que sustenta sua validade grandiosa e equivalente também frente à tragédia. Ele é o lugar da recepção propriamente dita da palavra e do discurso na arte; a capacidade de falar e a capacidade de ouvir ainda são pesadas nos mesmos pratos da balança, e, no fim das contas, tudo depende da audição do lamento, pois só o lamento profundamente percebido e ouvido se transforma em música. Onde na tragédia se ergue a petrificação eterna da palavra falada, o drama barroco concentra a ressonância sem fim de sua sonoridade.

Otto Dix, *Sturmtruppe geht unter Gas vor* [Soldados avançando após ataque de gás], série Der Krieg, 1924.

# 6

## AS ARMAS DO FUTURO[a]

Batalhas com cloroacetofenona, difenilamina cloroarsina
e sulfeto de dicloroetila

As designações anteriores serão tão populares na próxima guerra quanto "trincheira", "submarino", "Berta Gorda"[b] e "tanque" foram na passada. Para os vocábulos químicos difíceis de pronunciar serão adotadas em poucos dias cômodas abreviações. E essas expressões promovidas em poucas horas a uma atualidade jamais imaginada superarão em popularidade o vocabulário de todos os relatórios dos *fronts* escritos de 1914 a 1918.

Elas dizem respeito a cada pessoa diretamente. A guerra vindoura terá um *front* espectral. Um *front* que será deslocado fantasmagoricamente ora para esta ora para aquela metrópole, para suas ruas, diante da porta de cada uma de suas casas. Ademais, essa guerra, a guerra do gás que vem dos ares, representará um risco literalmente "de tirar o fôlego", em que esse termo assumirá um sentido até agora desconhecido. Porque sua peculiaridade estratégica mais incisiva reside nisto: ser a forma mais pura e radical de guerra ofensiva. Não há defesa eficiente contra os ataques com gás pelo ar. Até mesmo as medidas privadas de proteção, as máscaras antigás, falham na maioria dos casos. Por conseguinte, o ritmo do conflito bélico vindouro será ditado pela tentativa não só de defender-se, mas também de suplantar os terrores provocados pelo inimigo por terrores dez vezes maiores. Em consequência, é irrelevante quando teóricos mais

---

[a] Publicado originalmente em *Vossische Zeitung*, 29 jun. 1925, edição vespertina.
Esse artigo foi firmado com as letras *dsb*, as iniciais de Dora Sophie, esposa de Benjamin. Contudo, visto que ele o incluiu no *Índice dos meus trabalhos publicados* (*Benjamin-Archiv*, Ms 1834-1843) e guardou uma cópia do mesmo entre os recortes de jornal das suas publicações, é provável que seja de sua autoria.
Vários trechos desse artigo foram reutilizados por Benjamin no texto crítico "Theorien des deutschen Faschismus [Teorias do fascismo alemão]", em *Gesammelte Schriften III* (org. Hella Tiedemann-Bartels, Frankfurt, Suhrkamp, 1972), p. 239s. (N. E. A.)
Texto-base da tradução: Walter Benjamin, *Gesammelte Schriften IV/1* (org. Tillman Rexroth, Frankfurt, Suhrkamp, 1972), p. 473-6, 1033. (N. E.)

[b] *Dicke Bertha*, em alemão, era o apelido de um morteiro de 42 centímetros, desenvolvido pela firma alemã Krupp para a Primeira Guerra Mundial. (N. T.)

bem intencionados acenam com a perspectiva "humana" do gás lacrimogêneo, e até procuram criar simpatia pela guerra com o gás, comparando-a com a guerra aérea com materiais explosivos. Outros já têm a visão mais aguçada quando colocam de antemão e em primeiro plano, como motivo para o ataque com gás (cuja importância crescente já foi ensinada pela guerra passada), o seguinte: a finalidade última das ações da frota aérea deve ser destruir a vontade de resistência inimiga. Alguns poucos "*raids* [ataques]" devem infundir na população dos centros inimigos um terror inconsciente tal que malogre qualquer apelo à organização da resistência. O terror deve ser algo similar à psicose.

Uma imagem que nada tem das utopias de Wells e Júlio Verne: nas ruas de Berlim, espalha-se sob o belo e radiante céu primaveril um cheiro parecido com o das violetas. Isso dura alguns minutos. Logo em seguida, o ar se tornará sufocante. Quem não lograr escapar da sua esfera de ação nos minutos seguintes não conseguirá mais reconhecer nada, perderá momentaneamente a visão. E se ainda não for bem-sucedido na fuga ou se nenhum transporte o recolher, morrerá sufocado. Tudo isso poderá suceder um dia sem que se veja no céu qualquer aeronave nem se perceba o ronco de uma hélice. O céu poderá estar claro e o sol brilhando, mas invisível e inaudível, a uma altitude de 5 mil metros paira um esquadrão aéreo respingando cloroacetofenona, gás lacrimogêneo, o "mais humano" dos novos recursos que, como se sabe, já teve certa importância nos ataques com gás da última guerra.

Não há meio confiável que permite perceber a presença dos esquadrões entre cinco e seis quilômetros acima da superfície da Terra. Ao menos publicamente não se conhece nenhum. É que a *ouverture* abafada que há anos está sendo executada nos laboratórios químicos e técnicos só chega aos ouvidos do público em forma de dissonâncias isoladas. Esporadicamente fica-se sabendo de coisas, como da invenção de um receptor acústico muito sensível, capaz de registrar o ronco de hélices a grandes distâncias. E alguns meses depois ouve-se falar da invenção de uma aeronave silenciosa.

Alguns fatos que o correspondente de guerra norte-americano William G. Shepherd divulga no *Liberty* sobre a "aplicabilidade" do parque aeronáutico francês na guerra são ilustrativos.

A França possui hoje pelo menos 2.500 aeronaves no serviço ativo à paz; há mais na reserva. A tonelagem total das forças aéreas francesas, dependendo da altitude de voo, comporta entre seiscentas e 3 mil toneladas. Shepherd põe Londres como alvo. O centro de Londres, sede de todos os institutos vitais do Império britânico, cobre quatro milhas quadradas inglesas. Para se tornar inabitável por vários meses, essa área exige a aplicação de 120 toneladas de sulfeto de dicloroetila, o gás mostarda. Considerando que sobre esse território podem voar ao mesmo tempo – dentro da mesma camada atmosférica, naturalmente – no máximo 250 aviadores, cada um deles carregando pelo menos 250 quilos, e que esse esquadrão despeje uma tonelada por minuto, o coração do Império mundial britânico – sempre de acordo com a abordagem de Shepherd – terá parado de bater após dois minutos.

O aspecto problemático dessas exposições é que a fantasia humana se recusa a acompanhá-las, e justamente a monstruosidade do destino ameaçador se torna um pretexto para a inércia mental. Sua tentativa de convencimento sempre resulta em que uma guerra dessas ou é de todo "impossível" ou seria de extrema brevidade. Na verdade, essa guerra só terminaria num breve instante se a respectiva base dos esquadrões aeronáuticos fosse conhecida dos combatentes. Não é esse o caso. Pois essa base de modo algum precisa situar-se em terra. Em algum lugar do oceano, as aeronaves podem alçar voo de navios porta-aviões, que mudam constantemente sua localização sobre as águas.

Com o que se parecem os gases venenosos, cuja aplicação pressupõe a suspensão de todos os movimentos humanos? Conhecemos dezessete até agora, dos quais o gás mostarda e a lewisita são os mais importantes. As máscaras antigases não oferecem proteção contra eles. O gás mostarda corrói a carne e, quando não acarreta diretamente a morte, produz queimaduras cuja cura demanda três meses. Esse gás permanece virulento durante meses em objetos que entraram em contato com ele. Nas regiões que alguma vez foram alvo de um ataque com gás mostarda, meses depois, cada pisada no solo, cada maçaneta de porta e cada faca de pão ainda podem provocar a morte. O gás mostarda, a exemplo de muitos outros gases venenosos, torna todos os víveres incomestíveis e envenena a água. Os estrategistas imaginam assim a utilização desse recurso: certos distritos taticamente importantes devem ser cercados com barreiras de gás mostarda ou então de difenilamina clorasina. Dentro dessas barreiras tudo perece e nada consegue passar por elas. Desse modo, casas, cidades, campos podem ser preparados de tal forma que, durante meses, nenhuma vida animal ou vegetal é capaz de medrar neles. Nem é preciso dizer que, no caso da guerra com gás, cai por terra a diferenciação entre população civil e população combatente e, desse modo, um dos fundamentos mais sólidos do direito dos povos. A "lewisita" é um veneno à base de arsênico que penetra imediatamente no sangue, matando de forma irremediável e súbita tudo o que atinge. Durante meses todas as áreas atingidas por ataques com esse gás ficam empestadas de cadáveres. Naturalmente não existe proteção contra ele em tais regiões: porões subterrâneos, que protegem quando muito de bombas explosivas, trazem a morte certa no caso de ataques com gás, porque o gás, pesado, tende para os lugares mais baixos.

Ora, como se sabe, o Comitê Central da Liga das Nações instituiu uma "Comissão para o Estudo da Guerra Química e Bacteriológica". Dessa comissão participaram autoridades internacionais. Seu relatório não foi tratado com a devida consideração. A grande política ainda prioriza problemas de armamentismo e desarmamento cuja relevância se desfaz no ar frente aos fatos referentes aos preparativos para a guerra química. A persistência com que, na execução do Tratado de Versalhes pela Alemanha, foram questionados ridículos requisitos militares não tem só um aspecto desagradável, mas sobretudo algo de sumamente perigoso. Porque ela desvia a atenção pública do único problema atual do militarismo internacional.

# 7

## DE CIDADÃO DO MUNDO A GRÃO-BURGUÊS[a]

### Excertos de escritos alemães do passado

[Introdução do editor alemão (parte inicial das notas, *GS*, p. 1.090s.):

Sobre a história da gênese dessa publicação há apenas indicações esparsas. Os seguintes registros representam possivelmente um primeiro plano:

O número [de *Die literarischen Welt*] tem por título:

"O burguês no beco sem saída"

Na primeira página, haverá um índice de palavras-chave. Ele conterá uma palavra-chave e uma breve explicação dos textos correspondentes, com referências às páginas e colunas. No final, constará um índice de fontes com referência a cada um dos trechos de leitura, indicando as páginas e colunas em que se encontram esses textos. Além disso, haverá, na página 1, uma breve introdução ao número.

O número será organizado da seguinte maneira: cada unidade textual terá um *frontispice* [frontispício], mostrando um burguês falando num entorno correspondente. O título de cada seção faz referência a esse burguês, como, por exemplo: "O burguês vê a sua hora chegando" ou "O burguês promete tempos áureos" etc.

Dentro do possível se buscará produzir um folhetim coerente e uma narrativa redonda, para quebrar a estrutura rigorosa.

Ao final, constará um índice de fontes com referência a cada um dos trechos de leitura.

Títulos:
O burguês controla o espírito
O burguês promete tempos áureos

---

[a] Publicado originalmente em *Die literarische Welt*, v. VIII, n. 19/20, 6 maio 1932. Edição especial. [Texto-base das *GS*.]
Outros documentos originais:
– *Nicht umsonst beruht...*, texto datilografado da observação prévia à parte I. *O burguês e seu Estado* (Benjamin-Archiv, Ts 2090-2092).
– *György Lukács hat...*, texto datilografado da observação prévia à parte IV. *O burguês vê a sua hora chegando* (Benjamin-Archiv, Ts 2106s.). (N. E. A.)
Texto-base da tradução: Walter Benjamin, *Gesammelte Schriften IV/2* (org. Tillman Rexroth, Frankfurt, Suhrkamp, 1972), p. iv/2, p. 815-62, 1.090-4. (N. E.)

O burguês vê a sua hora chegando
O burguês manda marchar
O burguês organiza a melhor escola do mundo
O burguês não acredita mais em si mesmo
O burguês promove a ordem
O melhor de todos os mundos possíveis
   (O pobre homem em Toggenburg)
   (O ator Brandes)
   (Folhetim: reportagem da Bettina sobre os tecelões em Vogtland)

(Texto-base impresso: *Benjamin-Archiv*, Ts 2088)

Das introduções às seções "O burguês e seu Estado" e "O burguês vê a sua hora chegando" encontram-se versões datilografadas no legado de Benjamin que divergem das versões impressas; delas se depreende que, ainda num estágio avançado da produção do texto, havia excertos de quatro escritos que mais tarde foram omitidos: Wilhelm von Humboldt, *Ideen zu einem Versuch, die Grenzen der Wirksamkeit des Staates zu bestimmen* [Ideias sobre uma tentativa de determinar os limites da ação do Estado]; Joseph Görres, *Testament des heiligen römischen Reichs* [Testamento do sacro Império romano]; Justus Möser, *Schreiben über die Kultur der Industrie* [Escrito sobre a cultura da indústria] e Heine, *Lutezia* [Lutécia]. – No legado, encontram-se, ademais, numerosos excertos e indicações bibliográficas de textos que não foram acolhidos na edição especial de *Die literarische Welt* [O mundo literário] intitulada *Vom Weltbürger zum Großbürger* [De cidadão do mundo a grão-burguês]. Tendo em vista a posição forte de Willy Haas com editor de *Die literarische Welt*, dificilmente esses textos terão sido vitimados por uma restrição de espaço pelo redator, devendo, portanto, ter sido descartados por Benjamin e Haas no decorrer do trabalho; por isso, eles não serão levados em conta aqui. – Não é possível documentar a parcela de cada um dos dois autores nessa publicação, porque, à exceção dos índices de títulos e bibliográficos escritos à mão por Benjamin, não há outros registros manuscritos conservados. Sobre a questão da gênese e da autoria desse trabalho, Willy Haas se pronuncia como segue:

> Não existe [...] nenhum material escrito sobre a confecção de cada número. Mais tarde, nós agrupamos e compilamos o material, e ele foi impresso assim como Walter Benjamin e eu o compilamos. Não houve entre nós propriamente nenhum debate sobre isso; cada qual escolheu o que achou correto. Na minha opinião, facilmente se pode descobrir, a partir da própria contribuição e da introdução à mesma, de quem é determinado artigo do número. (Carta a este editor, de 9/3/1972.)]

*Observações introdutórias a este número*

Em "De cidadão do mundo a grão-burguês", escritos de grandes autores alemães acompanham a jornada da burguesia alemã. Passagens características desses escritos foram compiladas aqui de maneira solta.

Visto que, em alemão, antologia significa *Blütenlese* [florilégio], este número *não é uma antologia*. Ele não leva a um campo florido, mas a uma sala de armas – à sala de armas intelectual da classe burguesa militante.

Acabou irrevogavelmente a antiga maneira de se ler livros antigos – a saber, para reunir material formativo. A seguir, tentaremos comprovar que existe uma nova maneira de compulsá-los.

A experiência de que damos testemunho aqui provavelmente foi feita pessoalmente pelos leitores com seus livros favoritos: sem que o todo se esfacele, destacam-se de tais livros passagens que por si só são marcantes por seu valor imediato, pessoal, político e social. Olhando mais de perto, verificamos que se trata não tanto de passagens belas e edificantes, mas de passagens utilizáveis – aquelas que confirmam, esclarecem ou questionam nossas opiniões e experiências.

Na noção esquemática de uma imagem cultural da burguesia, para a qual confluem as passagens a seguir, o leitor encontrará ocultos, como num espelho que distorce a imagem, traços suficientemente dramáticos e realistas da atualidade que o cerca.

Walter Benjamin / Willy Haas

*Introdução da redação*

I

Antes de cada eleição para o Parlamento ou para os legislativos estaduais – de modo geral, antes de qualquer eleição política –, os partidos políticos na disputa costumam publicar promessas e programas. Eles prometem tudo o que é capaz de sonhar um coração de eleitor. Eles prometem a felicidade tranquila para seus eleitores e descendentes até a centésima e milésima gerações. – Mas quando o partido vence, quase nada disso é mantido. Isso é assim desde que existem eleições; sabemos disso e já não nos indignamos mais além da conta por causa disso.

Na história do mundo, não sucede coisa muito diferente. As classes que alcançam a vitória proclamam, quando chega a sua vez, que instaurarão a ordem mundial, que será definitivamente a melhor e a mais perfeita, que garantirá a felicidade de todas as pessoas que habitam a Terra. E elas também conseguem provar isso de modo concludente... na teoria.

Só que infelizmente depois não é isso que acontece. A classe vitoriosa não está em condições nem de manter seu próprio programa de ação, que dirá de realizar a felicidade geral prometida. Acontece exatamente o mesmo que no caso das eleições. Porque a história universal também é um "*plébiscite de tous les jours* [plebiscito de todos os dias]", valendo-nos aqui de uma palavra dita por Renan[b].

Acontece, porém, que não tomamos sem mais nem menos consciência das "quebras de trato" no plano da história universal. Por que não? Muito simples: a experiência de uma vida humana não é suficiente para isso; a vida humana é curta demais. E o que entra para a história depende da interpretação arbitrária de pessoas, dos assim chamados "historiadores", que a bel-prazer e por interesses materiais universais a distorcem e falsificam. Por essa razão, sempre é correto ater-se aos *documentos originais*. Os mais importantes dentre eles são os que se cristalizaram na assim chamada "literatura", ou seja, as promessas de classes vitoriosas mais novas que chegaram a nós em forma de beletrística, filosofia e contemplação do mundo, mediante as quais essas classes se puseram a transformar o mundo de acordo com as suas necessidades materiais secretas e de acordo com os ideais "redentores da humanidade" manifestos que lhes correspondem...

## II

Não se pode afirmar categoricamente que toda classe, como a feudal, tenha estabelecido um programa *formal* no plano da história universal: os sonhos imperialistas meio espirituais, meio mundanos da Idade Média, tomando como ponto de partida a *Civitas Dei* de Santo Agostinho, não podem ser requisitados sem mais nem menos para esse fim.

A *classe burguesa*, em contraposição, projetou e fixou um programa para a humanidade de contornos bem precisos, de cunho afirmativo e situado no plano da história universal. Trata-se das teses políticas e econômicas do parlamentarismo e do liberalismo inglês, as teses filosóficas da Revolução Francesa e, sintetizando todas essas e transpondo-as para um reino do espírito, do ideal e da poesia, as obras do grande humanismo e idealismo alemães, que depois se cinde no romantismo, no socialismo mais antigo, em tendências democráticas e publicísticas radicais etc. etc. Todos esses documentos compõem de certo

---

[b] Ernest Renan, *Qu'est-ce qu'une nation?* [O que é uma nação?], palestra proferida na Sorbonne, em 11 de março de 1882. (N. T.)

modo o código dos programas histórico-universais da nossa classe burguesa. Tratamos aqui sobretudo desse gênero de documentos produzidos pela literatura alemã.

A sociedade burguesa não conseguiu cumprir nada do que anunciou. Estamos muito distantes daquele radicalismo vulgar e raso que simplesmente reparte a culpa por essa situação entre os membros individuais e os estratos profissionais da burguesia e passa a descrever "o" burguês como particularmente malvado e idiota ao mesmo tempo. Isso está totalmente errado. O debacle dos ideais burgueses é uma fatalidade inevitável de abrangência histórico-universal em razão de certas contradições internas existentes desde o início, impossíveis de serem evitadas ou neutralizadas a partir do espírito da burguesia. Não podemos desenvolver isso teoricamente neste ponto[1]. A burguesia só se tornou objetivamente maldosa e perigosa na última etapa, no período do debacle, quando quis prorrogar um jogo já perdido com todos os meios da violência, da artimanha e da insinuação. Mas também isso é fado histórico, pois nunca houve na história universal uma "desistência de bom grado" de um jogo perdido...

A burguesia iniciou-se com as promessas mais radicais e com a crítica mais radical das mazelas humanas já feitas até agora em toda a história universal. Ela começou com as teses do cosmopolitismo, do "império da razão", da infinita educabilidade do gênero humano, da paz eterna, do equilíbrio pacífico entre os poderes materiais e imateriais antagônicos numa graduação infinitamente elástica e automaticamente mutável das camadas sociais mediante a "livre concorrência", que ela contrapôs à hierarquia rígida da antiga constituição estamental.

Vemos hoje o que resultou desses ideais e dessas promessas. Entre esses dois momentos, situam-se múltiplos estágios de transição, novos pontos de partida e novas tentativas, novas críticas do mundo e da sociedade, novas teses políticas e intelectuais... e a passagem gradativa: de cidadão do mundo a grão-burguês.

III

Os trechos de grandes obras da literatura aqui emendados uns nos outros de maneira livre se estendem da grandiosa ascensão até o início da decadência. Eles foram selecionados e comentados por dois dos nossos mais antigos colabo-

---

[1] Apenas um exemplo escolhido a esmo: o liberalismo burguês propagou a "luz verde para o capaz!". Porém, ele manteve em vigor, por exemplo (como já objetaram os antigos saint-simonistas), o *direito hereditário*, que em si já anula completamente essa tese, deixando de garantir um começo justo a uma parcela sempre crescente da população.

radores, Walter Benjamin e nosso editor Willy Haas. Nem foi possível pensar em atingir algum tipo de completude, seja no plano de história do pensamento, seja no plano sistemático. Assim sendo, os dois redatores ainda enfatizaram conscientemente o aspecto da improvisação no que se refere ao agrupamento e à disposição dos textos.

Essas unidades de leitura não visam ao entretenimento. Elas são destinadas à instrução. Elas querem estimular a leitura mais ampla, extensiva dos grandes originais. Elas pretendem fomentar algo que talvez seja a coisa mais importante a ser fomentada entre nós: a *memória histórica*.

"Nosso povo tem memória fraca", disse Hofmannsthal no prefácio que escreveu a *Deutsche Erzähler* [Narradores alemães][c], "o que ele possui, ele sempre perde de novo". Isso é mais do que um simples erro. Quem esquece séculos de experiências jamais obterá uma verdadeira autoconsciência histórica baseada na consciência presente das experiências históricas, em seus reflexos, em seu controle ininterrupto. Num mundo que a cada dia fica mais velho, não há como querer bancar a eterna criança que a cada manhã que o Senhor Deus nos proporciona quer começar um novo mundo.

É por isso que não gostaríamos que este número da *L[iterarische] W[elt]* fosse encarado apenas como uma variação mais ou menos agradável do habitual.

A direção editorial da *L[iterarische] W[elt]*

I. O burguês e seu Estado

*Cosmopolitismo e império colonialista*

Não é para menos que a profissão de fé na pátria feita por Jacob Grimm, que abre esta seção, está baseada na confrontação entre extremos glaciais e destrutivos e uma zona mediana, de cujo âmago se eleva "a práxis áurea". Pois é de extremos que trata o panorama a seguir sobre a relação entre o burguês e seu Estado: de um lado, o ideal cosmopolita, do outro, o chauvinismo dos Estados industriais na era do capitalismo avançado. (Nesse tocante, não se deve esquecer que as mais tíbias aspirações cosmopolitas do Estado policial fredericiano e josefino ou do Estado racional kantiano não foram tão desalmadas e devastadoras quanto o falso entusiasmo do sentimento nacionalista incitado pelo imperialismo.) Porém, é importante ter em vista, antes de tudo, o lugar

---

[c] *Deutsche Erzähler* (seleção de Hugo von Hofmannsthal, v. I, Leipzig, 1912), p. xv. (N. E. A.)

em que foi pronunciada por Grimm a profissão de fé na humanidade suprapartidária burguesa. Foi no escrito *Sobre a minha demissão*[d], com o qual ele sela com hombridade o protesto contra a violação da constituição por parte do rei de Hannover.

Seguem-se reflexões de Herder, extraídas de suas *Ideen zur Philosophie der Geschichte der Menschheit* [Ideias sobre a filosofia da história da humanidade], bem como dos escritos filosófico-culturais que as precederam. A caracterização do delírio nacionalista e especialmente a nota do "jurista culto" mantiveram uma atualidade tão constrangedora que, em vez de aclará-las com paralelos aproximados da história da nossa época, preferimos enquadrá-las na perspectiva histórica que lhes corresponde, a saber, na crítica cosmopolita da política colonialista. "Mas", objetará alguém, "o Estado burguês 'precisa' de colônias – e isso por razões econômicas". Nosso tema não é refutar essa afirmação, mas apor-lhe aqui uma argumentação que diz o seguinte: o Estado burguês precisa de *penas de morte* – e isso por razões econômicas. Provavelmente essa argumentação jamais foi apresentada por alguém de modo tão exímio como por Bismarck em seu discurso de 1/4/1870. Ainda hoje, cinquenta anos depois, não é tarefa fácil contrapor-lhe argumentos certeiros no âmbito da ordem burguesa. Em contraste, todavia, Helfrich Peter Sturz teve maior facilidade com os argumentos de Linguet em defesa da pena de morte. Pois Linguet não argumentou com razões econômicas, mas com razões morais. Estas não conseguiriam causar embaraços a um pensador e estilista como Sturz.

Porém, que tipo de pessoa se curva a esse poder burguês? Para essa pergunta, Börne preparou uma resposta tão perspicaz quanto constrangedora.

Frente a tanta docilidade e paciência bovina da massa, o indivíduo precisa se desviar da norma para voltar a considerar-se um homem e afirmar-se como tal. Em que medida isso tem de acontecer nos ensina o exame detido dos excêntricos, cabeças-duras e individualistas alemães, ainda mais quando ele é feito com tanto amor e compreensão como os que o excelente Immermann usou para com Ludwig Jahn. "O ponto forte de Jahn é seu rude tino camponês, próprio da região do Altmark." Isso também poderia ter sido dito por Bogumil Goltz que, em sua caracterização dos alemães, estabelece de modo espirituoso uma conexão entre as virtudes nacionais alemãs da abertura e da atenção *para* o estrangeiro (ainda que não sejam de modo algum reconhecidas como tais) e esse seu jeito ensimesmado.

---

[d] *Jacob Grimm über seine Entlassung* [Jacob Grimm sobre sua demissão], Basileia, 1838. (N. E. A.)

Demarcamos o trecho que leva do antigo cosmopolitismo burguês até a atualidade burguesa por meio de estações. A passagem extraída das *Weltgeschichtliche Betrachtungen* [Considerações sobre a história universal], de Burckhardt[e], estabelece a ligação com os problemas mais atuais do presente burguês.

## Jacob Grimm (1785-1863)

Germanista, historiador do direito, criador do *Deutsches Wörterbuch* [Dicionário alemão] e, junto a seu irmão Wilhelm, editor dos *Kinder und Hausmärchen* [Contos para a infância e o lar][f]. Em 1837, na condição de professor universitário em Göttingen, foi banido do Reino de Hannover com seu irmão por terem protestado, ao lado de outros professores, contra o golpe de Estado do rei Ernesto Augusto.

> Assim, fale-se dos dois irmãos como de um só homem a quem foi dado intuir plenamente o que abrange o conceito "língua de um só povo" e que, numa vida inteira de trabalho fecundo, rigoroso e exitoso, foi capaz de destrinçar, em calhamaços encadernados, o que comportava essa intuição – o que resultou ser nada menos que a existência mais profunda do povo, o que este tem de permanente, de corporal-espiritual, como se manifesta sobretudo na própria linguagem e em suas mutações; [...] em seguida, nas formulações do direito, estreitamente ligadas à linguagem e, por fim, nas formações linguísticas, nas quais se externa a relação entre a índole do povo e as potências eternas: nos mitos, nas sagas e nos contos.[g]

O texto a seguir provém do escrito de Jacob Grimm sobre sua demissão de Göttingen.

### *O centro interior*

Jamais quis entregar meu amor à pátria aos laços que levam dois partidos a se hostilizarem. Já vi corações cheios de amor ficarem petrificados nessas amarras. Quem não se enfeita com uma das poucas cores que a política míope põe em circulação, quem não encara as almas das pessoas, dotadas por Deus com talentos

---

[e] J. C. Burckhardt, *Weltgeschichtliche Betrachtungen* (Berlim/Stuttgart, W. Spemann, 1905). (N. T.)

[f] Gebrüder Grimm, *Kinder- und Hausmärchen* (Göttingen, Verlag der Dieterichsche Buchhandlung, 1819-1922). [Ed. bras.: Irmãos Grimm, *Contos de Grimm*, Porto Alegre, L&PM, 2002, 2 v. (N. T.)]

[g] Hugo von Hofmannsthal, *Deutsches Lesebuch* (2. ed., Munique, 1926, parte II), p. 325. (N. E. A.)

insondáveis, como um tabuleiro de xadrez dividido em casas pretas e brancas, é mais odiado por essa política que seu adversário, que só precisa vestir o uniforme dela para cair no seu agrado. Acaso a história de nosso tempo não mostrou de sobejo que nenhum governo pôde entregar-se longamente a um partido, qualquer que tenha sido? Confio que cada um desses antagonismos detém uma parcela maior ou menor de verdade e considero impossível que se dissolvam em completa concordância. Quem não simpatizou em certos pontos com o liberal, com o servil, com o constitucionalista e o legitimista, com o radical e o absolutista, desde que não tenham sido desonestos ou hipócritas? Por sorte, nossa língua ainda não possui expressões capazes de reproduzir o exagero contido em todos esses conceitos; em outros países, parece bem mais natural adotar uma designação histórica para as duas partes, como *whigs* e *torys*, nomes que, bem por isso, não correspondem exatamente às designações abstratas e ainda assim comportam seu elemento espiritual. No terreno dessas contraposições, muitas vezes vejo crescerem plantas silvestres, de ramada e folhagem exuberantes, mas destituídas de fruto nutritivo. Dentre as muitas constituições que se alternaram, as mais bem formuladas foram aquelas que lograram controlar o destino universal das virtudes e imperfeições terrenas de modo a deixarem agir livremente e protegerem aquilo que mais fez sobressair épocas e povos. Em sua simplicidade e completude ainda maiores, a Antiguidade tem a apresentar instituições mais bem-acabadas, cujos êxitos estão registrados na história, para refrigério inexaurível do gênero humano, não para a imitação irrefletida que cegamente manda às favas o que está assegurado em seu próprio presente e luta por um estado de coisas desaparecido. Porém, ainda hoje, para muitos povos, os pilares da lealdade e do laço afetivo estão vinculados à ordem tradicional e ancestral, sob cujo sol e em cuja sombra foram criados. Insistir nessa ordem sem subtrair-se ao poder do novo, que reconstituirá por seus próprios meios o decadente e o desgastado pelo tempo, parece ser a tarefa, não importando se predominará o velho estilo ou se ele será suplantado pela construção nova. O que acarreta a motivação mais saudável para esse, como diremos, desenvolvimento ou rejuvenescimento não é o extremo, mas o centro, o centro da vida, do coração, não o centro artificialmente produzido que sopesa mentira com mentira. O centro interior é cálido; os extremos se resfriaram, em torno deles sopra rapidamente a mais vaporosa das teorias, ao passo que do âmago daquele se eleva a práxis áurea[h].

## Johann Gottfried Herder (1744-1803)

O grande filósofo rapsódico da história do pensamento da humanidade e das antigas poesias populares. Influenciou o jovem Goethe em Estrasburgo por

---

[h] *Jacob Grimm über seine Entlassung*, cit., p. 8-10. (N. E. A.)

volta de 1870. O primeiro texto provém de *Briefe zu Beförderung der Humanität* [Cartas para promoção da humanidade]; o segundo e o terceiro, de *Ideen zur Philosophie der Geschichte der Menschheit.*

*Delírio*

Infelizmente é de conhecimento geral que praticamente não há nada mais contagioso que o delírio e a loucura. A verdade precisa ser penosamente investigada com base em razões; o delírio se assume por imitação, muitas vezes sem se dar conta, por complacência, pelo simples fato de estar convivendo com o delirante, pela participação em suas restantes boas intenções, por boa-fé. O delírio se transmite do mesmo modo que o bocejo, assim como traços faciais e estados de ânimo passam de uns para os outros, ou uma corda musical responde harmonicamente a outra. Soma-se a isso ainda a diligência do delirante em confiar-nos as opiniões favoritas do seu ego como se fossem joias, e ele sabe bem como se comportar para fazer isso; quem para agradar um amigo não começará delirando inocentemente com ele, para logo depois chegar a uma fé poderosa e transplantar essa sua fé nos outros com a mesma diligência? É a boa-fé que une o gênero humano; por meio dela, aprendemos, se não tudo, o mais útil e a maior parte das coisas; e, como se diz, um delirante nem por isso já é um enganador. O delírio, justamente por ser delírio, gosta tanto de companhia; é nela que ele se revigora, porque se estivesse por sua própria conta não teria razão de ser nem certeza de nada; tendo essa finalidade, até a pior companhia é a melhor coisa para ele.

Delírio nacionalista é um termo terrível. Como não seria verdade aquilo que chegou a criar raízes numa nação, aquilo que um povo reconhece e tem em alta conta? Quem duvidaria disso? Língua, leis, educação, modo de vida cotidiano, todos consolidam, todos os têm como ponto de referência; quem não delirasse junto aos demais seria um idiota, um inimigo, um herege, um estranho. Ademais, se o delírio, como é de praxe, redunda em comodidade para alguns, para os mais honoráveis, ou até, dependendo do delírio, em proveito para todos os estamentos; se os poetas lhe entoaram loas, se os filósofos o demonstraram, se foi trombeteado pela boataria como glória da nação, quem quererá questioná-lo? Quem não preferirá participar do delírio por urbanidade? Até mesmo as dúvidas que escapam do delírio contrário só servem para consolidar o delírio já aceito. Os caracteres de distintos povos, seitas, estamentos e pessoas se entrechocam; bem por isso, cada um se aferra com firmeza ao seu centro. O delírio se converte em escudo nacional, em brasão estamental, em bandeira sindical.

É terrível como o delírio gruda nas palavras no momento em que é impresso nelas à força. Um jurista culto percebeu a quantidade de imagens delirantes prejudiciais agregadas ao termo "sangue [*Blut*]", como incesto [*Blutschande* = ato vergonhoso contra o próprio sangue], amigos íntimos [*Blutsfreunde* = amigos que fizeram um pacto de sangue], tribunal de morte [*Blutgericht* = "tribunal de sangue"]; com as palavras "herança", "propriedade", "possessão" e assim por diante muitas vezes não é diferente... Senhas sem nenhum conceito associado, sinais que nada diziam, quando aplicados a partidos, viraram loucura e acabaram perturbando ânimos, rompendo amizades e famílias, assassinando pessoas, devastando países. A história está repleta desses nomes abadônicos, de modo que poderíamos extrair dela material para um dicionário do delírio e da loucura da humanidade – e, ao fazê-lo, perceberíamos as mais rápidas alternâncias, as mais grosseiras contradições[i].

## *Economia colonialista*

"Nosso sistema de comércio!" Fazemos alguma ideia do refinamento da ciência que abrange todas as coisas? Aqueles miseráveis espartanos que necessitavam dos hilotas para cultivar os campos! Aqueles bárbaros romanos que encerravam seus escravos em prisões subterrâneas! Na Europa, a escravidão foi abolida porque se calculou quanto esses escravos custariam mais e produziriam menos que pessoas livres; só uma coisa ainda nos permitimos: usar três partes do mundo como escravos, negociá-los, bani-los para minas de prata e moinhos de açúcar – mas eles nem são europeus, nem cristãos eles são, e em troca recebemos prata e pedras preciosas, especiarias, açúcar –; a doença secreta é esta: é pelo comércio e pela mútua ajuda fraternal e a comunhão dos países[j]! [...]

Portanto, vã é a glória de muito populacho europeu quando se coloca acima de todas as três partes do mundo, no que se refere a esclarecimento, arte e ciência, e, assim como aquele louco considerou seus todos os navios que estavam no porto, considera suas, sem razão alguma, todas as invenções da Europa, só por ter nascido na confluência dessas invenções e tradições. Miserável, por acaso inventaste alguma dessas artes? Fazes alguma reflexão sobre todas essas tradições que absorveste? O fato de teres aprendido a usá-las é trabalho de máquina; o fato de sorveres a seiva da ciência é mérito da esponja que cresceu justamente em cima desse lugar úmido. Se manobras um navio de guerra contra o taitiano e fazes ribombar um canhão nas Hébridas, na verdade não és nem mais inteligente nem mais habilidoso que um hebridense ou um taitiano que conduz manualmente seu bote e o construiu com as próprias mãos[k].

---

[i] Johann Gottfried Herder, *Briefe zu Beförderung der Humanität* (col. 4, Riga, 1794), p. 89-93 (Carta 46). (N. E. A.)

[j] Idem, *Ideen zur Kulturphilosophie* [Ideias sobre a filosofia da cultura] (org. Otto Braun e Nora Braun, Leipzig, 1911), p. 190s. (N. E. A.)

[k] Ibidem, p. 275s. (N. E. A.)

[Otto von] Bismarck (1815-1898)

A passagem a seguir provém dos *Bismarcks Reden* [Discursos de Bismarck][1], guardados na Biblioteca Alemã em Berlim, p. 81-3.

*A favor da pena de morte*

Acho [...] incoerente da parte dos Srs. pretenderem negar à autoridade o direito de matar para fins de repressão, mas permiti-lo como medida preventiva. [...] Os Srs. não querem impugnar à autoridade o direito de matar na defesa de vossos direitos, não querem impugná-lo à autoridade na proteção da propriedade do cidadão individual, no impedimento de um crime, e, no entanto, nesses casos não se trata de um criminoso condenado, mas apenas de um possível criminoso. Para a proteção da propriedade – e trata-se aqui da proteção à vida, pois fala-se essencialmente só das penas de morte para assassinos de fato –, os Srs. querem permitir o ato de matar. Trabalhadores que numa revolta arrombam um escritório ou uma padaria podem ser alvejados, mas não se sabe se o tiro acertará um culpado, não se sabe se acertou uma pessoa que eventualmente tenha tido a intenção de assassinar alguém. Portanto, para proteger a propriedade de um padeiro, ou o dono de um escritório, o Estado tem permissão para matar, mas para proteger de modo mais efetivo o cidadão pacífico contra a possibilidade de um ladrão homicida infiltrar-se na sua casa e matar famílias em massa, nesse caso os Srs. querem privar o Estado do direito de matar! [...] A proteção da vida humana contra criminosos parece não estar sendo tão valorizada, o que naturalmente se deve ao fato de que esses momentos não foram aproximados para fins de comparação. Ou os Srs. privam totalmente a autoridade do direito de matar ou concedem-no também para o caso da repressão e não só para a execução de medidas preventivas; os Srs. não podem, pelo menos em tese, colocar a proteção da propriedade acima da proteção da vida. Isso sucede numa época em que, em termos gerais, não somos exatamente complacentes em relação à vida humana. Quantas vidas humanas são postas em jogo entre nós hoje em função da comodidade pública, da promoção das aquisições? Quantos casos fatais acontecem em virtude da explosão de caldeiras? Quantas pessoas morrem nas minas, nas ferrovias? Quantas morrem nas fábricas, onde vapores tóxicos destroem sua saúde? E, não obstante, ninguém tem a brilhante ideia de proibir a promoção da comodidade e do bem-estar humanos inerente a esses ofícios, visando ter mais cuidado com a vida humana.

---

[1] *Bismarcks Reden* (org. Eugen Kalkschmidt, Berlim, 1914). (N. E. A.)

Nem mesmo tem chance de impor-se entre nós a ideia de fazer o que está ao nosso alcance no que diz respeito à legislação pelas pessoas que diariamente põem a vida em risco, pelo ferroviário, pelo condutor de trem, pelo mineiro, pessoas que dia após cada dia, hora após hora, estão expostas ao perigo de uma morte repentina. Por que o sentimento dos Srs. se volta justamente para o cuidado com o criminoso sem que já tenham feito na outra direção tudo o que está dentro de suas possibilidades?

## Helfrich Peter Sturz (1736-1779)

Cosmopolita, ensaísta brilhante, anedotista, narrador de viagens; diplomata e cortesão. O texto – uma polêmica contra Linguet – provém da seleção em dois volumes de seus escritos (Leipzig, 1779 e 1782).

### *Contra a pena de morte*

Nesta época esclarecida e amistosa, às vezes aparece um homem de bem pilotando a correnteza caudalosa do amor humano; Linguet defende o carrasco, assim como em tempos idos Wolkenkragenius defendeu o diabo sob contestação...

"Por que se dá tanto valor", pensa ele, "à vida de alguns canalhas, tendo em vista que a guerra devora populações inteiras?". Todavia, não é nem um pouquinho melhor assassinar com base na autoridade de um manifesto ou segundo o texto do tribunal de morte; porém, mesmo que não consigamos domar nenhuma virtude heroica, talvez logremos tornar suspeita uma lei caduca. Visto que não somos capazes de extinguir a peste, devemos, por essa razão, deixar de curar também a febre? A Terra está coberta de vítimas humanas e por isso vale a pena o esforço para salvar pelos menos alguns dos nossos irmãos. [...] A experiência de todos os países e de todas as épocas confirma que a incidência do crime não é multiplicada por penas suaves nem atenuada por penas severas. Acaso a propriedade de alguém no Marrocos estaria mais segura porque os ladrões de lá são despedaçados a golpes de sabre, ou na Argélia, onde são atirados de uma torre e aparados com ganchos de ferro? Em lugar nenhum há malfeitores mais sanguinários do que na Itália e na França, onde mais se decapita e se aplica a tortura na roda; em lugar nenhum se rouba mais nas estradas do interior do que na Inglaterra, onde não há ladrão que escape da forca; e em lugar nenhum se viaja mais incólume do que na Dinamarca e em Holstein, onde não se enforcam mais os gatunos...

"Mas os vossos escravos", prossegue Linguet, "estão condenados à morte lenta; eles não duram muito tempo no cárcere úmido, com comida repugnante, e uma vida assim triste é um presente miserável".

Zelar por comida saudável e prisões limpas é dever da autoridade; e abater pessoas porque de qualquer maneira não viverão mais por muito tempo faz parte da *jurisprudence véterinaire* [jurisprudência veterinária], segundo a qual de fato é mais racional matar logo a facadas um cavalo doente. Portanto, salve a autoridade perspicaz daquela bela cidadezinha que, há poucos anos, enforcou um ladrão que lhe pareceu muito enfermiço para ser marcado a ferro! Ainda mais estúpida é a queixa sobre os custos de manutenção e supervisão dos escravos. Por acaso já é permitido matar para economizar? Pode até ser que em países onde ainda reina a servidão às vezes seja mais econômico organizar uma caça a cabeças de camponeses... Portanto, o Sr. quer abolir todos os casos de pena de morte? [...] Nosso direito de matar o assassino deve se basear no direito à retaliação. Barkhausen mostrou claramente a incongruência dessa opinião. Se quiserdes, por vosso lado, matar quem matou, então também o adúltero deve ser judicialmente intimado a levar sua esposa para a cama do ofendido; um tipo de satisfação que muitas vezes poderia ser pior do que a própria ofensa sofrida[m]...

## Ludwig Börne (1786-1837)

Publicista radical. A citação foi extraída de um artigo intitulado "Ein Gulden und etwas mehr" [Um florim e algo mais] (1818).

### *Servilismo*

Quando Voltaire disse: "O primeiro rei foi um soldado feliz"[n], esse homem não sabia o que estava dizendo. O primeiro rei foi um camponês febril que, em seu estado de demência, exclamou: "Pessoal, vocês são meus súditos e me devem obediência"; tempos depois, tendo convalescido e se levantado do seu leito de enfermidade, viu com estranheza e incredulidade o povoado inteiro prostrado aos pés de sua cama. Foi vã toda a argumentação bem-intencionada do déspota inocente; o servilismo se instalara num ritmo tão célere que ninguém mais se lembrava dos tempos em que havia sido livre. Quem duvidaria que, em épocas remotas, toda dominação tenha surgido dessa maneira, visto que, diante dos olhos de todos nós, esse fenômeno se renovou ainda ontem? Três pessoas disseram para 40 mil: vocês devem pagar um florim – e elas fizeram isso. Fizeram mesmo? Não, antes fosse só isso. Elas o fizeram de má vontade, resmungando, mas mesmo assim o fizeram! Agora vão e calem-se; sempre foi assim. A obediência foi achada com mais frequência do que foi procurada, e a servidão existiu antes da dominação[o].

---

[m] Helfrich Peter Sturz, *Schriften* (col. I, Leipzig, 1779), p. 232-4 e 236-8. (N. E. A.)
[n] "*Le premier qui fut roi fut un soldat heureux*", citado em Voltaire, *Mérope*, ato I, cena III. (N. T.)
[o] Ludwig Börne, *Gesammelte Schriften* (Hamburgo/Frankfurt, 1862, v. II), p. 306. (N. E. A.)

# Karl Leberecht Immermann (1796-1840)

Seus romances "são de grande envergadura e possuem uma rara riqueza de espírito, energia, ternura, compreensão penetrante do mundo, visão ampla, pureza; ele procurou estabelecer uma transição: expôs os primórdios daquilo que, incipiente no seu tempo, acabou imprimindo sua marca à nossa época, a saber, do sistema fabril, do sistema monetário que se ramificou por toda parte e mostrou a alma alemã em luta contra ele" (Hofmannsthal)[p]. "Ele espelhou, em seus dois romances, todos os movimentos e tendências da época, a saber, em *Die Epigonen* [Os epígonos][q], os sérios e importantes na medida em que se mostraram bizarros, e em *Münchhausen*[r], os bizarros e insignificantes na medida em que se portaram com seriedade" (Hebbel)[s]. *Tulifäntchen* [Tulifantinho][t], epopeia romântica; *Merlin*[u], drama "mítico". – O texto a seguir provém da sua obra *Memorabilien*.

## *Excêntricos alemães*

O espírito excêntrico alemão se aninha de preferência entre os letrados e quase sempre se dá ares reformadores. Nossos excêntricos são apóstolos de seus caprichos e querem converter todos os pagãos a eles. Mas como a vida em muitos pontos é um bloco bem resistente e duro de talhar, escolhe-se os pontos mais moles, nos quais a operação tem mais chances de ser bem-sucedida. Estes são a educação, a língua e a escrita, quando muito os costumes. Basedow ou um basedowiano assou as ciências em massa de sêmola para as crianças e fez com que elas comessem os conhecimentos. Outro escreveu "*fon*" em vez de "*von*"[v]. Um terceiro de repente passa a falar e a escrever como se a língua fosse a sua serva, que tem de concordar com todas as suas vontades. Um quarto acha que os títulos atrapalham e convida todo mundo a chamar a ele e a cada pessoa pelo nome; tudo o mais seria do mal.

---

[p] *Deutsche Erzähler*, cit, v. I, p. x. (N. E. A.)

[q] Karl Leberecht Immermann, *Die Epigonen. Familien-Memoiren in neun Büchern* (Berlim, A. Hofman, 1865). (N. T.)

[r] Idem, *Münchhausen. Eine Geschichte in Arabesken* (Munique, Carl Hanser, 1839). (N. T.)

[s] Friedrich Hebbel, *Tagebücher* (ed. completa em três volumes, org. Karl Pörnbacher, Munique, Deutscher Taschenbuch, 1984), v. I, registro n. 2.725, p. 551. (N. T.)

[t] Karl Leberecht Immermann, *Tulifäntchen. Ein Heldengedicht in drei Gesängen* (Frankfurt, Insel, 1830). (N. T.)

[u] Idem, *Merlin. Eine Mythe* (Düsseldorf, J. E. Schaub, 1832). (N. T.)

[v] Em alemão, *von* se pronuncia "fon", tratando-se, portanto, de escrever de acordo com a fonética. (N. T.)

A espécie dos excêntricos também está em extinção, assim como a das figuras cômicas. Um dos nossos maiores foi Jahn. [...] Jahn foi o excêntrico reformador *par excellence*; ele quis colocar tudo de cabeça para baixo. Para ele, Berlim não estava no lugar certo; às margens do Elba deveria erguer-se um lugar chamado *Preußenheim* [lar prussiano]. Recomendou um traje popular que cada qual deveria vestir em solenidades públicas, considerando o fraque um pecado mortal; queria que as festas populares tivessem fogos durante três noites, em dias cuja memória ainda teria de ser recuperada dentre o povo pelos eruditos. Toda pessoa deveria aprender trabalhos manuais; o senso para o belo deveria ser despertado, só não se deveria expor publicamente nada no estilo nu grego. Até para as meninas ele prescrevia exercícios físicos, e elas deveriam inclusive aprender a atirar, "para não ficarem impecavelmente indefesas e não se encolherem ao estampido de uma espingarda como gansos ao ouvirem o trovão". – Cada pessoa deveria ser instruída sobre o Estado. Não deveria tornar-se cidadão ninguém que não tivesse passado primeiro por um exame sobre deveres e direitos do cidadão. Os livros populares propriamente ditos ainda estariam por ser escritos, sendo que provisoriamente esse papel poderia ser desempenhado por algumas peças de Schiller. Ele pede em especial uma *Alruna*, um *Fausto* e um *Eulenspiegel*, pede também um livro comemorativo para alemães; pede tudo isso como aquele camponês encomenda o quadro ao pintor na conhecida canção. Ele chega a fazer justiça ao *Fausto* de Goethe, mas este não lhe basta, pois quer um segundo *Fausto*. Ele diz: "Desejo para este segundo uma união de espíritos: o ter-passado-por-todas-as-escolas de Knigge; o jamais--faltar de Lichtenberg; a inesgotabilidade de Richter; a arte de preparar mel de Wieland; o elevado senso popular de Meyer e o discurso vivaz de Kaisersberg e Lutero". [...]

O ponto forte de Jahn é seu rude tino camponês, próprio da região do Altmark. No que está ao alcance desse tino camponês, não raro ele acerta na mosca. A intuição de algo próximo, de um detalhe é muito nítida; ele também consegue associar dois pontos próximos com rápida comparação e humor caseiro; os provérbios são seus elementos de prova à maneira popular. Bem característico também é seu senso de orientação, com o qual ele se mostra tão orientado em vastas áreas geográficas como um hábil camponês nos limites que demarcam seu povoado. O alinhamento dos montes, a ondulação das matas, a rede fluvial, a localização das cidades, tudo isso está presente diante dele em imagens palpáveis. Mas mais além ele não consegue ir. Jahn tem a noção correta das relações danosas, mas toda tentativa de melhorá-las desemboca em conferir-lhes um feitio camponês... Algo que nunca existiu para Jahn: o senso para a cultura da atualidade e para o contato que há e sempre haverá entre os povos europeus[w].

---

[w] Idem, *Schriften* [Escritos] (Hamburgo, Memorabilien, 1840), v. XII, p. 334-9. (N. E. A.)

## Bogumil Goltz (1801-1870)

Hebbel descreve-o como um "ser humano primevo, oriundo de uma linhagem de deuses sem hipocrisia"[x]; Gottfried Keller, no entanto, fala ironicamente de sua "cultura natural e probidade provinciana próprias da Prússia ocidental, da Pomerânia e do condado de Mark com seu ferrenho rigor patriótico"[y]. O fragmento a seguir provém de seu escrito intitulado "Die Deutschen" [Os alemães] (1860).

### Política nacionalista

Os alemães são por sua natureza um povo docente e discente, uma raça eleita da cultura; e não são só isso, mas também foram eleitos para serem portadores e zeladores da cultura, mestres-escolas e filósofos do gênero humano; eles não podem, portanto, ser virtuoses da ação, não podem ser pessoas políticas modelares (denominadas caracteres políticos), não podem ser heróis dramáticos, não podem ser exemplares pré-cunhados às dúzias do orgulho nacionalista, da presunção nacionalista e da tacanhice nacionalista, da uniformidade nacionalista e da mecânica nacionalista, como os ingleses e os franceses.

Os alemães deixariam de ser uma grande nação, em termos da história da cultura, se ambicionassem ser uma grande nação no sentido da política, da diplomacia e da história bélica – *non omnes possumus omnia* [ninguém pode fazer tudo][z/aa].

## Jacob Burckhardt (1818-1897)

Grande filósofo da cultura e historiador da arte suíço, amigo de Nietzsche. A citação foi tirada das *Weltgeschichtlichen Betrachtungen* [Considerações sobre a história universal].

### Liberalismo e democracia

Com o aumento da magnitude de todos os negócios, o adquirente passa a ter a seguinte concepção: por um lado, o Estado deveria se limitar a dar cobertura e

---

[x] Friedrich Hebbel, "Bogumil Goltz und sein Buch der Kindheit" [Bogumil Goltz e seu livro da infância], em *Sämtliche Werke* (org. Richard Maria Werner, seção I, v. II, Berlim, 1903), p. 363: "[...] alegra-me ver novamente diante de mim um ser humano primevo, um descendente da linhagem dos deuses, que não conhecia hipocrisia nem dissimulação [...]". (N. E. A.)

[y] "Carta a Hermann Hettner, de 21/10/1854", em *Gottfried Kellers Leben, Briefe und Tagebücher* [A vida de Gottfried Keller, cartas e diário] (org. Emil Ermatinger, Stuttgart/Berlim, 1919), v. II, p. 355. (N. E. A.)

[z] Citação modificada de Virgílio, em *Éclogas*, VIII, 63: *Non omnia possumus omnes*. (N. T.)

[aa] Bogumil Goltz, *Exacte Menschen-Kenntniß*, seção 3: Die Deutschen (1860) v. I, p. 249. (N. E. A.)

garantir seus interesses e seu tipo de inteligência, que dali por diante são tidos como óbvia finalidade principal do mundo; ele até deseja que esse seu tipo de inteligência se apodere do leme do Estado por força das instituições constitucionais; por outro lado, ele nutre profunda desconfiança em relação à práxis da liberdade constitucional, pela maior probabilidade de que ela seja explorada por forças negativas.

Porque ao lado disso atua, como expressão geral em parte das ideias da Revolução Francesa, em parte dos postulados reformistas de tempos mais recentes, a assim chamada democracia, isto é, uma visão de mundo diferenciada de acordo com os estratos sociais daqueles que a professam, para a qual confluíram milhares de fontes diferentes, que, no entanto, é coerente num ponto – a saber, que, para ela, o poder do Estado sobre o indivíduo jamais poderá ser suficientemente grande –, o que leva a apagar as fronteiras entre Estado e sociedade, a esperar do Estado tudo aquilo que a sociedade previsivelmente não fará, querendo, todavia, manter tudo constantemente em discussão e em movimento e, por fim, reivindicando para algumas castas um direito específico relativo a trabalho e subsistência[ab].

## II. O cidadão manda marchar

### *Paz eterna, guerra eterna*

A controvérsia "guerra eterna ou paz eterna" já domina a fase inicial da burguesia e, desde então, não foi interrompida.

Kant, que de modo algum pode ser simplesmente visto como um pacifista – apesar de seu escrito *Zum ewigen Frieden* [*À paz perpétua*][ac], que pressupomos seja de conhecimento geral e por isso não citamos aqui –, encarou a guerra como um estado temporal necessário de transição até a exigência racional da paz perpétua.

Para Hegel, o próprio estado de transição se transforma em exigência dialética. A guerra é necessária como "negação" necessária dentro do "indivíduo" Estado. O Estado enquanto indivíduo forçosamente gera o "inimigo".

Ernst Moritz Arndt, com certeza um defensor literário do direito de defender-se, encara os horrores da guerra sem fraseologia: sua descrição das condições em Vilna após a retirada das tropas de Napoleão que debandavam da Rússia supera, tanto como reportagem quanto em suas conclusões, qualquer pregação sentimental pela paz de autoria do pacifismo burguês atualmente em voga.

---

[ab] Jacob Burckhardt, *Gesamtausgabe* (org. Albert Oeri e Emil Dürr, Berlim/Leipzig, 1929, v. VII), p. 152s. (N. E. A.)

[ac] Immanuel Kant, *Zum ewigen Frieden. Ein philosophischer Entwurf* (Königsberg, Friedrich Nicolovius, 1795). Ed. bras.: *À paz perpétua* (trad. Marco Zingano, Porto Alegre, L&PM, 2008). (N. T.)

Contrapomos antiteticamente a esse texto duas passagens de Kürnberger do ano de 1870 e uma carta de Schopenhauer do ano de 1849. O aspecto característico aqui não é, em primeira linha, a propaganda pela anexação da Alsácia-Lorena por parte de Kürnberger, nem a mentalidade antirrevolucionária de Schopenhauer, mas o que está por trás disso e o que resulta daí. O fato histórico da vitória de 1870 converte-se para Kürnberger numa teoria racial de validade eterna, em doutrina da superioridade da raça "germânica" sobre a raça "celta". O fato de o filósofo Schopenhauer precisar de tranquilidade e o cidadão Schopenhauer querer tranquilidade converte-se em "conservadorismo" e, em consequência, em apoio efetivo a um militarismo forâneo, ultrarreacionário, contra os próprios conterrâneos alemães, em fomento ativo das carnificinas promovidas pelos soldados dos regimentos tchecos e croatas nos becos de Frankfurt. A burguesia forjou novas armas de guerra: concepções de mundo, teorias raciais, metáforas políticas, humanas e filosóficas – muito mais perigosas, porque eram mais dissimuladas que o antigo exército profissional que limitava e apequenava a si mesmo.

Porém, como na burguesia tudo é controverso, o vienense Ferdinand Kürnberger – ele era vienense, embora talvez não tenha exatamente nascido em Viena – foi contestado por seu contemporâneo, conterrâneo e colega de profissão Daniel Spitzer, o folhetinista da Viena antiga, por meio de sua deliciosa sátira sobre a introdução do serviço militar universal na Áustria.

No fim deste capítulo, constam novamente as sublimes palavras do velho Kant: ao caracterizar, em meio ao absolutismo, a república como a mais forte antidefesa frente a qualquer guerra de ataque, ele avançou até a fronteira do que podia ser reconhecido naquele tempo, em que os problemas sociais subjacentes ainda não estavam manifestos.

## Immanuel Kant (1724-1804)

As citações provêm do escrito "Ideen zu einer allgemeinen Geschichte in weltbürgerlicher Absicht" [Ideia para uma história universal com intenção cosmopolita], de 1784.

A natureza, por sua vez, valeu-se [...] da inconciliabilidade dos seres humanos e até mesmo das grandes sociedades e corporações estatais formadas por essa espécie de criaturas como meio para engendrar um estado de tranquilidade e segurança em meio ao seu inevitável antagonismo; isto é, por meio das guerras, por meio do armamentismo exacerbado e incessante em função delas, por meio da penúria que, desse modo, cada Estado acaba sendo levado a sentir em seu âmago inclusive em tempos de paz, a natureza leva, ao final de tantas devastações, colapsos e até do contínuo esgotamento interior de suas energias, a tentativas inicialmente imperfeitas de fazer aquilo que a razão poderia ter-lhes dito também sem tantas experiências tristes, a saber, avançar para além do estado sem lei dos selvagens e ingressar numa federação de povos, na qual cada Estado, inclusive o menor deles, pode confiar a sua segurança e os seus direitos não ao seu próprio poder ou à sua própria decisão jurídica, mas tão somente a essa grande federação de povos (*foedus amphictyonum*), a um poder unificado e à decisão tomada segundo as leis da vontade unificada. Por mais fantasiosa que essa ideia possa parecer e mesmo que tenha sido ridicularizada como tal por gente do calibre de um abade de Saint-Pierre ou de um Rousseau (talvez por acreditarem que sua concretização estivesse muito próxima): o desfecho inevitável é que o estado de penúria em que os seres humanos lançam uns aos outros necessariamente forçará os Estados à resolução (por maior que seja a dificuldade que tenham de tragá--la) a que o selvagem não gostou nem um pouco de ser forçado, a saber, renunciar à sua liberdade brutal e buscar tranquilidade e segurança numa constituição legal.

Por fim, a guerra em si gradativamente se tornará um empreendimento não só artificial e incerto quanto ao desenlace para ambos os lados, mas também temerário, tendo em vista os sofrimentos daí resultantes, que o Estado sente na carga crescente da dívida, cuja liquidação é imprevisível; tão artificial e incerto e tão temerário se tornará esse empreendimento e, além disso, a influência que cada abalo do Estado tem sobre todos os demais, no nosso continente tão concatenado pelos negócios, tornar-se-á tão perceptível que esses Estados, pressionados pelo perigo que eles mesmos causam, oferecer-se-ão, mesmo não tendo competência legal, como árbitros, dispondo assim tudo elementarmente para uma futura grande corporação estatal, da qual não se encontra exemplo algum no mundo precedente. Embora no momento essa corporação estatal não passe de um projeto rudimentar, ela já começa a suscitar algo como um sentimento em todos os membros interessados na preservação do conjunto; isso permite ter esperança de que, após muitas revoluções visando à reconfiguração, virá por fim a tornar-se realidade o que a natureza tem como intenção suprema: um Estado cosmopolita universal como o ventre em que se desenvolverão todos os talentos originários do gênero humano[ad].

## Georg Wilh[elm] Fried[rich] Hegel (1770-1831)

O texto para leitura provém de *Werke* [Obras], edição completa, Berlim, 1833, v. VIII: *Phil. d. Rechts* [Filosofia do direito], parte III, p. 419-20[ae].

---

[ad] Idem, "Idee zu einer allgemeinen Geschichte in weltbürgerlicher Absicht", em *Gesammelte Schriften* (Berlim/Leipzig, Akademieausgabe, 1923, v. VIII), p. 24 e 28. (N. E. A.) [Ver a trad. port. de Artur Morão: *Ideia de uma história universal com um propósito cosmopolita*, disponível em: <www.lusosofia.net/textos/kant_ideia_de_uma_historia_universal.pdf>. (N. T.)]

[ae] Ed. bras.: G. W. F. Hegel, *Linhas fundamentais da filosofia do direito ou Direito natural e ciência do Estado em compêndio* (trad. Paulo Meneses et al., São Leopoldo, Unisinos, 2010).

Na paz, a vida burguesa se espraia, todas as esferas se domiciliam e, a longo prazo, é como se as pessoas se atolassem num pântano: suas particularidades se tornam cada vez mais consolidadas e se ossificam. Porém, da saúde faz parte a unidade do corpo e, quando partes dele enrijecem, é sinal de que a morte chegou. A paz perpétua com frequência é reivindicada como um ideal, rumo ao qual a humanidade deveria caminhar. Kant propôs uma tal de aliança entre os príncipes que deveria dirimir as desavenças entre os Estados, e a Santa Aliança quis ser um instituto desse tipo. Só que o Estado é um indivíduo, e na individualidade está contida essencialmente a negação. Portanto, mesmo que um certo número de Estados se converta numa família, essa associação enquanto individualidade necessariamente cria para si um antagonismo e gera um inimigo. Os povos não só saem fortalecidos das guerras como as nações, inconciliáveis dentro de si mesmas, obtêm tranquilidade interna promovendo guerras externas. É verdade que essas guerras geram insegurança quanto à propriedade, mas essa insegurança real nada mais é que o movimento que se faz necessário. Dos púlpitos se ouve pregar tanto a respeito da insegurança, vaidade e inconstância das coisas temporais, mas cada qual, por mais tocado que fique, sempre pensa: tudo bem, mas vou garantir o que é meu. Porém, quando o assunto é realmente a insegurança na forma de hussardos com sabres desembainhados e a coisa fica séria, aí aquele discurso edificante e sentimental que predissera tudo o que estava por vir começa a proferir impropérios contra os conquistadores. Não obstante, porém, as guerras acontecem quando residem na natureza das coisas; os Estados voltam a soerguer-se e o falatório silencia diante das recorrências sérias da história.

## Ernst Moritz Arndt (1769-1860)

Poeta libertário patriótico e publicista da época napoleônica. Adjunto do barão vom Stein em Petersburgo durante a campanha militar russa. Militante a favor da constituição burguesa, perseguido como "jacobino", suspenso de sua cátedra universitária na Universidade de Bonn em 1821, reintegrado só em 1840. Em 1848, foi membro da Assembleia Nacional de Frankfurt.

A passagem a seguir foi extraída de seu livro *Erinnerungen aus dem äußeren Leben* [Memórias da vida exterior].

Em 1813, Arndt viaja na esteira do exército de Napoleão em retirada da Rússia, passando por Vilna, no trajeto para a Alemanha.

---

Essa edição não contém a tradução dos adendos da edição original. O texto anterior faz parte do adendo ao §324, p. 297-9. (N. T.)

Ai ai! Durante nossa lenta jornada pelos desolados ermos cobertos de neve tivemos tempo para refletir sobre todas as atrocidades provocadas por essa única campanha militar. O que vimos? Ah, se um altivo conquistador pudesse chorar como faz chorar as mães de centenas de milhares! No segundo, terceiro e quarto dias de nossa viagem, encontrávamos o tempo todo grupos isolados de prisioneiros que eram trazidos de volta rumo ao Oriente. Que espetáculo! Infelizes comedores de carne de cavalo maltrapilhos, enregelados, azulados, quase nem se pareciam mais com seres humanos. Houve os que morreram diante de nossos olhos em povoados e estalagens. Havia doentes empilhados em trenós; assim que um deles morria, era atirado para o lado no meio da neve. Nas margens das estradas jaziam os cadáveres como qualquer outra carniça, descobertos e sem sepultura; nenhum olho humano pranteara sua última aflição. Nós os víamos em parte com os membros sangrando; alguns que haviam sido abatidos também foram apoiados em árvores e usados como pavorosos sinais para indicar o caminho. Eles e os cavalos caídos apontavam o caminho até Vilna; por menos conhecedor do caminho que alguém fosse, dificilmente teria conseguido se perder. Nossos cavalos resfolegavam e corcoveavam com frequência quando tinham de passar pelo meio ou até por cima daquilo.

Já na cidade, ao ir para casa, encontrei um jovem de fino trato, a quem dirigi a palavra e perguntei algo. Ele era um brabantês e cirurgião-chefe de um hospital militar de prisioneiros franceses que haviam sido aquartelados num instituto eclesiástico. Fui com ele até os átrios da miséria, vi o pátio do mosteiro cheio de cadáveres deitados em toda a volta e recuei. Ele contou que, de 2 mil internados, ele contava diariamente cinquenta a oitenta mortos. Isso significa que logo ele terá menos trabalho. Enquanto me aproximava do portão da cidade passaram por mim cinquenta, sessenta trenós, todos cheios de cadáveres que eram retirados dos hospitais e das praças públicas. Eram transportados como se transporta madeira velha de cercados, e estavam duros da neve e secos como madeira de cercado, e serão comida ruim para vermes e peixes (pois muitos eram jogados em orifícios cavados no gelo que cobre o rio). O mais terrível para mim era isto: observar na pele de muitos corpos as marcas da passagem dos insetos, assim como se vê nos prados em que as formigas têm seus ninhos os trilhos deixados pela sua diligente atividade. Era uma visão deplorável: corpos humanos que um dia foram saudados com amor e alegria em seu nascimento, que depois foram nutridos e educados com amor para serem, por fim, na flor da sua vida, arrancados de seus pais e amigos por um conquistador selvagem, dessa maneira animalesca, sem qualquer disciplina, para serem arrastados para longe com as cabeças batendo na terra e as pernas estendidas para o céu, sem nada encobrindo aquilo que a humanidade e o pudor costumam cobrir.

Nessa noite, ainda presenciei na cidade uma monstruosidade sem igual. Eu havia saído para observar o tumulto provocado pela chegada e passagem da milícia russa e também os colonos e judeus poloneses, e eis que fui atraído por uma cantoria que chegou aos meus ouvidos e, sem me dar conta, alcancei as imediações do portão de Minsk, em cima do qual estava sendo celebrado um ofício divino solene. Prestei atenção a ele por alguns minutos e, no caminho de volta, não muito longe do portão, passei por um portal e cheguei ao pátio de uma igreja. Num primeiro momento, avistei só a igreja, em seguida as janelas superiores, ou melhor, as aberturas sem janelas de um edifício que circundava o pátio, parecido com um mosteiro ou um internato. Ao chegar mais perto, o que vejo? Pilhas de cadáveres, em alguns pontos tão altas que chegavam às janelas do segundo andar; eram com certeza mil cadáveres, todo um hospital extinto; em todo aquele enorme edifício nenhuma janela, nenhuma pessoa – só um cachorro farejando uma porta. Por sorte, a neve congelada inibia o fedor da decomposição que, em outra circunstância, teria impedido qualquer aproximação a esses lugares desolados. Batalhas sangrentas podem ter produzido pilhas semelhantes de cadáveres também na França e na Alemanha, mas para expô-los tão monstruosamente ao olho humano era necessário o concurso do modo polonês de operar e de um ano como o de 1812. Porém, como posso ficar admirado de que essas pilhas de cadáveres tenham sido amontoadas aqui? Nosso trenó não estava estacionado ao abrigo de um galpão da hospedaria Müller, na Deutsche Strasse, em cima de um francês que havia sido esmagado com sua montaria dentro do esterco e da palha? Tão grande foi o infortúnio desse tempo, tão despreocupada e desumana a sujeira[af].

## Ferdinand Kürnberger (1821-1879)

Brilhante publicista vienense, adepto do movimento de 1848 pela unificação da Alemanha. Combateu o liberalismo financeiro de Viena. A coletânea de seus artigos políticos (*Siegelringe* [Sinetes]) atesta enorme capacidade retórica e talento satírico. "Os *Siegelringe* de Kürnberger são tidos como um livro sibilino do austrianismo, como um catecismo do vienismo" (Otto Erich Deutsch, editor de suas obras reunidas)[ag].

O primeiro texto foi extraído da coletânea dos seus artigos políticos publicados em jornais (intitulada *Siegelringe*) e foi publicado originalmente no *Neues Wiener Tagblatt* [Novo Diário Vienense] de 3/9/1870. Da mesma coletânea provém o fragmento de um artigo publicado originalmente em 10/10/1870 no mesmo diário. Trata-se, portanto, de dois artigos sobre a guerra.

---

[af] Ernst Moritz Arndt, *Werke*, parte II: *Erinnerungen aus dem äußeren Leben* (org. August Leffson e Wilhelm Steffens, Berlim/Leipzig, s/d), p. 134-8. (N. E. A.)

[ag] Citado em Ferdinand Kürnberger, *Gesammelte Werke* (2. ed., org. Otto Erich Deutsch, Munique/Leipzig, 1910, v. I), p. 549. (N. E. A.)

Bebam, devotos beberrões alemães! Nunca uma bebida foi tão merecida. Cada gota de vinho foi paga por vós com gotas de sangue. Nem toda a alta sociedade desta Terra pagou seu champanhe com tanta nobreza como tu, valente alfaiate berlinense, e tu, parrudo lenhador bávaro!

Porém, atenção, conterrâneos. Uma boa bebida exige um bom brinde. A que brindareis?

"É infâmia e coisa de loucos falar de renúncia alemã à Alsácia e à Lorena!" Isso mesmo! Esse foi um bom voto. Um dito franco vindo de um coração alemão sincero.

Tremíamos de medo enquanto a pérfida palavra do Judas se esgueirava à nossa volta: a Alemanha não quer conquistas; ela só quer se defender como parte atacada e ofendida.

Ah é? Não quer conquistas? Contra um inimigo que quer conquistas o tempo todo ela não quer conquistas? Em outras palavras: desde sempre só participaste da história, pobre cordeiro alemão, para ser tosquiado; porém, quando te toca lançar mão da tesoura, nem penses em tosquiar os outros, mas trata de ser magnânimo...

Ora, por acaso toda vez que o celta fica curioso para saber qual de nós dois é o mais forte deveríamos fazer-lhe o favor de pôr de lado a plaina e o martelo e nos engalfinhar com seus cachorros africanos? Nós temos coisa melhor para fazer do que brigar com cachorros africanos! A partida não é parelha, pois o alemão é um ser superior ao celta. Ele é o verdadeiro pioneiro da cultura, algo a que o sicofanta mentiroso da Gasconha apenas se arroga e que um punhado de velhinhas durante alguns anos achou que era verdade.

Mas prossigamos! "Quem de nós dois é o mais forte" se decide numa batalha entre os povos, não apenas pela aparência e pela honra como num duelo, em que dois bocós a cavalo que arranharam os braços um do outro e se cumprimentam como os dois mais fortes; isso se decide com feroz seriedade. E se o celta fosse o mais forte, não sabeis que ele agarraria a fronteira do Reno com as duas mãos? Mas se for o alemão, não sabeis que ele precisa ter a fronteira do rio Maas simplesmente para continuar sendo o mais forte? Conquista! Podeis chamar de garantia! Acaso seríamos tão bobos a ponto de, sendo os mais fortes, recuar até aquém de nossas vulneráveis fronteiras e de deixar aberto às nossas costas o portão de entrada dos Vosges? Não sabeis que, no momento seguinte, a dança recomeçaria? "*Vengeance pour Waterloo!* [Vingança por Waterloo!]", cantou o galo gaulês durante meio século; "*vengeance pour Varsovie!* [vingança pela Varsóvia!]", cantou ele depois da libertação polonesa, mas bombardeou e massacrou a liberdade romana; "*vengeance pour Sadowa!*" cantou quando a coisa não tinha nada a ver com ele, e ele cantaria até estourar: "[...] *vengeance pour Woerth! Vengeance pour Marslatour! Vengeance pour Gravelotte! Vengeance pour Sedan!*", porque essa besta colérica sempre tem uma dúzia de *vengeances* na despensa...

O lugar do romanismo é debaixo dos pés do germanismo, assim como o do adubo é debaixo da semente. E se hoje (1870) a província romana da Gália está prostrada aos pés de um rei alemão, este não precisa dizer-lhe nada além de um único verso do poeta nacional: "Estais no lugar que vos cabe, *lady* Maria!"[ah].

### Arthur Schopenhauer (1788-1860)

De uma carta a Julius Frauenstädt, escrita de Frankfurt e datada 2/4/1849.

Comigo está tudo do mesmo jeito; o Atma [o *poodle* de Schopenhauer] manda lembranças. Mas veja o Sr. que coisas vivenciamos! Imagine que, no dia 18 de setembro, uma barricada foi erguida na ponte e os canalhas estavam postados até bem perto da minha casa, mirando e atirando nos militares posicionados na Fahrgasse [beco de Frankfurt], que revidavam com tiros que faziam tremer a casa: de repente, vozes e batidas fortes na porta trancada da minha sala de estar: eu, imaginando tratar-se da canalha soberana, coloquei a tranca na porta: então eles começam a dar golpes perigosos contra a porta: por fim, a voz fina da minha serva: "São só alguns austríacos!". Imediatamente abri a porta para esses diletos amigos: vinte legítimos boêmios de calças azuis se lançaram para dentro e se posicionaram para atirar nos soberanos das minhas janelas; mas logo se deram conta de que a casa seguinte era bem melhor para esse fim. Do primeiro andar, o oficial faz o reconhecimento da corja escondida atrás da barricada: imediatamente lhe enviei o grande binóculo de ópera, com o qual o Sr. há tempos observou o balão;
ψυχων σοφων τουτ εστι φροντιστηριον
(que refúgio de meditação para mentes sábias!)[ai]

### Daniel Spitzer (1835-1893),

o "passeador de Viena"; jornalista e satirista austríaco. "Não conheço nenhum estilo brilhante que não tivesse emprestado o seu brilho em maior ou menor grau da verdade. Só a verdade confere brilho autêntico e também deve figurar pelo menos como pano de fundo da gozação e do gracejo." Desse modo, ele – sem saber – caracterizou a si próprio. Foi um dos fundadores do folhetim jornalístico de Viena, que mais tarde degenerou. – O texto a seguir provém da primeira coletânea de seus *Wiener Spaziergänge* [Passeios vienenses] e foi publicado originalmente em 22/11/1868, após a introdução do serviço militar universal na monarquia dos Habsburgos.

---

[ah] Kürnberger, cit., p. 133-5 e 149. (N. E. A.) [Verso do drama barroco *Maria Stuart*, ato IV, de Schiller, tradução disponível em: <www.ebooksbrasil.org/ eLibris/stuart.html>. (N. T.)]

[ai] Arthur Schopenhauer, *Sämtliche Werke* (org. Paul Deussen, Munique, 1929, v. XIV), p. 638s. (N. E. A.)

O serviço militar universal é uma bela ideia: cada qual deve defender com o próprio sangue os impostos que paga; cada austríaco se exercitará no campo de treinamento para matar por seus compatriotas, e a ração à base de nhoque produzirá uma linhagem espartana, para a qual as balas de chumbo do inimigo serão pura diversão.

Num manual de geografia, talvez se venha a ler no futuro a seguinte descrição: a Áustria é um país ricamente equipado pela natureza, no qual se encontra aquartelada uma população apta para o serviço militar. O país só tem uma fronteira natural para o leste, a fronteira militar; suas demais fronteiras estrategicamente importantes são, para o oeste, o café Daum; para o sul, o Ministério da Marinha e, para o norte, o campo de batalha de Königgrätz. Na Áustria, há quatro reinos naturais: o reino animal, o reino vegetal, o reino mineral e o reino militar; os três primeiros são explorados em função do mencionado por último, fornecendo-lhe montarias, chucrute e canhões. Os habitantes têm um belo traje nacional que se caracteriza principalmente pelas lapelas pitorescas, não nos sendo, porém, possível descrevê-las, porque não podemos organizar todos os anos uma nova edição de nosso livro. O povo se ocupa com as mais diferenciadas atividades profissionais: artilharia, infantaria, cavalaria etc. A principal fonte de renda do povo é o soldo; quando o exercício é bem-sucedido pode haver até três dias de soldo grátis. Muito se faz pela educação popular, pois praticamente cada casa dispõe de dois sargentos.

Durante a implementação do serviço militar universal ninguém ficará surpreso ao ler no jornal a seguinte nota: o soldado raso X, famoso por suas descobertas astronômicas, ao dirigir-se no dia de ontem para a sua casa, teve a infelicidade de descobrir um novo planeta e se atrasou para o toque de recolher. Por ora, o douto especialista se safou apenas com alguns hematomas. O sistema militar impregnará de tal maneira todas as esferas, que talvez alguém noticie um caso de falecimento em estilo militar, da seguinte maneira: comunico obsequiosamente que aprouve ao céu dispensar a minha única esposa. Grato pela clemente punição[aj].

[Immanuel] Kant [1724-1804]

De *O conflito das faculdades* (1798).

A única constituição em si justa e moralmente boa de um povo é aquela que, por sua natureza, é disposta de maneira a evitar por princípio a guerra ofensiva, não podendo ser, pelo menos quanto à ideia, nenhuma outra além da constituição republicana, a qual, por conseguinte, acata a condição de deter a guerra (a fonte de todos os males e da degeneração dos costumes) e, assim, assegura negativamente ao

---

[aj]  Daniel Spitzer, *Wiener Spaziergänge* (col. I, Viena/Leipzig, 1880), p. 304-6. (N. E. A.)

gênero humano, em toda a sua fragilidade, que o progresso rumo ao melhoramento pelo menos não seja perturbado em seu avanço[ak].

III. O burguês chama as coisas pelo nome

*Dos primórdios da reportagem*

Na rubrica a seguir, o leitor encontrará documentos de uma época em que a burguesia ainda estava suficientemente forte para chamar as coisas pelo nome.

As memórias da infância do posterior ator e teatrólogo J. C. Brandes mostram o estado de efetiva privação de direitos da pequena-burguesia sem recursos na assim chamada cultura rococó. O pequeno memorial pedagógico do ano de 1782 mostra o alcance ou a falta de alcance do bem-estar no Estado absolutista daquela época, evidenciando como eram fluidas as fronteiras entre pauperização e beneficência[2]. Se o espaço disponível neste número não tivesse imposto limites aos textos individuais, talvez o leitor tivesse encontrado nesse ponto também excertos das chocantes memórias da juventude que o correitor do Mosteiro Cinzento em Berlim, Karl Philipp Moritz, publicou sob o título *Anton Reiser*, ou, numa esfera social um pouco mais elevada, as memórias que Carl Friedrich Bahrdt registrou [do internato] de Schulpforta[al].

À Revolução de Março [de 1848-1849] e ao período anterior a ela [*Vormärz* = pré-março] leva-nos a carta de um camponês aos berlinenses do ano de 1848, divulgada pelo poeta libertário Robert Prutz. Junto ao referido relatório sobre as escolas dos povoados e ao artigo de Möser, ela compõe uma espécie de esboço para um quadro da cultura dos povoados alemães entre 1750 e 1850.

As agitações dos tecelões são conhecidas do drama de Gerhart Hauptmann. A reportagem social promovida por Bettina von Arnim (Brentano) diante dos portões de Berlim por intermédio de um jovem suíço e acolhida por ela em suas obras, mostram-nos, por volta da mesma época, as mesmas características de uma cruel reestratificação social: a pauperização dos pequenos produtores e

---

[ak] Immanuel Kant, *Gesammelte Schriften* (Berlim, Akademieausgabe, 1917, v. VII), p. 85s. (N. E. A.)

[2] Como complemento e anexo à descrição das desoladoras condições escolares nos povoados, publicamos o fragmento de um artigo de Justus Möser, mais ou menos da mesma época, que, com a boa consciência do autêntico conservador, exige programaticamente o que aquelas escolas realizavam na prática, a saber, a conservação do analfabetismo no campo.

[al] Carl Friedrich Bahrdt, *Geschichte seines Lebens, seiner Meinungen und Schicksale* [História de sua vida, opiniões e sucessos] (Frankfurt, 1790), parte I, p. 74-114. (N. E. A.)

comerciantes pela indústria em ascensão. Em comum com as descrições mais antigas dos costumes dos proletários – como em Dickens –, essas obras também têm o olhar para a inocência, e até para o encanto dos antigos vínculos humanos, que não eram mais sentidos pelo proletário individual, mas, com certeza, ainda o eram pelo observador de fora. Isso diferencia essas reportagens das naturalistas, para não falar das atuais.

### Johann Christian Brandes (1735-1799)

Proveniente de uma família pequeno-burguesa pobre, decadente e, por fim, proletarizada, o menino e depois jovem se virou como ambulante, camelô e lacaio, e teve de sorver até o último gole os sofrimentos causados pela inescrupulosa arbitrariedade social e jurídica das classes superiores contra as inferiores. As memórias de sua vida estão entre os documentos mais chocantes da literatura proletária do século XVIII. Por fim, ele conseguiu juntar-se a um grupo teatral itinerante. Sua vida – e, desse modo, também suas memórias – ilustram a transição muito interessante do teatro de improviso "irregular" e da antiga *Haupt- und Staatsaktion*[am] para o teatro burguês "regular" enquanto instituição cultural, cujo iniciador principal, Lessing, ofereceu sua amizade ao nosso Brandes. Essa ascensão acabou alçando-o também às esferas da alta burguesia tranquila e prestigiada, sendo que ele morreu como teatrólogo e ator famoso. – O texto foi extraído dos capítulos iniciais de sua *Meine Lebensgeschichte* [História de vida] (reedição de Munique, 1923)[an].

### *Justiça alemã nos povoados do século XVIII*

Em Danzig, o menino é acusado de ter cometido um furto, mas, como sua inocência logo fica comprovada, ele é indenizado com abundantes esmolas pelo medo que teve de passar. Com esse dinheiro, compra alguns quilos de tabaco escuro do Brasil; como negociante de tabaco, ele quer percorrer os povoados e, desse modo, facilitar sua jornada até a cidade natal.

---

[am] Gênero teatral do teatro ambulante alemão composto de peças humorísticas, satíricas e farsescas, tendo como personagem principal uma figura cômica, em especial a do *Hanswurst* (João Salsicha). (N. T.)

[an] Johann Christian Brandes, *Meine Lebensgeschichte* (org. Willibald Franke, Munique, 1923), p. 68-70. (N. E. A.)

Um dia cheguei a um povoado bastante grande, onde contava com a probabilidade de vendas consideráveis. Entusiasmado com essa expectativa, entrei na taberna e, cheio de confiança, tirei minha mercadoria e a ofereci aos clientes ali presentes. Um camponês bêbado se aproximou de mim e pediu tabaco no valor de uma moeda; dei-lhe o quanto queria. Antes que eu me desse conta, seu punho acertou as minhas orelhas. "Gatuno infame! Isso é tabaco para uma moeda? Achas que estou bêbado, seu ladrão?" E continuou fazendo o que queria com as minhas orelhas, xingando e maldizendo. Pedi perdão como pude e me desculpei pela minha falta de traquejo nesse negócio; porém, quanto mais eu falava palavras conciliatórias, tanto mais enfurecido ficava o camponês. Como ele não quisesse me largar e nenhum dos presentes saiu em minha defesa, acabei gritando bem alto por socorro. Então o taberneiro, que havia recém-chegado da igreja, entrou e quis saber o motivo daquela barulheira. Assim que ficou sabendo que eu estava negociando tabaco, mercadoria que ele próprio costumava vender aos seus clientes, tomou o partido do meu adversário embriagado e, por considerar esse comércio insidioso uma interferência imperdoável no monopólio de que ele próprio havia se apropriado, declarou sem maiores cerimônias que o meu tabaco era contrabandeado, afirmando que um mendigo tão miserável e maltrapilho, que decerto não tinha nenhuma moeda para chamar de sua, sem dúvida nenhuma só poderia ter roubado o tabaco em Danzig; e, como os camponeses presentes concordaram em peso com essa afirmação, toda a minha mercadoria foi confiscada ali mesmo. Naturalmente eu resisti a essa violência com todas as minhas forças, e como meus rogos e minhas propostas de nada adiantaram, ameacei por fim apresentar queixa por causa disso junto ao juiz do lugar. "Como? O quê?", gritou o taberneiro totalmente fora de si, "Queres apresentar queixa contra mim, larápio? Pois bem, podes apresentar queixa; eu sou o juiz!". A partir daí recomeçaram a descer o malho sem dó nem piedade e a encher de pancada este pobre e desavisado negociante de tabaco, e com o que me restava de lucidez consegui chegar até a porta para me livrar dessa tempestade de murros e cotoveladas, recorrendo à fuga; mas ao fazer isso pulei da frigideira para cair totalmente no fogo; pois como eu estava totalmente fora de mim por causa desse tratamento cruel e simplesmente não conseguia me conformar com a perda do meu tabaco, comecei a gritar diante da casa ameaças de violência e assassinato! Então o taberneiro furioso soltou os cachorros contra mim; seus latidos foram a senha para atrair toda a comunidade canina do povoado, que me perseguiu em bandos na fuga que naturalmente tive de empreender; me acossavam com tanta fúria que infalivelmente teriam me dilacerado se, por sorte, eu não tivesse alcançado uma moita na extrema urgência e dado um rápido e arriscado salto por cima dela.

Agora eu me encontrava de certo modo em segurança, mas minhas pernas estavam pelo menos alguns gramas mais leves por causa dos pedaços de carne que fui obrigado a deixar como presa dos furiosos animais. Minhas pernas estavam deploravelmente lanhadas pela moita de espinhos na qual busquei refúgio, e minha cabeça, minhas costas e meus braços foram moídos de tal forma pelo camponês bêbado e pelo justo juiz do povoado que mal conseguia me mexer; mesmo assim, do jeito que me foi possível, arrastei o corpo tão cruelmente maltratado para fora do povoado, passando por valas e matagais, para colocar-me totalmente em segurança. Ali estava eu, deitado, gemendo e ganindo, contemplando com lágrimas a minha existência miserável. Meu tabaco, em cuja aquisição usei todo o dinheiro que possuía, estava irrecuperavelmente perdido, e além de um velho chapéu surrado, um saiote roto, totalmente esfarrapado pelos cães (o colete há muito já fora vendido em troca de pão), uma camisa rasgada preta como breu e um par de calças compridas, que tinha de prender com uma corda no corpo para não perdê-las pedaço por pedaço, eu não tinha nenhuma outra propriedade nesse mundão de Deus além das minhas feridas e uma legião de habitantes esfaimados no meu corpo.

O próximo texto provém dos *Tratados pedagógicos*, editados pelo Instituto Educacional de Dessau no ano de 1782, e foi impresso no presente formato na introdução à *Geschichte meiner Schulen* [História da minha escola], de Friedr[ich] Eberhard von Rochow (1734-1805), em Schleswig, por J. G. Röhß, no ano de 1795, reedição da Biblioteca Universal da Editora Reclam.

### *Uma escola rural alemã no século XVIII*

A aparência exterior do prédio da escola não diferia muito da de um estábulo. Havia sujeira na entrada e lá dentro o espaço era apertado. A sala de aula era a única da casa; na verdade, ela era bastante espaçosa: mas sempre ficava pequena para tudo o que devia caber lá dentro. Quando entramos, deparamo-nos com um bafo desagradável, que por um momento dificultou bastante nossa respiração. A primeira coisa que avistamos foi um galo e mais adiante duas galinhas e um cachorro. Junto à lareira havia uma cama, sobre a qual se encontravam uma roda de fiar, um pão e todo tipo de peças de roupa rasgada. Imediatamente ao lado da cama havia um berço; ao lado dele, estava sentada a dona da casa, acalmando a sua criança, que berrava. Numa das paredes havia uma abertura que dava acesso à oficina do alfaiate, onde um obreiro estava sentado trabalhando. Na outra parede, havia um caixote grande, um armário de mantimentos, peças de roupa e outras coisas penduradas. O restante do espaço era tomado pelas crianças da escola sentadas a uma mesa e sobre bancos. Eram umas cinquenta, de diferentes idades e gêneros, mas todas misturadas e espremidas umas contra as outras. Tivemos de ficar em pé porque não havia mais lugar para sentar. Na ponta da mesa escolar, avistamos o professor. Ele estava mesmo ocupado em passar a lição para as crianças, com o chicote na mão. À nossa chegada, ele se deteve. P. lhe pediu para que não se interrompesse, mas prosseguisse com a sua aula ordenadamente. Ele fez isso e pediu que seus alunos maiores recitassem algo que haviam aprendido de cor, do que inicialmente não conseguimos entender quase nada, pois a criança de colo continuava a berrar e o galo que, à nossa entrada, havia se retirado para um canto do recinto, cantava a partir dali com tal volume de voz que nossas orelhas vibravam.

Justus Möser (1720-1794),

"conselheiro de justiça" de Osnabrück, historiador local e escritor popular de postura rigidamente conservadora e patriarcal. Obra principal: *Patriotische Phantasien* [Fantasias patrióticas]. Um mestre da prosa popular, sentimental e intensa, muito apreciado por Goethe por essa qualidade e por causa de sua postura política. – O fragmento a seguir provém das *Patriotische Phantasien*.

### Sobre a educação das crianças camponesas

Não sei o que se passa pela cabeça do nosso senhor regente do coro. Todos os rapazes e todas as moças devem aprender a ler e a escrever, sendo que ele lhes prega um catecismo tão grosso quanto o meu hinário...

Cheguei aos meus oitenta anos de idade e posso afirmar que vi o mundo de trás para frente. Entre todos os que cresceram comigo não havia um único que tivesse aprendido a escrever. Encarava-se isso como uma espécie de ocupação burguesa que só precisava ser realizada nas cidades e por pessoas que não praticavam a agricultura nem a pecuária. A leitura, como me disse meu pai, tornou-se moda entre os camponeses só na sua juventude; e meu pai ainda teria ouvido o seu pai contar que, na sua infância, cantavam-se num ano inteiro somente três hinos na igreja, que cada qual sabia de memória...

De fato, não consigo ver que proveito o saber escrever traria propriamente para o colono. Se ele souber quantos copos de aguardente ou quantas canecas de cerveja estão assinalados mediante um risco num quadro, se tiver ciência da grande invenção do *Kerbstock*[ao], da qual escreveu ultimamente o nosso Meier, e se ele, por fim, souber desenhar três cruzes à guisa de símbolo, ele já tem, na minha avaliação, tudo o que precisa nesse aspecto...

No que se refere às moças, eu não me casaria com nenhuma que soubesse ler e escrever[ap]!

### Carta de um camponês da Prússia ocidental de 1848

A próxima contribuição, uma carta anônima de um camponês da Prússia ocidental do ano da Revolução de 1848 destinada "aos berlinenses", foi divul-

---

[ao] Pedaço de madeira usado para registrar, mediante entalhe e à prova de falsificação, entre outras coisas, dívidas bilaterais. (N. T.)

[ap] Justus Möser, *Patriotische Phantasien* (org. J. W. J. von Voigts, Berlim, 1842), parte II, p. 307-9. (N. E. A.)

gada pelo homem que a recebeu, a saber, Robert Prutz, publicista e escritor liberal (1816-1872), na *Constitutionelle Clubzeitung* [Jornal do Clube Constitucional], n. 6, de 9/5/1848.

Nós, camponeses da Prússia ocidental, anunciamos a vós, berlinenses, que, se não restabelecerdes logo a disciplina e a ordem nesse vosso amaldiçoado covil e se não reconduzirdes nosso amantíssimo Rei a seus direitos, nós, camponeses da Prússia ocidental, iremos aí lhes prestar um auxílio que fará a vossa cambada perder a vontade de fazer qualquer coisa. Vós, cachorros miseráveis, libertastes os polacos traidores e os incitastes contra nós, e agora eles estão aqui queimando e assassinando; vós traístes e massacrastes nossos filhos e irmãos, os guardistas; isso vos será lembrado, sobretudo porque ainda ficais contando vantagem por causa disso e sois demasiado covardes para controlar vosso populacho. Vós, patifes, saqueastes o tesouro do Estado e destruístes de propósito outras propriedades estatais para as quais contribuímos com nosso dinheiro; tereis de nos indenizar. O príncipe da Prússia teve de fugir diante da vossa perversidade e, se não tomardes providências para que, até o dia 24 de maio deste ano, o príncipe esteja de posse de seus direitos e presente no país, sabereis quem são os prussianos ocidentais; então o vosso antro de ladrões queimará em cem lugares ao mesmo tempo. Nós, camponeses, não queremos alimentar-vos para que a vossa ninhada nos destrua. Lembrai-vos do 24 de maio; nós vos ensinaremos o que significa imitar os franceses.

A reportagem a seguir sobre as terríveis condições nos então novos alojamentos de aluguel dos proletários, junto ao Portão de Hamburgo, na cidade de Berlim, anterior ao período da Revolução de Março, na zona chamada Vogtland (1843), não é de autoria da própria Bettina Brentano, a escritora romântica e publicista democrática, amiga de Goethe e Beethoven, irmã de Clemente Brentano e esposa de Achim von Arnim; ela solicitou a um jovem suíço que a escrevesse, mas ela própria a editorou e incorporou em sua obra *Dies Buch gehört dem König* [Este livro pertence ao rei], "como suplemento ao socratismo da Senhora Conselheira de Estado" (a mãe de Goethe), cujo vulto fictício é o personagem principal do livro. O real autor, um estudante suíço, chama-se Heinrich Grunholzer. O texto foi extraído do sexto volume das *Sämtlichen Werke* [Obras completas] de Bettina Brentano (Berlim, 1921, p. 453-504).

*Experiências de um jovem suíço em Vogtland*

Diante do portão de Hamburgo, na zona chamada Vogtland, constituiu-se uma verdadeira colônia de pobres. Normalmente toda e qualquer associação inocente é vigiada. Mas parece que reina a indiferença quando os mais pobres são apinhados numa grande sociedade, isolando-se cada vez mais do restante da população e avultando-se na forma de um contrapeso terrível. A parcela da sociedade dos pobres que se torna mais fácil de ignorar é a das assim chamadas "casas de famílias". Estas são subdivididas em pequenas salas, e cada uma delas é utilizada por uma família como lugar de trabalho, dormitório e cozinha. Em quatrocentos cômodos, moram 2.500 pessoas. Visitei muitas famílias lá mesmo e consegui ter uma noção das circunstâncias em que vivem.

Do pano o pai costura roupa de cama, camisas, calças e casacos e tece meias, mas ele próprio não tem camisa. Anda descalço e envolto em andrajos! As crianças andam nuas, aquecem-se uma nas outras no colchão de palha e tremem de frio.

A mãe bobina carretéis desde o alvorecer do dia até o cair da noite. Óleo e pavio consomem todo o seu esforço, que não é suficiente para adquirir o necessário para saciar as crianças.

O Estado exige tributos do homem, e ele tem de pagar o aluguel, senão o proprietário o joga na rua, e a polícia o põe em cana. As crianças morrem de fome e a mãe se desespera.

O serviço social faz ouvidos moucos, deixando o pobre gritar por longo tempo em vão; o que ele consegue espremer dele para ganhar uma sobrevida só lhe permite morrer menos rápido. O serviço social capitaliza as doações feitas de bom coração e as investe a juros. Os pobres são dissipadores: "Hoje eles comem – amanhã não –, depois de amanhã eles comem de novo, e nos dias intermediários eles dão ao vizinho ainda mais pobre o que economizaram passando fome".

Duas cordas são esticadas em cruz de um canto a outro da sala; em cada canto se acomoda uma família; onde as cordas se cruzam é posta uma cama para quem é ainda mais pobre e todos juntos cuidam dele.

Na sala de porão n. 3, encontrei um cortador de lenha com uma perna doente. Quando entrei, a mulher tirou rapidamente as cascas de batata da mesa, e a filha de dezesseis anos se retirou constrangida para um canto do quarto, quando seu pai começou a relatar. Este se tornou incapacitado para o trabalho durante a construção da escola para o novo conjunto de prédios. Seu requerimento de auxílio passou longo tempo sem ser considerado. Só depois de ficar completamente arruinado em termos econômicos começaram a pagar-lhe quinze moedas de prata por mês. Ele foi obrigado a recolher-se numa das casas de famílias por não ter mais condições de pagar o aluguel de uma moradia na cidade. Agora ele recebe da secretaria encarregada dos pobres dois táleres por mês. Nos períodos em que a doença incurável de sua perna permite, ele consegue ganhar um táler por mês; a mulher ganha o dobro, a filha consegue fazer sobrar um táler e meio. Chega-se, portanto, a uma renda mensal total de seis táleres e meio. Em contrapartida, a moradia custa dois táleres; uma "refeição de batatas" custa uma moeda de prata e nove centavos; calculando duas refeições por dia, o gasto com o alimento principal chega a três táleres e meio por mês. Sobra, portanto, um táler para comprar lenha e tudo o mais que uma família necessita, além das batatas cruas, para se sustentar.

Na saleta de sótão n. 76, mora um sapateiro, Schadow. Eram três da tarde e, naquele dia, ele só conseguira ganhar duas moedas de prata; uma delas ele gastou para comprar linha, com a outra comprou pão. A pequena começou a chorar de fome. Sch[adow] acabara de remendar um sapato e o deu à mulher, dizendo: "Vai entregá-lo, cobra sessenta centavos por ele e traz um pãozinho para a criança; ela está com fome". A mulher voltou de mãos vazias; a menina a quem pertencia o sapato não tinha como pagar. A criança ainda chorava, e pai e mãe choraram com ela. Ajudei com algumas moedas a resolver o dilema momentâneo.

O Sr. Schneider, oriundo de Hirschlanden, perto de Zurique, participou da campanha contra a Rússia e mora desde 1813 em Berlim. Das suas nove crianças, as duas mais novas estão com ele. Ele sofre da lesão provocada por uma fratura dupla. Sua mulher está velha e adoentada. Ambos procuram ossos e papel. Hoje eles ganharam desse modo duas moedas de prata e quatro centavos. Há um ano, recebiam dois táleres de auxílio da secretaria para os pobres. Há dois anos, Schneider pediu esmola para alguém na rua; ele recebeu três centavos, mas foi pego por um agente da polícia e jogado na prisão por seis meses.

O tecelão Naumann já está há sete semanas na prisão por uma dívida de três táleres e quinze moedas de prata. O executor da dívida acompanhou-o pessoalmente até o diretor da secretaria para os pobres e lhe esclareceu que, se a secretaria não liquidasse aquela dívida, seria responsável por uma mulher com seis crianças pequenas. Mas foi em vão: o diretor deixa o pobre homem mofando na prisão e paga quatro táleres de auxílio por mês à família sem sustento. Esse exemplo mostra como o fundo para os pobres é mal gerido. Em vez de tomar ciência do momento certo para dar o auxílio e aproveitá-lo, as verbas são usadas como esmolas que nunca ajudaram um pobre a se erguer. Com elas paga-se o aluguel, e o que sobra não é suficiente para proteger a família da fome constante. A jovem esposa do proprietário da casa me contou que as crianças passam dias inteiros com fome e que ela muitas vezes já deu de mamar no seu peito para a menor delas.

Quando se trata de sair contra o inimigo, vós os encontrais em seus esconderijos, o Estado os veste com uniformes e faz com que marchem em forma! Quando o pai da nação quer mostrar seu poder de fogo, aí eles têm serventia como pasto para os canhões dos inimigos. Os que conseguem voltar para casa e começam a, por sua vez, pedir pasto, vós considerais a escória do povo e deixais que novamente afundem na antiga lama, não sabeis que fim levaram, podendo até ter afundado na terra diante dos vossos olhos, e se derem um pio já sabereis muito bem como lidar com eles.

(Bettina v. Arnim)[aq]

---

[aq] Bettina von Arnim, *Dies Buch gehört dem König, em Sämtliche Werke* (org. Waldemar Oehlke, Berlim, 1921, v. VI), p. 290. (N. E. A.)

## IV. O burguês vê sua hora chegar

*A revolução passada e a revolução em formação*

György Lukács fez a observação de amplo alcance de que a burguesia alemã ainda não tinha derrubado seu primeiro adversário – o feudalismo – quando o proletariado – seu último adversário – já se encontrava diante dela[ar].

Essa guerra em duas frentes, na qual a classe burguesa se viu envolvida desde o seu surgimento, constitui expressão exterior das contradições interiores que a ameaçaram desde o início. E essas contradições se agrupam em maior ou menor grau em torno da ideia e do fato da democracia, que concedeu às pessoas todos os direitos imagináveis, tirando-lhes tão somente a força para fazer uso deles. Os socialistas não foram os primeiros a caracterizar claramente essa contradição; antes, isso já havia sido feito por reacionários especialistas em direito constitucional, sobretudo Adam Müller. A seguir, excertos desse autor são acompanhados por um discurso de Lassalle, que sob o título *Constituição* caracteriza de modo incisivo a diferença entre posições políticas de direito e posições sociais de poder. Hofmannsthal, que com certeza era conservador, achou que esses textos mereciam ser acolhidos em seu *Deutsches Lesebuch*. – O texto de Heine parece absolutamente carregado de atualidade para o leitor de hoje. À controvérsia do literato com o comunismo retratada por ele certamente pouca coisa há na literatura dos últimos dez anos que lhe possa ser equiparada.

Sobre a passagem epistolar com que finalizamos esta coletânea decerto nada mais há a dizer além de que a assinatura de Goethe nada acrescenta ao seu caráter de marco histórico.

### Wolfgang Menzel (1798-1873),

o reacionário "devorador de franceses" e denunciante dos adeptos do movimento da *Junges Deutschland* [Jovem Alemanha], divulga, em suas *Denkwürdigkeiten* [Memorabilia], a seguinte anedota, engraçada e espirituosa, ocorrida no ano da revolução.

---

[ar] György Lukács, *Geschichte und Klassenbewußtsein* (Berlim, 1923), p. 73: "Essa situação trágica da burguesia se reflete historicamente no fato de ela ainda não ter vencido seu predecessor, o feudalismo, quando o novo inimigo já havia aparecido, o proletariado [...]". (N. E. A.) [Ed. bras.: *História e consciência de classe: estudos sobre a dialética marxista*, trad. Rodnei Nascimento, São Paulo, Martins Fontes, 2003, p. 160. (N. T.)]

Durante a revolução, um comerciante rico de Stuttgart encontrava-se constantemente tomado por um medo intenso. No meio de uma noite insone, no verão de 1849, ele olhou pela janela e viu o brilho claro da lua; percebeu que toda a cidade estava mergulhada no mais profundo silêncio. Diante disso, seu medo atingiu o paroxismo. Ele se vestiu, deixou a casa e tocou vigorosamente a campainha da casa de Duvernoy, que naquela época era ministro do Interior. Assustado, este mandou abrir a porta, recebeu o comerciante e lhe perguntou estupefato o que desejava dele no meio da noite. Então o comerciante, na maior agitação, disse-lhe que estava ali para adverti-lo de que na cidade reinava um silêncio muito suspeito[as].

## Adam Heinrich Müller (1779-1829),

o especialista em direito constitucional romântico e economista político, o vulto literário central das aspirações romântico-políticas na Alemanha do período que precedeu a Revolução de Março de 1848, propagador do Estado "orgânico" e da constituição medieval dos estamentos, instrumento publicitário da oposição prussiana linha-dura dos *Junker* [nobres latifundiários no Segundo Reich alemão] contra Hardenberg, amigo de Heinrich von Kleist, sendo o principal colaborador nas obras *Phöbus* [Febo] e *Berliner Abendblätten* [Folhas Vespertinas Berlinenses]. Seguiu-se a sua conversão ao catolicismo e o ingresso no serviço ao regime vienense de Metternich; uma postura rigidamente teológica e ultramontana em seus escritos políticos tardios; torna-se integrante do Círculo de Viena, de feição nobre e clerical, que se reunia em torno da [estátua de] São Clemente Maria Hofbauer. Exímio orador e mestre da prosa alemã; não foi um teórico profundo, mas extraordinariamente claro e espirituoso da restauração política, dependente inicialmente de Edmund Burke, mais tarde de [Joseph] de Maistre e Bonald. – A polêmica defensiva de cunho feudal altamente conservador contra a sociedade industrial burguesa feita por Adam Müller e Franz Baader, que ainda se encontrava em seus primórdios, mas estava em gradativa expansão, atesta uma perspicácia espantosa, quase profética e muitas vezes coincide quase que literalmente com a posterior crítica ofensiva que Karl Marx fez da sociedade capitalista; ainda assim, Marx expressamente rejeitou com aspereza essa crítica romântica.

Escravidão financeira, [...] o tipo de escravidão reinante no momento, é o pior tipo porque está associada a sentimentos mentirosos de suposta liberdade. Dá no

---

[as] Wolfgang Menzel, *Denkwürdigkeiten* (org. Konrad Menzel, Bielefeld/Leipzig, 1877), p. 423. (N. E. A.)

mesmo se me submeto de uma vez por todas ou se dia após dia se estreitam todas as minhas condições de vida até que eu mesmo me submeto; dá no mesmo se me vendo de uma vez por todas ou diariamente; em vez de se apropriarem do meu corpo e, em consequência, do cuidado por ele, tomam agora apenas o essencial, a sua força, e, gargalhando, deixam o resto do esqueleto inútil à minha disposição[at].

A parte mais elevada do ser humano, a sede de sua honra e de todos os sentimentos que o enobrecem e que se forem pisoteados acabam esmagando-o e lançando na ruína tudo o que possui, não é levada em consideração porque não se consegue convertê-la em dinheiro; apenas partes do ser humano, apenas forças isoladas têm serventia na grande fábrica, não o ser humano inteiro, que pode ir à breca quando o substancial nele, aquilo que vale o dinheiro e salário do dia, tiver se tornado inaproveitável para a grande máquina de dinheiro, em função da idade, de doença ou de alguma outra das incontáveis reviravoltas nas necessidades e modas europeias[au].

Assim como, segundo Burke, nas ruínas se encontra salitre para fazer pólvora e com a pólvora se faz ruínas para produzir mais pólvora e assim infinitamente, pela divisão do trabalho se gera o dinheiro e, mediante o dinheiro, o trabalho é novamente dividido para ganhar dinheiro e assim por diante: portanto, vamos dividir e continuar a dividir, privatizar e desmembrar[av]!

### Ferdinand Lassalle (1825-1864)

A passagem a seguir foi extraída dos *Ausgewählten Reden und Schriften* [Discursos e escritos selecionados], v. I, Leipzig, s/d[aw].

Como é do vosso conhecimento, meus senhores, na Prússia só tem força de lei aquilo que é publicado na *Gesetzsammlung* [Coletânea de leis]. A *Gesetzsammlung* é impressa na Gráfica Oberhof de Decker. Os originais das leis são conservados em determinados arquivos públicos, as coletâneas de leis já impressas em outros arquivos, bibliotecas e depósitos. Imaginem os Srs. que suceda um grande incêndio, como o incêndio de Hamburgo, e que todos esses arquivos públicos, bibliotecas, depósitos e a Gráfica [Ober]Hof de Decker fiquem carbonizados e que isso aconteça, por alguma singular coincidência de circunstâncias, também nas demais cidades da monarquia e também no que se refere às bibliotecas privadas, em que se

---

[at] Adam Heinrich Müller, *Gesammelte Schriften* (Munique, 1839, v. I), p. 57, nota. (Sobre a necessidade de um fundamento teológico para a ciência do Estado em seu conjunto e a economia do Estado em particular.) (N. E. A.)

[au] Ibidem, p. 55. (N. E. A.)

[av] Ibidem, p. 77 (A ciência atual da economia política apresentada de modo sucinto e compreensível). (N. E. A.)

[aw] Os autores citam Lassalle segundo Hugo von Hofmannsthal, *Deutsches Lesebuch* (2. ed., Munique, 1926), parte II, p. 167-70. (N. E. A.)

encontram as coletâneas de leis, de modo que, em toda a Prússia, não exista mais nenhuma lei em forma acreditada.

Essa desgraça teria privado o país de todas as suas leis e não haveria outra saída senão elaborar novas leis. Os Srs. acreditam que, nesse caso, seria possível proceder totalmente a bel-prazer, fazer leis totalmente conforme o nosso desejo, conforme a nossa conveniência? – Pois vejamos.

Presumindo, portanto, que os Srs. digam o seguinte: as leis foram destruídas, passemos a elaborar novas leis e, ao fazê-lo, não mais concederemos ao reinado a posição que deteve até aqui, ou até mesmo: não lhe concederemos mais nenhuma posição. Diante disso, o rei simplesmente diria: as leis podem ter sido destruídas, mas de fato é a mim que o Exército obedece, é sob o meu comando que ele marcha, de fato é à minha ordem que os comandantes dos arsenais e das casernas liberam os canhões e, desse modo, a artilharia sai às ruas; e apoiado nesse poder de fato, não tolero que vós me concedais uma posição diferente da que desejo ter.

Estais vendo, meus Srs., um rei que tem a obediência do Exército e dos canhões – isto é um artigo da constituição!

Ou presumindo que os Srs. digam: somos 18 milhões de prussianos. Entre esses 18 milhões, uma diminuta parcela é composta de latifundiários nobres. Não vemos porque essa diminuta parcela de latifundiários deva exercer a mesma influência que todos os 18 milhões juntos, formando uma casa senhorial capaz de pôr em xeque e fazer malograr as resoluções do Parlamento eleito por toda a nação quando valem alguma coisa. Pressupondo que os Srs. falem nesses termos e digam: somos todos "senhores" e não queremos uma casa senhorial especial. Nesse caso, meus Srs., os latifundiários nobres de fato não teriam como fazer seus camponeses marchar contra os Srs.! Muito pelo contrário, provavelmente eles teriam muito o que fazer para, antes de tudo, safar-se de seus camponeses. Porém, os latifundiários sempre exerceram forte influência sobre a corte e o rei, e, valendo-se dessa influência, eles podem colocar o Exército e os canhões a seu serviço com a mesma facilidade que teriam se dispusessem diretamente desses recursos de poder.

Estais vendo, meus senhores, uma nobreza que tem influência sobre a corte e o rei – isso é um artigo da Constituição.

Ou proponho o caso inverso: o rei e a nobreza entram em acordo com a intenção de reintroduzir a constituição corporativa medieval, e isto não só para os pequenos artífices, como em parte realmente se tentou há alguns anos, mas introduzi-la da mesma forma que existiu na Idade Média, a saber, para toda a produção gerada pela sociedade, portanto, também para as grandes empresas e fábricas e para a produção com máquinas. Deve ser do vosso conhecimento, meus Srs., que seria impossível para o grande capital produzir sob o antigo sistema das guildas, que a grande empresa e a fabricação em grande escala, a produção com máquinas, jamais poderiam funcionar no sistema medieval das guildas. Porque, de acordo com esse sistema corporativo, havia, por exemplo, em toda parte, rigorosas delimitações legais entre ramos laborais diferentes, mesmo entre os que tinham grande afinidade entre si, e nenhum fabricante poderia vincular entre si dois desses ramos. O pintor de parede não podia pintar nenhuma abertura, os ferreiros que produziam pregos e os serralheiros instauravam processos intermináveis sobre os limites entre os dois ofícios, o estampador de tecidos de algodão não podia contratar nenhum tintureiro. Do mesmo modo, no sistema de guildas, a lei prescrevia com exatidão a quantidade que um fabricante poderia produzir, ao determinar que, em cada lugar e em cada ramo de produção, cada mestre só poderia ocupar legalmente certa quantidade igual para todos de trabalhadores.

Essas duas razões já são suficientes para que os Srs. percebam que a grande produção, a produção com máquinas e um sistema de máquinas, não andaria para frente nem por um dia na constituição corporativa. Porque essa grande produção exige, como seu ar vital, 1) a interconexão dos mais diversificados ramos de trabalho sob o manejo do mesmo grande capital; 2) a produção em massa e a livre concorrência, o que significa, portanto, o uso aleatório e irrestrito da força de trabalho.

Portanto, se ainda assim se quisesse introduzir hoje a constituição corporativa – o que haveria?

Os senhores Borsig, Egells etc., os grandes fabricantes de tecidos de algodão e de tecidos de seda etc. fechariam suas fábricas e despediriam seus trabalhadores, até mesmo a diretoria da ferrovia teria de fazer o mesmo; comércio e indústria ficariam paralisados, o que faria uma grande quantidade de mestres artífices, em parte forçados, em parte voluntariamente, despedir seus trabalhadores, e toda essa massa imensa da população vagaria pelas ruas gritando por pão e trabalho, e atrás dela estaria, incitando com a sua influência, encorajando com o seu renome, dando suporte com os seus meios financeiros, a grande burguesia, e explodiria uma luta, na qual de modo algum a vitória ficaria com o Exército.

Estais vendo, meus Srs., os senhores Borsig e Egells, os grandes industriais de modo geral – isso é um artigo da Constituição.

## Heinrich Heine (1797-1856)

O texto a seguir provém de *Lutezia, Berichte über Politik, Kunst und Volksleben* [Lutécia, relatos sobre política, arte e vida do povo][ax].

Só com aversão e horror consigo pensar na época em que os sombrios iconoclastas chegarão ao poder; com suas mãos calejadas eles despedaçarão sem piedade as colunas de mármore da beleza tão caras ao meu coração; eles destruirão todas aquelas lantejoulas e brinquedos da arte que o poeta amava tanto [...] os rouxinóis,

---

[ax] Não existe tradução alemã desse prefácio. Visto que os autores não utilizam nenhuma versão alemã conhecida, o texto deve ter sido traduzido por eles próprios. (N. E. A.)

esses cantores inúteis, serão enxotados, e, ai ai, meu *Buch der Lieder* [Livro das canções] será usado pelo especieiro para fazer cartuchos que ele encherá de café ou tabaco para as mulheres velhas do futuro. Ai ai, prevejo tudo isso e sou tomado de uma tristeza indizível quando penso na ruína com que o proletariado vitorioso ameaça meus versos, que desaparecerão junto com todo o velho mundo romântico. E, ainda assim, admito com franqueza que esse comunismo, tão hostil a todos meus interesses e inclinações, exerce sobre minha alma um fascínio ao qual não consigo resistir; duas vozes se fazem ouvir a seu favor no meu peito, duas vozes que não querem se deixar apaziguar e que, no fundo, talvez sejam só tentações diabólicas – porém, como quer que seja, estou sendo dominado por elas e não há palavra mágica que as exorcize.

A primeira dessas vozes é a voz da lógica. [...] Não tendo como refutar a sentença de que todos os seres humanos têm o direito de comer, então tenho de submeter-me a todas as suas consequências. Ao pensar nisso, corro o risco de perder o senso; acredito ver todos os demônios da verdade dançarem ao redor de mim em triunfo e, por fim, um desespero altruísta se apodera de meu coração e exclamo: há muito que essa velha sociedade foi julgada e condenada. Faça-se justiça com ela. Que seja demolido esse velho mundo, onde morreu a inocência, onde vingou o egoísmo, onde o ser humano morreu de fome por ação do ser humano. Que sejam destruídos de alto a baixo esses sepulcros caiados, onde a mentira e a injustiça se sentiram em casa. E abençoado seja o especieiro que usará meus versos para confeccionar cartuchos que encherá de café ou tabaco para aquelas pobres mulheres velhas e bondosas que, no presente mundo de miséria, talvez tiveram de renunciar a tais deleites – *fiat justitia, pereat mundus!* [faça-se justiça, pereça o mundo!].

A segunda das vozes imperiosas que me enfeitiçam é ainda mais poderosa e demoníaca que a primeira, pois é a voz do ódio, do ódio que devoto a um partido, cujo inimigo mais terrível é o comunismo e que, por essa razão, é o nosso inimigo comum. Estou falando do partido dos assim chamados representantes da nacionalidade alemã, do partido daqueles falsos patriotas, cujo amor à pátria se restringe a uma aversão simplória aos estrangeiros e aos povos vizinhos, que todo santo dia derramam seu fel principalmente contra a França. Sim, o restolho ou os descendentes dos teutões de 1815, que apenas modernizaram um pouco seus velhos trajes de palhaços ultra-alemães e mandaram aparar um pouco as orelhas – eu os detestei e combati durante toda minha vida; e agora que a espada cai das minhas mãos moribundas, sinto-me consolado pela convicção de que o comunismo, que será o primeiro a encontrá-los em seu caminho, haverá de dar-lhes o golpe de misericórdia; e não será mediante um golpe de clava, mas o gigante os esmagará com um pisão, como se esmaga um sapo. Isso será só o começo. De tanto ódio que sinto pelos partidários do nacionalismo seria quase capaz de amar os comunistas. Eles, pelo menos, não são hipócritas que só falam de cristianismo e religião da boca para fora; é verdade que os comunistas não têm religião (ninguém é perfeito) [...], mas o dogma principal professado por eles é o mais absoluto cosmopolitismo, um amor universal por todos os povos, uma comunhão fraternal de bens entre todos os seres humanos, entre os cidadãos livres deste globo terrestre. Esse dogma fundamental foi pregado outrora também pelo evangelho e, na verdade, os comunistas são cristãos muito melhores do que os assim chamados patriotas alemães, esses combatentes tacanhos por uma nacionalidade exclusiva.

Heinrich Heine escreveu isso no prefácio à edição francesa de *Lutezia*, poucos meses antes da sua morte, em 17 de fevereiro de 1856.

[Johann Wolfgang von] Goethe (1749-1832)

*Briefwechsel zwischen Goethe und Zelter in den Jahren 1796 bis 1832* [Correspondência entre Goethe e Zelter entre os anos de 1796 e 1832], Berlim, 1834, p. 43-4.

Tudo [...] agora é ultra, tudo transcende incessantemente, tanto no pensamento como na ação. Ninguém mais conhece a si mesmo, ninguém compreende o elemento no qual está suspenso e age, ninguém conhece o material que está processando. Não se pode falar de pura simploriedade, pois coisas simplórias há bastantes.

As pessoas jovens são instigadas muito cedo e então arrastadas pelo redemoinho da época. O que o mundo admira e o que todo mundo busca é riqueza e celeridade. Ferrovias, correios expressos, navios a vapor e todas as possíveis facilidades da comunicação é tudo o que o mundo culto almeja para formar-se além da conta e, desse modo, perseverar na mediocridade. E esse é justamente o resultado da generalidade: que uma cultura mediana se torne comum a todos; é isso que buscam as sociedades bíblicas, o método de ensino de Lancaster e sabe-se lá o que mais.

Na verdade, este é um século para as cabeças capazes, para pessoas práticas de rápida apreensão, para os que, dotados de uma certa desenvoltura, sentem-se superiores à massa, mesmo que não tenham talento para chegar ao ápice. Preservemos tanto quanto possível a mentalidade que alcançamos; nós seremos, talvez junto a alguns poucos, os últimos de uma época que não retornará tão cedo.

*Discurso de um docente de escola superior*

Com o incipiente domínio burguês cristaliza-se uma posição muito especial, incomumente característica e bem delineada da pessoa "culta" e "erudita". No período feudal, o burguês citadino já se encontra, enquanto pessoa erudita, enquanto *magister*, enquanto escritor e poeta, no mesmo plano do nobre; e com a decadência do feudalismo a "formação" se torna algo como o primeiro privilégio do burguês antes de tomar o poder. Por meio dela, ele se legitima de antemão diante do juízo da história mundial como candidato ao domínio sobre o mundo. Não admira que, logo depois da tomada do poder, o erudito, o culto, o intelectual cheguem à linha de frente mais avançada, à da política. O erudito alemão, o professor alemão, o *magister* e escritor alemão estão entre as figuras mais decisivas – tanto no bom como no mau sentido – do novo domínio burguês. O Parlamento de Frankfurt é a hora em que se decide o seu destino. A partir dali seu poder começa a esfarelar-se; ele não dá mais o tom para a época, mas apenas o assume, formula, intensifica ou distorce.

Toda a dignidade dessa missão política do erudito burguês em seu auge é revelada a nós por um discurso que Friedrich Wilhelm Schelling, o grande filósofo romântico, proferiu aos seus ouvintes na Universidade de Munique por ocasião de agitações estudantis – o leitor tem a liberdade de traçar paralelos com a atualidade e fazer suas próprias considerações sobre o que resultou, desde então, da altura moral e da pureza humana dessa liderança acadêmica.

Meus senhores!
Solicitei extraordinariamente aos Srs. que me ouvissem hoje ainda; dirijo-vos a palavra não por incumbência de alguém, não porque alguém tivesse me julgado capaz e por isso tivesse solicitado que o fizesse, mas por minha iniciativa, porque meu próprio coração me ordena que o faça, porque não suporto assistir passivamente à chegada de outra noite como a de ontem e que perdure o estado de intranquilidade que já trouxe tantas consequências lamentáveis e ameaça a nós, a vós todos, à própria Escola Superior, com outras ainda mais lamentáveis; para refletir convosco como se poderia voltar a serenar os ânimos, trazer paz às relações estremecidas, sobre o que ainda se poderia fazer para pôr fim ao infortúnio que se alastra cada vez mais e que ameaça destruir vergonhosamente nossas mais preciosas esperanças. Dirijo-me a vós não como um superior, mas como vosso docente, cuja voz os Srs. ouviram com prazer, com amor e até com entusiasmo em muitas horas tranquilas e, posso dizer, felizes, quando ele logrou conduzir-vos ao vosso próprio íntimo e às profundezas dos pensamentos humanos; dirijo-me a vós não como alguém que se defronta convosco, mas como aquele que partilha convosco o mesmo interesse, como amigo da juventude, como vosso amigo, que jamais viu nos Srs. senão verdadeiros colegas, companheiros de armas na grande batalha do espírito humano. Escutai, portanto, também hoje com amor e confiança aquele líder a quem seguistes com confiança e coragem no caminho da ciência e permiti que uma boa palavra encontre em vós boa acolhida! Pois: o coração nobre se corrige, como diz Homero[ay]. Mostrai-vos nobres, de pensamento superior, que relevais o

---

[ay] Referência à *Ilíada*, canto XV, linha 166, que, na tradução em verso de Manuel Odorico Mendes, ficou assim: "O erro emenda o prudente" (São Paulo, Martin Claret, 2004), p. 341. (N. T.)

contingente e mirais unicamente o essencial. Grande é a amargura, mas, ainda assim, não a considero incurável. A pura violência é cega; uma vez desencadeada, não há vontade nem zelo que consigam lhe propor objetivos e critérios; nada posso em relação à violência, mas em relação a vós eu deveria poder conseguir algo; sim – e por que não dizer? –, sou merecedor disso por meu amor a vós, pela sinceridade das minhas palestras, nas quais permiti que vísseis meus pensamentos mais profundos. Não posso apelar para a violência e por isso apelo a vós; a vós escolhi e em vós tenho a confiança de que vós – exclusivamente vós, sem qualquer outra interferência –, mediante uma única resolução grandiosa e para sempre louvável do vosso coração, poreis fim a tudo isso que causa as mais angustiantes preocupações, o mais profundo entristecimento não só a mim, mas a todos os vossos docentes, a todos que são capazes de ter um sentimento pelas esperanças da pátria. [...] Não se pode esperar que o populacho exasperado tenha controle sobre si mesmo e se supere. De vós, jovens, que conheceis as alturas ensolaradas da ciência, que avistais muito abaixo de vós o modo infame de pensar e o preconceito vil, que estais habituados e sois conclamados a exercitar o vosso espírito naquilo que é supremo – de vós se pode esperar que sintais o valor da autossuperação e que encontreis em vós mesmos a força para realmente exercitá-la; de vós se pode pedir que deem agora mesmo um exemplo dessa autossuperação, que não só redundará em honra para vós, mas – por ter sido provocado pela voz da razão e do bom senso – dará um testemunho universal do espírito das universidades alemãs. O que dirá a intrepidez meramente física com que também o bárbaro, até mesmo o escravo tangido pela vara do seu senhor, é capaz de lançar-se contra armas que cospem fogo e espalham a morte ou contra muralhas sólidas e aparentemente inexpugnáveis, o que dirá essa intrepidez, da qual é capaz até a mais profunda crueza, contra a valentia com que um espírito nobre controla a si mesmo? [...]

    O tempo urge e só vos posso dizer ainda quão pouco, no fundo, espero de vós. É só isto: que nesta única noite todos vós que estais aqui vos mantenhais tranquilos em casa, que aqueles que me ouviram façam tudo o que puderem para que também aqueles que não me ouviram tomem essa decisão. É tão pouco o que estou pedindo, a que vos exorto como docente, como amigo. Eu também já fui estudante; não peço de vós nada que ofenda a honra de verdadeiros cidadãos acadêmicos. Não há por que vos envergonhardes de dar ouvidos à minha voz; meu coração pulsou e ainda pulsa por todas as coisas justas que estais sentindo. Portanto, conclamo-vos: que tenhais a ousadia da autossuperação; isso vos custará um momento de autonegação. No momento seguinte da decisão firmemente tomada, vós vos sentireis maiores, vós vos sentireis elevados acima de vós mesmos. Não vos despedirei daqui sem que tenhais decidido o que estou pedindo – em nome da pátria, em nome da ciência, em nome desta universidade – sem que tenhais decidido isso com firmeza, assim como deve ser entre homens. Não admitais que se diga de mim: ele se enganou em sua opinião, sua boa vontade foi mal recompensada. Mostrem que o que foi capaz de vos reconvocar à calma e à tranquilidade não foram coronhadas, nem golpes de baioneta, nem golpes de sabre, mas a palavra de um único docente que não tem em relação a vós nenhuma outra prerrogativa além da opinião baseada em sua cordial afeição e em seu amor. Daqui a pouco, quando fordes para casa, peço-vos que eviteis todo e qualquer tumulto. Como seria doloroso para mim se minha boa vontade de não deixar o sol se pôr sem ter tentado por todos os meios fazer o que fosse melhor para vós, se essa boa vontade pudesse ser acusada de ter ocasionado alguma desordem, por menor que seja! Não; a honra do vosso docente é idêntica à vossa honra, e quaisquer que possam ser os vossos sentimentos, não comprometereis o docente que apelou para a vossa confiança; não permitireis que seja envergonhada a confiança que ele depositou em vós! Deus vos acompanhe[az]!

---

[az] Friedrich Wilhelm Schelling, "Rede an die Studirenden der Ludwig-Maximilian-Universität [Discurso aos estudantes da Universidade Ludwig-Maximilian]", proferido na noite de 29 de dezembro de 1830, em *Werke* (org. Manfred Schröter, Munique, 1927, v. V), p. 63s., 67s. e 69s. (N. E. A.)

# 8

## BERNOULLI, *BACHOFEN*[a]

Há uma obra intitulada *Geschichte der Klassischen Mythologie und Religionsgeschichte während des Mittelalters in Abendland und während der Neuzeit* [História da mitologia clássica e história da religião durante a Idade Média no Ocidente e durante a Idade Moderna]. Ela é de autoria de Otto Gruppe[b], uma capacidade em termos de erudição. Em suas 250 páginas, que fazem menção das especulações mitográficas mais esdrúxulas, não é nem sequer citado o nome de Bachofen. A coisa foi selada e documentada de tal maneira que esse pesquisador da Basileia, que escreveu suas obras na segunda metade do século XIX – suas três obras principais são *Gräbersymbolik der Alten* [Simbologia tumular dos antigos], *Mutterrecht* [Matriarcado] e *Sage von Tanaquil* [A saga de Tanaquil] –, é inexistente para a atividade oficial da ciência da Antiguidade. Quando muito, Gruppe considera esse pesquisador um excêntrico que, graças à sua grande erudição e seu vasto patrimônio, pôde cultivar suas paixões privadas pela mística antiga. Sabe-se, em contraposição, que seu nome sempre foi mencionado quando a sociologia, a antropologia e a filosofia estiveram prestes a encetar caminhos nunca antes trilhados. Bachofen ocorre em Engels, em Weininger e mais recentemente com extrema ênfase em Ludwig Klages. A obra *Der kosmogonische Eros* [O eros cosmogônico], de autoria desse grande filósofo e antropólogo – para evitar o termo impróprio "psicólogo", a despeito do que diz o próprio Klages –, evoca pela primeira vez com autoridade as ideias de Bachofen. Seu livro esboça um sistema dos fatos naturais e antropológicos que

---

[a] Resenha de Carl Albrecht Bernoulli, *Johann Jakob Bachofen und das Natursymbol. Ein Würdigungsversuch* [Johann Jakob Bachofen e o símbolo da natureza: tentativa de apreciação] (Basileia, Benno Schwabe, 1924, v. XXVI), 697 p.
Publicado originalmente em: *Die literarische Welt*, 10 set. 1926 (ano 2, n. 37), p. 5.
Texto-base da tradução: Walter Benjamin, *Gesammelte Schriften III* (org. Hella Tiedemann-Bartels, Frankfurt, Suhrkamp, 1972), p. 43-5, 619. (N. E.)

[b] Otto Gruppe, *Geschichte der klassischen Mythologie und Religionsgeschichte während des Mittelalters im Abendland und während der Neuzeit* (Leipzig, 1921). (N. E. A.)

servem de base para o estrato básico da cultura antiga, que para Bachofen é constituído pela religião patriarcal do ctonismo (culto à terra e aos mortos). Entre as realidades da "mitologia natural", que a pesquisa de Klages procura resgatar de um esquecimento milenar para a memória humana, figuram na primeira fila as assim chamadas "imagens" como componentes reais e ativos, em virtude dos quais um mundo mais profundo, revelado unicamente no êxtase, atua dentro do mundo dos sentidos mecânicos usando o ser humano como *medium*. As imagens, porém, são almas, quer sejam almas de coisas quer sejam almas de seres humanos; almas do passado remoto compõem o mundo em que a consciência dos primitivos, comparável à consciência onírica dos seres humanos de hoje, acolhe suas percepções. A obra de Bernoulli sobre Bachofen é dedicada a Ludwig Klages e procura inserir ponto a ponto toda a amplitude do mundo de Bachofen no sistema de coordenadas do esquema de pensamento de Klages. Esse empreendimento é tanto mais fecundo porque implica ao mesmo tempo a discussão crítica de Klages e de sua rejeição sem perspectiva do estado "técnico" e "mecanizado" do mundo atual. Uma discussão crítica que não se esquivou do centro filosófico, ou melhor, teológico, a partir do qual Klages emite a sua profecia de fim de mundo com energia tal que faz parecer eliminadas para sempre as tentativas de outros juízes da cultura, como as que produziu Georges Kreis. Não podemos dizer que essa discussão crítica tenha sido vitoriosa, mas de sua necessidade estamos ainda mais convictos que o próprio Bernoulli. Ela, portanto, ainda está por ser feita. Seria muito lamentável se o volume excessivo desse escrito fizesse com que esse seu centro sumamente importante escapasse à atenção do leitor filosófico. Infelizmente Bernoulli não resistiu à tentação de acolher na obra toda e qualquer fato atual, por mais efêmero que seja, que de alguma maneira está relacionado com Bachofen. Em consequência, às vezes pesa sobre a exposição um odor abafadiço de budoar. O que no escrito de Bernoulli[c] sobre Overbeck e Nietzsche pode ter sua justificativa nos propósitos polêmicos, transformou-se aqui num impulso que, pelo visto, foi gerado pela mesma displicência que deu origem aos inúmeros amorfismos linguísticos. Isso não diminui o mérito extraordinário desse escrito. Ele ganhou uma edição digna a cargo da vetusta editora Benno Schwabe de Basileia – a mesma que publicou o *Mutterrecht* [Matriarcado] em segunda edição –, provendo-o de um retrato belo e tocante de Bachofen.

---

[c] Carl Albrecht Bernoulli, *Franz Overbeck und Friedrich Nietzsche. Eine Freundschaft* (Iena, 1908, 2 v.). (N. E. A.)

# 9

TRÊS LIVROS[a]

Viktor Chklovski, *Sentimentale Reise durch Rußland*
[Viagem sentimental pela Rússia]
Alfred Polgar, *Ich bin Zeuge* [Sou testemunha]
Julien Benda, *Der Verrat der Intellektuellen* [A traição dos intelectuais]

Os três livros que apresentamos aqui ao leitor têm isto em comum: os registros na forma de ensaio ou diário são tanto fotografias nítidas da Europa atual quanto retratos vivos de seus autores. O russo Chklovski escreve a crônica da revolução no extremo oriente do gigantesco império; o vienense Polgar faz o diagnóstico do globo terrestre ardendo em febre com a carinhosa meticulosidade de um médico; e o francês Benda, no momento em que chega ao ápice a crise de todos os conceitos outrora assegurados no humanismo – a saber, justiça, verdade e liberdade –, retoma as melhores tradições de seu país, visando congregar novamente sob sua égide a intelectualidade que traiu esses lemas. O épico bolchevista, o mestre alemão da forma menor, o minucioso polemista gálico – são todos autores políticos. Sem adotar a linguagem conceitual dos jornais e dos folhetins, eles expõem o modo como hoje justamente o pensamento mais escolado e mais rigoroso é obrigado a converter-se em atividade política. E não o foi desde sempre? Viktor Chklovski pertence à associação dos Irmãos de Serapião. Com Vsevolod Ivanov e Constantin Fedin, ele compôs o grupo dos líderes. Teve diversos discípulos, sendo Michael Slonimski o mais conhecido deles. Na *Viagem sentimental*, pode-se ler como, no inverno de neve e fome de 1921, Chklovski ministrou cursos sobre o ofício de escritor no Instituto de História da Arte, em Leningrado. Naquela época, ele havia retornado da Ucrânia despovoada. Não é fácil dizer o que era preciso para obter de uma hora para outra (como se pulasse de um cavalo para outro) o domínio sobre

---

[a] Publicado originalmente em *Humboldt-Blätter. Monatsschrift für Wissenschaft, Kunst und Technik* (Berlim, 1927-1928), v. I, caderno 8, p. 148s; integra também a coleção de Scholem. O título publicado dessa recensão é *Drei Bücher des Heute* [Três livros de hoje]; Benjamin riscou, tanto no exemplar de trabalho como no exemplar da coleção de Scholem, as palavras "de hoje", identificando-as como "acréscimo da redação [da revista]". (N. E. A.)
Texto-base da tradução: Walter Benjamin, *Gesammelte Schriften III* (org. Hella Tiedemann-Bartels, Frankfurt, Suhrkamp, 1972), p. 107-13, 627. (N. E.)

suas próprias teorias e sobre os ouvintes depois daqueles anos de terror que ele havia deixado para trás. Nessas teorias nada há de banal. Deparamo-nos com passagens como esta: "Em sua origem, a arte é destrutiva e irônica. Seu objetivo é gerar desigualdades. Ela logra isso mediante a comparação. Mediante a canonização de formas subalternas, ela cria novas formas para si. Assim, Púchkin parte da forma poética do *Poesiealbum* [*Álbum de poesia*], Nekrassov parte do *vaudeville*, Blok, dos romances ciganos e Maiakóvski, da poesia humorística. O destino dos heróis, o tempo da ação, tudo só serve para motivar a forma". Chklovski professa aqui e adiante o formalismo. Porém, é preciso que seja uma forma nova, bem como uma nova sentimentalidade, a que ele sujeitou esse livro sem forma e não sentimental, *Viagem sentimental*[1]. É possível entender o que ele quer dizer quando rejeita *Feuer* [*O fogo*], de Barbusse[b]; para ele, o livro é demasiadamente bem composto. O livro de Chklovski sobre a guerra não possui composição; sua forma não está na exposição, residindo, antes, no que foi experimentado, no que foi percebido. Quanto a isso, a nova disciplina é espantosa. Costumeiramente os registros autobiográficos querem transmitir um conceito mais ou menos elevado da atuação de seu autor. Chklovski é diferente. Como comissário do governo provisório de Kerenski, ele chega ao *front* para motivar as tropas para a resistência, mas então fica meses na Pérsia orientando a retirada do Exército, arrisca a própria vida em *pogroms* em prol dos persas, participa de patrulhas defronte a Kherson contra os brancos e, para terminar, voa pelos ares na tentativa de detonar uma bomba, como lhe tinham profetizado. E diz para si mesmo que, em todos esses casos, nos quais ninguém podia fazer nada, ele tampouco teria efetuado algo. "Passei pelo tecido como uma agulha sem fio." A genialidade de sua observação provém da mais profunda lucidez cética, de um autocontrole desprovido de toda vaidade. Mesmo que ele tenha razão e energia, a coragem e o amor que ele contrapôs ao caos nada efetuaram, o gesto claro e convicto desse homem é o seu livro: um gesto inesquecível pleno de inescrupulosa tristeza e majestática ternura. Resumindo tudo com uma palavra: esse livro respira o espírito do *dix-huitième siècle* [século XVIII]. Talvez seja tão bom lê-lo na tradução francesa por estar tão próximo do ceticismo varonil e apaixonado dos grandes revolucionários que, no ano de 1792, encontravam-se presos nos porões da Conciergerie. É possível sentir como

---

[1] Victor Chklovski, *Voyage sentimental* (trad. Vladimir Poszner, Paris, Simon Kra, 1926), 274 p.

[b] Henry Barbusse, *Le feu* (Paris, Flammarion, 1916). (N. E. A.)

estavam vazios os cômodos em que foi escrito esse livro. De dentro do relato pragmático de fatos despontam as anedotas, como se fossem textos de um Xenofonte. Mais do que um documento desses sucessos, elas dizem que tipo de pessoas se forma neles: aquelas que tiveram de redescobrir, para um uso bem pessoal, todos os tipos conhecidos de tolerância – a estoica e a epicureia, a cristã, a esclarecida e a cínica. Talvez tenha sido isso que o levou a chamar de "sentimental" essa viagem pela Rússia dos anos de terror. E com certeza só uma palavra assim, que levou dois séculos reunindo sua força, poderia prover o título para esse livro. Ele deveria ser publicado em alemão o quanto antes.

Alegremo-nos por ele ser traduzível. E por possuirmos Polgar[2] em alemão. Porque o que dele restaria caso fosse traduzido não proporcionaria a menor noção de sua arte, ainda que transmitisse uma ideia clara de sua origem. Esta, aliás, não reside em sua fascinante capacidade nem em sua ofuscante leveza, mas na justiça, uma justiça que é tanto mais plena de melancolia quanto mais distanciada se mantém de qualquer fanatismo. Se a filosofia da arte não estivesse tão recoberta por firulas estéticas, como é o caso nos últimos cinquenta anos, seria possível ter maior certeza da compreensão para esse fato simples e relevante: que todo humor tem sua origem na justiça. Numa justiça, todavia, que não confere importância ao ser humano, mas às coisas, de tal modo que, para ela, a ordem moral – em vez de ser uma mentalidade ou uma ação – se manifesta numa constituição justa e bem-sucedida do mundo ou, muito antes, na edificação não menos decisiva do caso particular – do acaso. "*Die Zeit ist aus den Fugen, Schmach und Gram / Daß ich zur Welt, sie einzurenken, kam* [O tempo se desencaixou, infâmia e dissabor / porque ao mundo vim para reencaixá-lo]" – essa dor é conhecida por qualquer autêntico *bajazzo* [palhaço], inclusive por esse vienense. Por se propor a recolocar as coisas nos eixos – mas não as pessoas, algo totalmente sem perspectiva – é que o humor olha torto e desconfiado para o *páthos* moral dessas pessoas. Daí o ceticismo moral de Polgar, a ironia que é apenas o aspecto exterior daquele tato exigido pelas coisas estritas, meigas e sem face. É um tato diferente daquele que é próprio do cavalheirismo: é o tato revolucionário, que desde sempre já proveio do povo e que a partir de sua tradição vienense, de Abraão a Santa Clara, Stranitzky, Nestroy, volta a liberar-se aqui. Só a partir daí é que se passa a entender cabalmente a bela modéstia desse autor. Ela tampouco é uma postura privada, mas um comportamento responsável, fixado numa forma. Mais exatamente, naquela "forma menor", a

---

[2] Alfred Polgar, *Ich bin Zeuge* (Berlim, Ernst Rowohlt, 1928, v. XVI), 288 p.

glosa, da qual Polgar disse certa vez: "Levo meu trabalho a sério [...], mas não lhe atribuo importância; pelo menos não para os outros. E considero isso como virtude, como qualificação do escritor"[c]. Porque: "A vida é demasiado breve para uma literatura extensa, demasiado fugaz para descrições e contemplações demoradas, demasiado psicopática para a psicologia, demasiado romanesca para romances, vitimada com demasiada rapidez pela fermentação e pela decomposição para que possa ser extensa e largamente preservada em livros extensos e largos". E, por fim: "Considero a brevidade episódica como perfeitamente adequada ao papel que cabe hoje à atividade do escritor".

Porém, esse papel preservou muito pouco do texto clássico, da linguagem da justiça e da verdade, que outrora havia sido confiada à literatura no drama da história europeia (tão pouco que ela teve de buscar refúgio junto aos grandes humoristas e agitadores). É disso que trata Julien Benda em seu mais recente livro de literatura francesa[3]. Ele se ocupa mais exatamente com o posicionamento que os intelectuais começaram a assumir em relação à política nas últimas décadas. Benda afirma o seguinte: desde sempre, desde que existem intelectuais, seu ofício na história do mundo foi ensinar os valores humanos universais e abstratos – liberdade, justiça e espírito humanitário – e proclamar a hierarquia dos valores. E agora eles começaram, a exemplo de Maurras e Péguy, D'Annunzio e Marinetti, de Kipling e Conan Doyle, de Rudolf Borchardt e Spengler, a trair os bens que foram confiados à sua guarda por milênios. Duas coisas caracterizam essa nova evolução. Por um lado, a atualidade sem precedentes que a dimensão política adquiriu para os literatos. Romancistas politizantes, líricos politizantes, historiadores politizantes, críticos literários politizantes, metafísicos politizantes por onde quer que se olhe. – Nesse caso, porém, o aspecto inaudito e inverossímil não é a própria paixão política. O que aumenta a estranheza e torna tudo mais nefasto é o conteúdo de sua decisão, os motes de uma intelectualidade que contrapõe a causa das nações à humanidade, os partidos ao direito, o poder ao espírito. Quando o literato assume, dessa maneira, como suas as aspirações políticas do momento, ele, na condição de artista, aporta-lhes o gigantesco acréscimo de sua fantasia; ele, na condição de pensador, aporta-lhes sua lógica, e nos dois casos aporta-lhes seu prestígio moral. Talvez nisso resida o elemento decisivo. Porque as amargas necessidades do mundo real, as máximas da *Realpolitik*, também já foram assumidas ante-

---

[c] Ibidem, p. xiii. (N. E. A.)
[3] Julien Benda, *La trahison des clercs* (Paris, Bernard Grasset, 1917), 308 p.

riormente pelos *"clercs"*, mas nem mesmo Maquiavel quis apresentá-los com o *páthos* do preceito moral. – Esse escrito polêmico de cunho político adquire sua intensidade específica pelo fato de expor o ideário de seus adversários com uma coerência e precisão tais que superam em muito as que originalmente lhes eram próprias. O agrupamento soberano que esse livro faz de todas as doutrinas que lhe são adversas, contudo, não é responsável só pela leitura agradável que proporciona e pelo estrondoso sucesso, que certamente contagiaria também a publicação de uma tradução em nossa língua, mas também por sua debilidade mais manifesta. De fato, o que falta a esse extraordinário pensamento polêmico é uma corrente contrária, e a exposição da situação atual é demasiado clara, demasiado drástica, demasiado ofuscante para que possa levar à sua liquidação da maneira tão imediata quanto crê Benda. Ele reconhece muito bem que o motivo mais irresistível da mentalidade que denuncia reside no fato de a intelectualidade ter resolvido deixar o estágio das eternas discussões e chegar a qualquer preço a uma decisão. Porém, ele não capta a seriedade brutal dessa postura, nem sua conexão com a crise da ciência, com o abalo do dogma de uma pesquisa "isenta de pressupostos"; ele tampouco parece ver que o apego da intelectualidade aos preconceitos políticos das classes e dos povos não passa de uma tentativa, na maioria das vezes nefasta e geralmente insuficiente, de abandonar as abstrações idealistas e voltar a acercar-se da realidade e inclusive de aproximar-se dela mais que nunca. Porém, o encontro ocorrido foi bastante violento e tenso. Mas, em vez de buscar suas formas mais comedidas e mais pertinentes, em vez de querer fazê-las voltar atrás, em vez de querer entregar os literatos novamente à clausura do idealismo utópico, ele revela uma constituição mental rigorosamente reacionária – nem mesmo o apelo aos ideais da democracia consegue dissimular isso. De resto, não se pode acusar Benda de procurar disfarçar essa mentalidade. A tese que ele coloca na base de seu livro afirma uma moral dupla em toda a sua forma: a do poder para os Estados e povos, a do humanismo cristão para a intelectualidade. E ele lamenta bem menos o fato de as normas humanitárias cristãs não exercerem qualquer influência decisiva sobre o acontecimento mundial do que o fato de estas renunciarem cada vez mais a tal pretensão porque a intelectualidade se bandeou para o partido do poder. Nesse ponto, porém, onde teríamos o direito de ouvir como o autor responderia e como ele defenderia sua sentença paradoxal, os contornos lógicos deixam de ser nítidos. Isso tudo já não foi dito há milênios? "Dai a César o que é de César e a Deus o que é de Deus."[d] E de que adiantou isso para o mundo?

---

[d] Frase dita por Jesus Cristo, segundo os evangelhos (Mateus 22,21; Marcos 12,17 e Lucas 20,25). (N. T.)

Ademais, Benda não coloca – talvez intencionalmente – o catolicismo que lhe prescreve essa atitude fundamental tão em evidência como em escritos anteriores. Dito isso, é preciso expressar admiração pelo virtuosismo com que ele se atém aos problemas que estão em primeiro plano e, para mencionar só um exemplo, passa sem dizer palavra pelo comunismo, que consumou a politização da intelectualidade em escala bem maior e de um modo bem menos questionável que o adotado pela burguesia. O desaparecimento da intelectualidade livre é condicionado, se não exclusivamente, ao menos decisivamente, pela economia. E se na França seus espíritos mais representativos aderiram aos nacionalistas extremos, enquanto na Alemanha aderiram aos radicais de esquerda, isso não tem a ver só com as diferenças nacionais, mas também com a pequena burguesia francesa economicamente mais resistente.

Esses livros, cada um deles arrojado e competente a seu modo, têm em comum o melhor: uma visão das coisas europeias destituída de ilusões. A perspectiva com que veem a época e o mundo é, por si só, suficientemente tenebrosa e, quando colocados lado a lado, ainda lançam sombra uns sobre os outros. Como quer que seja: eles ensinam a um leitor pensante mais do que os olhares suspeitos lançados a distância sobre a cultura europeia, em relação à qual hoje pouca coisa se pode antever ou considerar real, além do fato de que se defronta com um perigo ainda sem nome.

# 10

## LIVROS QUE PERMANECERAM VIVOS[a]

O que foi mencionado nas últimas semanas nesta seção poderia ser acrescido de inúmeras criações poéticas tão desconhecidas quanto significativas. O que se receia é que quanto mais títulos desse tipo aparecerem nesta rubrica, tanto mais um irá anulando o outro. Talvez fosse melhor repetir com ênfase este ou aquele nome que apareceu aqui. Faço isso de bom grado com *Gehilfe* [O ajudante][b], de Robert Walser, mencionado por Max Brod, que não revelou que essa maravilhosa obra juvenil foi um dos livros prediletos de Franz Kafka. Mas talvez o mais indicado no momento seja chamar a atenção para algumas grandes obras da ciência alemã, para escritos confessionais eruditos, cuja ocultação em bibliotecas especializadas constitui apenas mais uma variante de esquecimento. Hoje nos limitaremos a uma obra de história da arte, uma de arquitetura, uma de teologia e uma de economia.

A primeira e mais antiga é *Spätrömische Kunstindustrie* [A indústria artística do Império Romano tardio], de Alois Riegl[1]. Essa obra, que marcou época, aplicou o senso estilístico e as noções do expressionismo de vinte anos depois com certeza profética aos monumentos da época imperial romana tardia, rompeu com a teoria dos "períodos de decadência" e identificou aquilo que até ali fora chamado de "recaída na barbárie" como um novo senso espacial, uma nova vontade artística. Ao mesmo tempo, esse livro é a prova mais cabal de que toda descoberta científica implica por si só, mesmo sem pretendê-lo, uma revolução procedimental. De fato, nas últimas décadas, nenhum livro na área da história da arte exerceu uma influência temática e metodológica tão fecunda quanto este.

---

[a] Publicado originalmente em *Die literarische Welt*, v. V, n. 20, 17 maio 1929 p. 6. (N. E. A.) Texto-base da tradução: Walter Benjamin, *Gesammelte Schriften III* (org. Hella Tiedemann-Bartels, Frankfurt, Suhrkamp, 1972), p. 169-71, 633-4. (N. E.)

[b] Ed. port.: *O ajudante* (Lisboa, Relógio d'Água, 2006). (N. T.)

[1] Alois Riegl, *Die spätrömische KunstIndustrie nach den Funden in Osterreich-Ungarn* [A indústria artística do Império romano tardio segundo as descobertas arqueológicas na Áustria-Hungria] (Viena, Hof- und Staatsdruckerei, 1901).

A segunda obra: *Eisenbauten* [Construções de ferro], de Alfred Gotthold Meyer². Esse livro sempre volta a causar estupefação pela acuidade com que, no início do século [XX], foram identificadas e chamadas pelo nome com implacável clareza leis da construção técnica que, aplicadas à casa de moradia, transformaram-se em leis da própria vida. Se Riegl antecipou o expressionismo, este livro antecipou a nova objetividade. Vinte anos tiveram de se passar antes que Sigfried Giedion pudesse desenvolver, numa obra igualmente incomum (*Bauen in Frankreich. Eisen und Eisenbeton* [Construir na França: ferro e concreto armado])[c], algo similar com base num material factual já bem mais rico e corriqueiro. Porém, totalmente ímpar é o livro de Meyer pela segurança com que continuamente consegue estabelecer a relação entre a construção com ferro do século XIX e a história e a pré-história da construção da casa. Trata-se de prolegômenos para toda e qualquer futura história materialista da arquitetura.

A terceira obra: *Stern der Erlösung* [Estrela da redenção], de Franz Rosenzweig³. É um sistema de teologia judaica. Tão memorável quanto a obra é seu surgimento nas trincheiras da Macedônia. Intervenção bem-sucedida da dialética hegeliana na *Religion der Vernunft aus den Quellen des Judentums* [Religião da razão com base nas fontes do judaísmo], de Hermann Cohen.

A quarta obra: *Geschichte und Klassenbewußtsein* [História e consciência de classe], de György Lukács⁴. É a obra filosófica mais coesa da literatura marxista. Sua peculiaridade reside na segurança com que captou, na situação crítica da filosofia, a situação crítica da luta de classes e, na revolução concreta pendente, o pressuposto absoluto, até mesmo a execução absoluta e a última palavra do conhecimento teórico. A polêmica publicada contra essa obra por instâncias do Partido Comunista sob a liderança de Deborin confirma à sua maneira o seu alcance.

---

[2] Alfred Gotthold Meyer, *Eisenbauten. Ihre Geschichte und Ästhetik* [Construções de ferro: sua história e estética] (Eßlingen, P. Neff, 1907). Após a morte do autor, concluído por Wilhelm Freiherr von Tettau. Com uma apresentação de Julius Lessing.

[c] Sigfried Giedion, *Bauen in Frankreich. (Bauen in) Eisen, (Bauen in) Eisenbeton* (Leipzig, 1928). (N. E. A.)

[3] Franz Rosenzweig, *Der Stern der Erlösung* [A estrela da redenção] (Frankfurt, J. Kauffmann, 1921).

[4] György Lukács, *Geschichte und Klassenbewußtsein. Studien über marxistische Dialektik* (Berlim, Malik-Verlag, 1923). [Ed. bras.: *História e consciência de classe: estudos sobre a dialética marxista*, trad. Rodnei Nascimento, São Paulo, Martins Fontes, 2003. N. T.]

11

CRÍTICA TEOLÓGICA[a]

Sobre Willy Haas, *Gestalten der Zeit* [Vultos da época][1]

Encapsuladas e inaparentes como uma semente são as experiências verdadeiramente produtivas na vida do ser humano. Tudo que é sumamente fecundo está encerrado na casca dura da incomunicabilidade. Nada separa tão claramente a produtividade autêntica da falta de produtividade e, sobretudo, da falsa produtividade quanto a pergunta: o homem vivenciou no tempo certo – na década entre 15 e 25 anos de idade – aquilo que o faz ficar de boca fechada, aquilo que o torna silente, ciente e reflexivo, aquilo que para ele se tornou a experiência que sempre professará, que nunca trairá e que jamais contará para ninguém? Entre esses "vultos da época" há dois, aos quais o autor do livro deve tais experiências incomunicáveis que obrigam ciosamente ao testemunho, aos quais manteve fidelidade e que agora, na condição de patronos, acompanham seu livro na jornada através da contemporaneidade: Franz Kafka e Hugo von Hofmannsthal. O que se descobre é que ambos chegaram até ele no âmago do perigo: o primeiro foi aquele, que, em Praga, no arraial da intelectualidade judaica desnaturada, afastou-se desta em nome do judaísmo para voltar-lhe as costas impenetráveis e ameaçadoras; o segundo foi aquele que, no centro da monarquia decadente dos Habsburgos e chegando a uma maturidade como que pós-histórica, transformou integralmente em formas a força da qual essa monarquia vivera.

Não seria nem um pouco surpreendente se o próprio autor, num primeiro momento, considerasse arbitrários os acentos que, desse modo, colocamos no texto de seu livro. Perguntar, por exemplo, o que esses dois, Hofmannsthal e Kafka, teriam tido em comum, seria de fato forçar a barra. Outra coisa, porém, seria perguntar o que os dois poderiam significar para um autor como Haas. Ele os tratou em dois trabalhos totalmente independentes um do outro; um

---

[a] Publicado originalmente em *Die Neue Rundschau*, caderno I, v. XLII, fev. 1931, p. 140s. (N. E. A.) Texto-base da tradução: Walter Benjamin, *Gesammelte Schriften III* (org. Hella Tiedemann-Bartels, Frankfurt, Suhrkamp, 1972), p. 275-8, 644. (N. E.)

[1] Willy Haas, *Gestalten der Zeit* (Berlim, Gustav Kiepenheuer, 1930), 247 p.

autor só consegue se acercar dessa maneira soberana, tão isenta da influência de seus próprios enunciados e tão intimamente em concordância com eles, dos temas que lhe são mais significativos. Nesse tocante, certamente não é determinante que ambos, Hofmannsthal e Kafka, fossem bem conhecidos dele. De qualquer maneira, não se trata de um espetáculo comum ver como aqui, em seis páginas, o vulto de Kafka é conjurado com as parcas palavras precisamente formuladas de uma breve saudação escrita em seus próprios termos. E igualmente toca-se apenas num aspecto provisório quando se constata como aqui, no processo criativo de Hofmannsthal, está concentrado o mundo católico e, no de Kafka, o mundo judaico. O que Haas escreveu no ano de 1929 sobre Hofmannsthal, sob a impressão da notícia de sua morte – em toda a imprensa alemã foi praticamente a única coisa que fez jus ao momento –, situa esse vulto no espaço da antiga monarquia católica, mais exatamente, de certo modo como um tataraneto da pátria-mãe que perdera todos os seus filhos, como um estadista poético genial que chegou tarde demais. O país já não tinha mais futuro. Assim, o tempo vindouro como que se enrolou – é o que explicita o segundo ensaio sobre Hofmannsthal –, aninhou-se como uma voluta totalmente no passado, tornando-se um reino de sombras do futuro, no qual transitava somente o que havia de mais velho. Naquele reino das "crianças não nascidas", inaugurado pela "mulher sem sombra", Haas, a exemplo do que fizera havia pouco o amigo do escritor, Max Mell[b], identificou o cerne nebuloso do imaginário de Hofmannsthal. Em nenhum escritor, imagem e aparência se interpenetraram de modo tão íntimo, tão perigoso. É justamente essa ambiguidade oculta no imaginário de Hofmannsthal que lhe confere o brilho espiritual, a significância ideal, o algo a mais que constitui seu caráter diferenciador. Ou, como diz Haas: "Nunca antes o espírito se converteu tão magicamente em vivência poética"[c].

Ora, o surpreendente é que quanto mais fundo o leitor penetra no ideário desse ensaísta, tanto mais evidente torna-se para ele justamente isto: a aparência sempre volta a exigir o seu quinhão em centenas de formas, quer ela represente, em Gide, a aparência hermafrodita ou, em France, a aparência do retorno eterno ou, em Hermann Bahr, a do mediado. Na verdade, porém, nessas investigações, a teologia armou a sua tenda nas proximidades de um dos seus objetos mais queridos, a saber, a aparência. Nesse livro, fala-se do Talmude e de

---

[b] Cf. a recensão de Benjamin: *GS*, v. III, p. 250-2. (N. E. A.)
[c] Willy Haas, *Gestalten der Zeit*, cit., p. 160. (N. E. A.)

Kierkegaard, de Tomás de Aquino e de Pascal, de Inácio de Loyola e de Léon Bloy. Porém, a atenção extrema do autor não é despertada pelo teólogo propriamente dito, mas pelas obras daqueles que concederam asilo aos conteúdos teológicos extremamente ameaçados, em seu disfarce mais esfarrapado. Um desses disfarces é a aparência. A colportagem é outro. Por essa razão, ao lado das análises exemplares de Hofmannsthal constam as de Kafka, que talvez sejam ainda mais significativas. À futura exegese desse escritor são apontados aqui os caminhos numa interpretação que, em toda parte, penetra com a máxima energia até os assuntos teológicos. Ao fazer isso, as considerações do autor tangenciam por vezes uma teoria da colportagem. O que ele descobre em Kafka é uma teologia em fuga, embasando o esquema kafkiano com alguns ensaios que investigam o entorno da colportagem. Desse contexto fazem parte uma "teologia no romance criminal", a grandiosa caracterização de Ludendorff e uma explicação do humor judaico.

Acreditamos poder atribuir um patronato, uma participação protetora nesse livro, aos dois escritores a que foram dedicados os ensaios mais bem-acabados da coletânea. O que o autor se propõe neles é a tal ponto difícil e arriscado que até o mais resoluto tem permissão de procurar quem o auxilie. Pois o que é empreendido neles? A tentativa de abrir caminho até a obra de arte mediante o esfacelamento da teoria do "campo" da arte. A perspectiva teológica adquire seu sentido pleno numa guinada oculta contra a arte que, bem por isso, é tanto mais destrutiva. O motivo básico dessa visão é que a iluminação teológica das obras constitui a interpretação propriamente dita tanto de suas determinações políticas quanto das determinações de suas modas, tanto de suas determinações econômicas quanto de suas determinações metafísicas. Pelo visto, trata-se de uma postura que se contrapõe à materialista-histórica com tal radicalismo que a converte em seu antípoda. Haas escreve o seguinte: "Onde qualquer outro só conseguiria avançar mediante concessões, a igreja ainda pode continuar pensando mediante sínteses profundamente verdadeiras"[d]. Porém, há casos em que esse entrelaçamento católico de tese e antítese se dá na forma de um laço do tipo *looping the loop* [giro de 180 graus]. Haas o executa com segurança estonteante. De qualquer modo, o espetáculo poderia se tornar preocupante, não fosse o grau elevado de segurança e um bom motivo para ter confiança: poder cair em cima da arte. "Poder apostar toda a sua vida numa excursão – numa excursão que não se pode bem calcular previamente – contra algum pe-

---

[d] Ibidem, p. 97. (N. E. A.)

queno detalhe deste mundo: isto e nada além disto significa 'pensar'"ᵉ. Essa definição, que encontramos na última página do livro, seria apenas casualmente formulada a partir do estado de consciência de alguém que se encontra em queda livre? O autor terá feito experiências em que arriscou o próprio pescoço. Porém, quando ele toca o chão após uma queda de tirar o fôlego, está ali firme, forte e em pé.

Tratou-se sempre só de casos contados da literatura, visto que a substância de um autor se vinculou, como acontece aqui, muito estreitamente à postura do virtuose, ou melhor, à do literato escolado. É de se imaginar que eles tenham sido encontrados do lado direito com mais frequência que do lado esquerdo. Como quer que seja, Haas, o editor de uma revista semanalᶠ que, na batalha literária cotidiana, está orientada para a esquerda – enquanto pesquisador, ele é muito mais aluno de Adam Müller, Burke ou de Maistre que de Voltaire, Gutzkow ou Lassalle. Mas, no fundo, sua genealogia de fato chega bem mais longe no passado. Porque para reencontrar a construção histórico-universal empreendida por esses ensaios como expressão de toda uma mentalidade metafísica e simultaneamente como forma literária eminentemente virtuosista, eminentemente comunicativa, mesmo que nem sempre sintética, é preciso remontar à beletrística e à cronística do século XVII. O próprio Haas descreveu cabalmente esse método, que é o seu próprio, em seu necrológio a Hofmannsthal. Esse método elabora uma perspectiva ao estilo da pintura cenográfica com bastidores. Ele busca a plasticidade a partir de camadas espessas sobrepostas. "Isso, todavia, jamais proporcionará plasticidade corporal, e sim exatamente a plasticidade perspectívica."ᵍ Ao que corresponde a forma de manifestação desses seus próprios vultos. Trata-se de vultos da época, sem dúvida. Porém, a vida deles é a vida épica de tempos passados irresolutos, em cujo conflito se descortina diante do autor a verdadeira imagem de seus dias.

---

[e] Ibidem, p. 247. (N. E. A.)
[f] *Die literarische Welt* [Mundo literário]. (N. E. A.)
[g] Ibidem, p. 141. (N. E. A.)

# 12

## E. T. A. HOFFMANN E OSKAR PANIZZA[a]

Será motivo de alegria para mim se o ciclo "Parallelen" [Paralelos], cujo anúncio[b] vocês tiveram oportunidade de ler e que hoje inauguro, tiver deixado alguns de vocês desconfiados. É justamente essa desconfiança que, assim quero crer, me dá alguma chance de ser entendido a seguir. De ser entendido no esforço de manter esta iniciativa livre de interpretações equivocadas. Todos vocês conhecem a diligência suspeita com que certa análise literária mais antiga ocultou, de várias formas, atrás da pesquisa de assim chamadas influências, atrás de paralelos materiais ou formais, sua perplexidade diante de certas obras, sua incapacidade de penetrar na estrutura e no significado delas. Aqui não se trata de nada disso. Pior que isso, no entanto, seria a inútil caça a analogias. Demonstrar a existência de quaisquer afinidades no processo criativo de diferentes escritores, de diferentes épocas, é algo que poderia satisfazer quando muito a uma necessidade formativa pedante, mas levaria a absolutamente nada e não estaria suficientemente acreditado, mesmo que tais interligações vez ou outra permitissem proceder à reabilitação de algum escritor mais jovem e não reco-

---

[a] Original: texto datilografado com correções e inserções à mão, doze folhas paginadas à máquina de [1] a 12, à mão por outra pessoa de 288 a 300 – sendo omitida a p. 289; em poder da Academia de Artes da Alemanha, Berlim [www.adk.de].
Nesse caso, os editores se basearam em fotocópias tecnicamente precárias. Inserções manuscritas de Benjamin na margem de algumas páginas foram caracterizadas como perda de texto; além disso, no caso de correções datilográficas feitas na hora, as fotocópias não permitiram identificar com certeza a correção feita por último. – No cabeçalho da primeira página, encontra-se o seguinte registro feito à mão por Benjamin: "Rádio Frankfurt, 26 de março de 1930"; de acordo com a *Südwestdeutsche Rundfunk-Zeitung* [Jornal Radiofônico do Sudoeste da Alemanha], trata-se da data da transmissão radiofônica. (N. E. A.)
Texto-base da tradução: Walter Benjamin, *Gesammelte Schriften II/2* (org. Rolf Tiedemann e Hermann Schweppenhäuser, Frankfurt, Suhrkamp, 1972), p. 641-8, 1.450-2. (N. E.)

[b] Trata-se provavelmente de uma referência à divulgação da programação no *Jornal Radiofônico do Sudoeste da Alemanha* para a quarta-feira, dia 26/04/1930: "18.05 (6.05) Parallelen I – E. Th. Hoffmann und Oskar Panizza: Vortrag von Dr. Walter Benjamin" ["18.05 (6.05) Paralelos I – E. T. A. Hoffmann e Oskar Panizza: palestra do Dr. Walter Benjamin"]. (N. E. A)

nhecido em nome de algum grande precursor e parente intelectual. No entanto, não queremos negar: a reabilitação de Oskar Panizza, autor tão desconhecido quanto mal-afamado, constitui uma segunda intenção dessas considerações.

Aqui, porém, no início não só destas considerações, mas também de um ciclo, trata-se sobretudo de dar nome à tendência principal, e para esse fim temos de permitir-nos desde já um breve excurso. Fala-se muito da eternidade das obras; há um esforço por atribuir às maiores dentre elas duração e autoridade por séculos, sem perceber que, fazendo isso, corre-se o risco de cristalizá-las como cópias de si mesmas destinadas a museus. Porque, em suma, a assim chamada eternidade das obras não é nada idêntica à duração de sua vida. O que de fato se quer dizer com essa duração em lugar nenhum ganha tanto relevo quanto em sua confrontação com criações parecidas de nossa própria época. Nela fica evidente que na verdade só se pode chamar de eternas certas tendências ainda sem forma, certas disposições turvas; porém, a obra já formada, que partilha a duração viva, é produto justamente daquela energia tenaz e astuta com que não só os momentos eternos se impõem dentro dos atuais, mas também os atuais se impõem dentro dos eternos. Isso mesmo. A obra é muito menos produto que palco desse movimento. E enquanto a sua assim chamada eternidade seria, na melhor das hipóteses, uma continuidade petrificada no exterior, sua duração é um processo vivo em seu interior. É por isso que, nesses paralelos, não estaremos tratando de analogias ou dependências mútuas entre obras individuais, tampouco de estudos sobre os escritores; trataremos, muito antes, das tendências originárias da própria arte literária, do modo como elas se impõem de tempos em tempos num sentido intimamente aparentado.

A narrativa fantástica da qual falaremos hoje constitui uma dessas tendências originárias. Ela é tão antiga quanto a própria epopeia. Estaríamos enganados supondo que o conteúdo das histórias mais antigas da humanidade em termos de contos de magia, fábulas, transmutações e atividade de espíritos nada mais é que o registro de concepções religiosas antiquíssimas. Certamente a *Odisseia* e a *Ilíada*, os contos d'*As mil e uma noites* eram compostos de matérias exclusivamente narrativas; mas igualmente verdadeiro é dizer que as matérias dessa *Ilíada*, dessa *Odisseia*, desses contos d'*As mil e uma noites* só chegaram a entretecer-se durante a narrativa. A narrativa não extraiu do material lendário mais antigo da humanidade nada além do que ele próprio lhe ofereceu. Narrar com outras palavras por meio da fabulação e da diversão, da imaginação fantástica livre de responsabilidade, no fundo nunca foi mera invenção, mas sempre um modo alterado de conservar e transmitir por meio da fantasia. Esse recurso à fantasia certamente apresenta uma densidade distinta nas primeiras florescências da epopeia homérica ou da epopeia oriental por um lado, e nas últimas do romantismo europeu por outro. Porém, o verdadeiro ato de narrar sempre manteve um caráter conservador (no bom sentido), e não podemos pensar nenhum dos grandes narradores desvinculados do ideário mais antigo da humanidade.

Do que se trata no caso da interpenetração aparentemente tão arbitrária de momentos eternos e momentos atualíssimos na narração? Isso talvez assome, tanto mais nitidamente quanto mais fantástica ela for, em E. T. A. Hoffmann e Oskar Panizza, tanto num como no outro de modo palpável. Palpável também é, todavia, a tensão entre os dois escritores que percorre o arco estendido entre o início e o fim do movimento intelectual do romantismo na Alemanha do século XIX. Os destinos indescritivelmente intrincados em que os personagens de E. T. A. Hoffmann aparecem enredados: Kreisler em *Kater Murr* [Gato Murr][c], Anselmo em *Der goldne Topf* [Pote de ouro][d], a *Princesa Brambilla*[e], tão desprezada na Alemanha e tão amada na França e, por fim, o *Mestre Pulga*[f] – esses destinos não são conduzidos ou influenciados por poderes sobrenaturais; são, antes de tudo, criados para gravar as figuras, os arabescos, os ornamentos, nos quais os velhos espíritos e demônios da natureza procuram inscrever a sua atuação à luz do dia do novo século do modo mais imperceptível possível. Hoffmann acreditava em conexões ativas com os tempos mais primevos e, como seus personagens prediletos são profundamente musicais, dita conexão era-lhe avalizada muito especialmente por coisas audíveis, ou seja, pelo canto apurado das cobrinhas que aparecem a Anselmo, pelas canções de cortar o coração de Antônia, filha de Krespel, pelos sons fabulosos que ele diz ter ouvido no Istmo da Curlândia, pela voz do Diabo no Ceilão e similares. A música era para ele o cânon que regulava a manifestação do mundo dos espíritos no cotidiano. Pelo menos no que se refere às manifestações dos bons espíritos. Porém, o fascínio maior

---

[c] *Lebens-Ansichten des Katers Murr nebst frágmentarischer Biographie des Kapellmeisters Johannes Kreisler in zufälligen Makulaturblättern* [Opiniões do gato Murr sobre a vida e biografia fragmentária do capelão João Kreisler em papel de embrulho reunido ao acaso] (org. E. T. A. Hoffmann, Berlim, 1820-1822), 2 v. (N. E. A.)

[d] E. T. A. Hoffmann, *Der goldne Topf. Ein Märchen aus der neuen Zeit* [O pote de ouro. Um conto dos novos tempos]; publicado como o v. III das *Fantasiestücke in Callots Manier* [Peças fantásticas à maneira de Callot] (Bamberg, 1814). (N. E. A.)

[e] Idem, *Prinzessin Brambilla. Ein Capriccio nach Jakob Callot* [Princesa Brambilla. Um *capriccio* conforme Jacó Callot] (Breslau, 1821). (N. E. A.)

[f] Idem, *Meister Floh. Ein Mährchen in sieben Abentheuern zweier Freunde* [Mestre Pulga. Um conto de sete aventuras de dois amigos] (Frankfurt, 1822). (N. E. A.)

das pessoas descritas por Hoffmann repousa no fato de que, justamente nas mais nobres e sublimes, excetuando quiçá alguns personagens encarnados por meninas, circula algo satânico. Esse narrador insiste com certa teimosia em que todos os honoráveis arquivistas, conselheiros médicos, estudantes, vendedoras de maçã, músicos e filhas bem-nascidas não são aquilo que aparentam ser, assim como ele próprio, Hoffmann, não foi só aquele magistrado pedante e exato, papel que lhe proporcionava o ganha-pão. Um dom incomum de observação associado ao matiz satânico de sua índole provocou em Hoffmann algo como um curto-circuito entre juízo moral e contemplação fisionômica. O ser humano do cotidiano, que desde sempre foi alvo de todo o seu ódio, deparou-se-lhe cada vez mais tanto em suas virtudes quanto em seus encantos como produto de um mecanismo artificial asqueroso, cujo núcleo é governado por Satanás. Porém, ele identifica o satânico com o automático, e esse esquema engenhoso que está na base de suas narrativas permite-lhe requisitar a vida inteiramente para o lado puro e limpo dos espíritos, glorificando-o em personagens como Júlia, Serpentina e Antônia. Através desse conflito moral entre vida e aparência, Hoffmann conferiu expressão, salvo engano completo, ao motivo originário da narrativa fantástica em geral. Quer mencionemos Hoffmann, Poe, Kubin ou Panizza, limitando-nos aqui só aos expoentes, essa narrativa é baseada sempre no mais cabal dualismo religioso; pode-se afirmar que ela é maniqueísta. E essa dualidade não se detêve, no fim, nem diante daquilo que era mais sagrado para Hoffmann, a saber, a música. Os sons primevos de que falamos, essa mensagem última e mais segura do mundo dos espíritos não poderia também ser produzida por meios mecânicos? A harpa eólia e o clavicórdio já não representavam os primeiros passos bem-sucedidos nessa direção? Nesse caso, seria possível imitar com artifícios mecânicos nosso anseio mais profundo e mais sagrado; sendo assim, virou fantasma todo o amor que se declarou a nós em tons que evocam nossas origens. Essas questões movem constantemente a criação literária de Hoffmann. E as reencontramos inalteradas, ainda que numa atmosfera totalmente transformada, totalmente estranha, quando nos voltamos agora para Panizza.

No momento, o nome e a obra de Panizza se encontram naquele estado que começou para Hoffmann em meados do século XIX e durou até a virada do século. Ele é tão desconhecido quanto mal-afamado. Porém, ao passo que a memória de Hoffmann mesmo já tendo se extinguido na Alemanha jamais deixou de ser celebrada na França, não se pode esperar que Panizza tenha tal satisfação. Pois hoje na Alemanha topamos com as dificuldades mais inimagináveis já para compilar de modo mais ou menos completo sua obra. É verdade que existe desde o ano passado uma Sociedade de Panizza, mas ela até agora não encontrou recursos e maneiras de reimprimir as obras mais importantes. E isso por muitas razões, dentre as quais a mais importante talvez seja que um desses escritos, assim como há 35 anos, ficaria a cargo do promotor público. De fato, a breve fama de Panizza esteve vinculada, num primeiro momento, a alguns processos por escândalo. No ano de 1893, veio a público, por ocasião do jubileu do episcopado de Leão XIII, seu livro *Die unbefleckte Empfängnis der Päpste* [A imaculada conceição dos papas][g], escrito apócrifo com a observação: "Traduzido do espanhol por Oskar Panizza". Dois anos depois, seguiu-se *Das Liebeskonzil. Eine Himmels-Tragödie in fünf Aufzügen* [O concílio do amor, tragédia celestial em cinco atos][h], cuja publicação lhe rendeu um ano de prisão na penitenciária de Amberg. Depois de cumprir a pena, ele deixou a Alemanha; quando retornou, no ano de 1901, forçado pelo confisco de seu patrimônio, foi declarado mentalmente incapaz e solto após seis semanas de prisão preventiva numa clínica psiquiátrica. Ele deve essa última prisão à obra *Parisiana*, "versos alemães de Paris"[i], eivada de violentos ataques a Guilherme II. Com isso estão dadas algumas razões para a proscrição de seu nome e para o paradeiro desconhecido de seus escritos, e todo traço de uma caracterização mais detalhada só acrescentará novas razões desse tipo. Essa caracterização poderá desconsiderar a doença mental, que talvez estivéssemos tentados a tomar como ponto de partida. Não há dúvida quanto à factualidade dela; tratou-se de paranoia. Porém, enquanto os sistemas paranoicos de qualquer modo apresentam tendências teológicas, pode-se dizer que, nesse caso, a influência exercida pela doença sobre o processo criativo não foi o de inviabilizá-lo, nem a doença esteve em oposição ao talento original do homem. Panizza foi um teólogo, e nem seus ataques radicais contra a Igreja e o papado são capazes de nos iludir quanto a isso. Um teólogo, todavia, que se encontrava numa oposição tão irreconciliável à teologia de ofício quanto E. T. A. Hoffmann, na condição de artista, aos círculos amantes da arte da sociedade berlinense, sobre os quais ele despejava

---

[g]  Oskar Panizza, *Die unbefleckte Empfängnis der Päpste. Von Bruder Martin O.S.B., Aus dem Spanischen von Oskar Panizza* [A imaculada Conceição dos Papas, do Irmão Martin O. S. B., traduzido do espanhol por Oskar Panizza] (Zurique, 1893). (N. E. A.)

[h]  Idem, *Das Liebeskonzil. Eine Himmels-Tragödie in fünf Aufzügen* (Zurique, 1895). (N. E. A.)

[i]  Idem, *Parisjana. Deutsche Versen aus Paris* (Zurique, 1899). (N. E. A.)

todo o seu escárnio e toda a sua raiva. Panizza foi teólogo, e Otto Julius Bierbaum sentiu isso corretamente de seu ponto de vista ao escrever, depois da publicação de *O concílio do amor* – que ultrapassou de longe todos os escritos antieclesiásticos em termos de sarcasmo destrutivo –, que o autor não estaria enxergando suficientemente longe. Bierbaum diz: "O que se rebela dentro dele é mais propriamente o luterano e não o homem totalmente livre". E da mesma forma certamente constitui um paradoxo, mas um paradoxo da justiça, que um dos amigos mais fiéis de Panizza, o homem que continuou a seu lado inclusive durante sua longa enfermidade e zelou, ainda que não de modo insuspeito, por sua herança, tenha sido um jesuíta, o decano Lippert, agora com 86 anos de idade[j].

Panizza foi, portanto, teólogo. Porém, o foi exatamente no sentido em que E. T. A. Hoffmann foi músico. Hoffmann não entendia menos de música que Panizza de teologia; porém, o que é duradouro nele não são as composições, mas as criações literárias, nas quais ele circunscreve a música como pátria espiritual do ser humano. E justamente essa pátria espiritual do ser humano é o dogma de Panizza. Nessa relação se reflete a mudança que se situa entre o início e o fim do romantismo alemão; Panizza não mais foi carregado, como Hoffmann, por aquela vasta onda de entusiasmo pelo primevo, pela poesia, pelo folclore e pela Idade Média; seus parentes espirituais são os *décadents* [decadentistas] europeus. E dentre estes, ele tinha mais afinidade com Huysmans, cujos romances giram tão persistentemente em torno do catolicismo medieval e sobretudo do seu complemento, as missas negras, a bruxaria e o satanismo. Mas, bem por isso, muito se equivocaria quem imaginasse Panizza como um artista, como um homem do *l'art pour l'art*, como era Huysmans. Começo pelo aspecto negativo: ninguém escreve tão mal. O alemão de Panizza é singularmente estropiado. Ao iniciar tantas de suas narrativas, quase todas redigidas na primeira pessoa do singular, com a descrição de sua disposição pessoal de rapaz errante, cansado e maltrapilho, marchando sempre em frente por alguma estrada coberta de gelo da Baixa Francônia – tudo o que segue depois realmente pode ser lido, em virtude da linguagem descontraída, como registros de um aprendiz de artífice em viagem. No entanto, nesse caso, não se trata de uma contradição: não obstante e sob todas as circunstâncias também para as de um grande narrador. Pois o narrador é mais tecelão que escritor.

---

[j] Friedrich Lippert, *In memoriam Oskar Panizza* (org. Friedrich Lippert, Munique, 1926). (N. E. A.)

Narrar – e isso é alusão ao que dissemos no início –, em contraposição, por exemplo, a escrever romances, não é questão de formação, mas questão de povo. E a arte de Oskar Panizza de fato está enraizada no popular. Basta ler a sua genial obra *Kirche von Zinsblech* [Igreja de lata de usura][k] ou então *Das Wirtshaus zur Dreifaltigkeit* [O albergue da trindade][l] para entender o que é um *décadent* autóctone. Demoremo-nos um momento nesta última novela. Nem que seja só para, com a ajuda de seu rol de personagens, conhecer um Panizza que se apresenta como aluno, para não dizer fiduciário, de E. T. A. Hoffmann no que se refere ao dogma cristão. O cansado viandante Panizza chega enfim a um albergue que, por situar-se a certa distância da estrada, não consta em nenhum mapa; então, entra nele e logo precisa desistir da tentativa de compreender os esquisitos habitantes da casa. Basta indicar, neste ponto, que reside ali um velho judeu irascível, em companhia de seu filho alienado, agitado e imerso em estudos teológicos, e de Maria, uma mulher judia caracterizada como sua mãe. Junto a esse estranho círculo, o narrador toma uma refeição sombria e silente, vai para o seu quarto no primeiro andar e se esgueira à noite para o andar de baixo para dar uma olhada na câmara proibida que lhe fora indicada de passagem ao anoitecer. Ele abre a porta, a lua a preenche e ele vê, por entre a janela entreaberta, uma pomba distanciar-se batendo freneticamente as suas asas. E agora vem a ideia propriamente hoffmanniana em tudo isso: num puxado rústico que se apoia na casa é mantido um ser humano com cascos de cavalo, que o tempo todo escoiceia com toda força as suas divisórias, fazendo todas as paredes estremecerem, e volta e meia, como se tivesse ouvido uma palavra-chave (ou ao ouvir certas formulações), solta uma gargalhada apavorante. Essa é a metafísica dualista que Panizza compartilha totalmente com Hoffmann e que, segundo uma necessidade interior, da qual já falamos, assume a forma da oposição entre vida e autômato. Essa metafísica lhe inspirou a história da *Menschenfabrik* [Fábrica de seres humanos][m], na qual os seres humanos são produzidos com as roupas já apegadas ao corpo. Isso assumiu, ademais, uma formulação inconfundivelmente teológica na seguinte exposição extraída de *Die unbefleckte Empfängnis der Päpste*:

---

k    Jogo de palavras entre *Zinnblech* [lata de zinco] e *Zinsblech* [lata de juros]. (N. T.)
l    Cf. as duas obras em Oskar Panizza, *Visionen. Skizzen und Erzählungen* [Visões. Esboços e contos] (Leipzig, 1893). (N. E. A.)
m    Idem, *Dämmrungsstücke. Vier Erzählungen* [Peças crepusculares. Quatro contos] (Leipzig, 1890). (N. E. A.)

O papa tirava da boca de toda pessoa [...], depois da morte desta, uma boneca de aspecto vítreo, de olhar apalermado, que era transparente e continha como que um extrato de todos os atos, tanto bons quanto maus, da respectiva pessoa. Nas costas dessa boneca, que era uma pessoinha de dimensões reduzidas, eram coladas duas asas feitas de goma, e ela então era solta para correr ou voar. A direção para a qual rumava era justamente aquele reino recém-criado pelo papa fora do mundo. Ali a boneca era imediatamente recebida e deitada numa grande balança de bronze reluzente e asseada, provida com dois pratos. Os atos bons da boneca tinham peso, os maus eram leves. No outro prato da balança, estava sentada uma boneca normal do mesmo tamanho, na qual os atos bons e os atos maus estavam precisamente equilibrados. Se a boneca recém-chegada era um grama que seja mais leve que a boneca normal, predominaram nela os atos maus; nesse caso, ela ia para o inferno. Mas às bonecas que eram suficientemente pesadas se permitia graciosamente que descessem novamente da balança e corressem para o céu, *coelum*, sobre o qual logo em seguida daremos mais detalhes.[n]

Certamente essa arte seria um anacronismo se apenas desembocasse, como muitos assumiram, em meras invectivas contra o papado. Assim, porém, ela só é anacrônica no mesmo sentido em que também o eram os pintores bávaros do entorno de Murnau e das margens do lago Kochel, que até bem poucos anos ainda pintavam em espelhos as suas velhas imagens de santos. Um pintor herético de imagens de santos: essa é a fórmula mais sucinta para caracterizar Oskar Panizza. Seu fanatismo por imagens não se extinguiu nem mesmo nas alturas da especulação teológica. E ele se associou a um profundo olhar satírico, do mesmo tipo que Hoffmann exercitou no cânon sagrado do filistério. A heresia de ambos é aparentada. Porém, em ambos a sátira é mero reflexo da fantasia literária que resguarda para si seus direitos imemoriais.

---

[n] Idem, *Die unbefleckte Empfängnis der Päpste,* cit., p. 7s. (N. E. A.)

# 13

## UM ENTUSIASTA NA CÁTEDRA: FRANZ VON BAADER[a/1]

Quando, na segunda metade do século XIX, as realizações filosóficas do idealismo pós-kantiano passaram a ser desconsideradas – "de volta a Kant" era a palavra de ordem –, a teoria de Baader já havia caído no esquecimento. Quando muito, seu nome era citado nas listas da história da filosofia; a tentação de ocupar-se com seus escritos abstrusos e obscuros era tanto menor porque essa atividade estava associada a controvérsias complexas – referentes à influência das ideias de Schelling sobre Baader e das ideias de Baader sobre Schelling. Provavelmente foi nessa época que se desenvolveu a lenda de Baader como "filósofo da natureza". A incompreensão foi o *tertium* [ponto] com base no qual se tentou equiparar homens como Ennemoser, Oken, Windischmann, de um lado, e Baader, do outro. Num primeiro momento, essa apreciação corrigiu não um interesse histórico, mas temático. Partindo da teoria de Rudolf Steiner, Max Pulver havia avançado, no ano de 1915, até um estudo intensivo sobre Baader, cujo resultado está contido no volume com a seleção textos da editora Insel[2]. Essa edição é ainda hoje a mais acessível; a edição em dezesseis volumes das obras completas[b] é raridade. Em contraposição a Pulver, a volumosa obra de Baumgardt – que, segundo Franz Hoffmann, o aluno fanático (mas não autônomo) de Baader, pela primeira vez explicita o ideário do filósofo em toda a sua amplitude – tem objetivos mais científicos que propagandísticos.

---

[a] Publicado originalmente em *Literaturblatt der Frankfurter Zeitung* [Caderno de Literatura do Jornal de Frankfurt], ano 64, n. 42, 18 out. 1931. (N. E. A.)
Texto-base da tradução: Walter Benjamin, *Gesammelte Schriften III* (org. Hella Tiedemann--Bartels, Frankfurt, Suhrkamp, 1972), p. 304-8, 647. (N. E.)

[1] David Baumgardt, *Franz von Baader und die philosophische Romantik* [Franz von Baader e o romantismo filosófico] (Halle/Saale, Max Niemeyer-Verlag, 1927), v. VI, 402 p. (Série de livros da *Deutsche Vierteljahrsschrift für Literaturwissenschaft und Geistesgeschichte*, n. 10.)

[2] Franz von Baader, *Schriften* (seleção e edição de Max Pulver, Leipzig, 1921).

[b] Idem, *Sämtliche Werke* (org. Franz Hoffmann, Julius Hamberger et al., Leipzig, 1850-1860), 16 v. (N. E. A.)

Nitidamente consciente do perigo que, justamente nesse caso, qualquer um poderia passar para acercar-se mais intimamente do seu objeto, o autor se apropriou de uma exposição sumamente maleável, exitosamente adaptada ao objeto, evitando toda e qualquer violência a ele. Ademais, provavelmente a postura de Baader com toda a sua intransigência nas formulações é, no fundo, demasiado eclética para que alguém possa se aproximar dela com construções. A perspectiva de obter resultados seria ainda menor no caso de uma discussão crítica contínua com um pensador que procede como exegeta e comentarista – ora do catolicismo romano, ora de Jakob Böhme, ora da Igreja grega –, mas quanto à forma adota um procedimento tanto mais solto e rapsódico. Se o autor alguma vez foi longe demais em sua cautela acadêmica, isso se deu em relação ao aspecto fisionômico. "Quando Baader queria pensar, ele sempre necessitava – pelo menos na sua cabeça – de um dispêndio infinito. Ele precisava de uma máquina eletrizadora, de algumas baterias galvânicas, de alguns escolásticos, dos místicos de qualquer modo, principalmente de Jakob Böhme, e também, se possível, decerto de alguns volumes das obras de Kant."[c] Baumgardt conhecia essa excelente caracterização de Baader feita por Alexander Jung em sua obra *Charaktere, Charakteristiken und vermischte Schriften* [Caracteres, caracterizações e escritos variados]; numa nota, ele faz referência a ela[d]. No que se refere à sua própria exposição, ela possui uma fundamentação demasiado profunda para que sua dignidade científica possa ser ameaçada pelo processamento mais geral do material fisionômico composto de fragmentos de cartas e transcrições de diálogos. De fato, esse procedimento, normal em escritos sobre estadistas, poetas ou comerciantes, raramente foi experimentado em filósofos. Mas por que não fazê-lo? Para Baader, ele poderia ter como lema a palavra do seu São Martinho – cito de memória –: "*Ce n'est pas la tête qu'il faut se casser pour saisir la verité, c'est le cœur* [Não é a cabeça que é preciso quebrar para apreender a verdade, é o coração]". Sem atingir o nível da riqueza epocal da vida intelectual de Schelling, ainda assim o perfil da existência filosófica de Baader é tipicamente romântico: seu percurso também é dividido em estações claramente discerníveis de sua vida interior, e passa também por curvas bruscas, cada uma delas situando-o numa nova paisagem intelectual. Em seus testemunhos literários mais antigos, nos diários, que Baumgardt entrementes

---

[c] Alexander Jung, *Charaktere, Charakteristiken und vermischte Schriften* (Königsberg, 1848, v. I), p. 191s. (N. E. A.)

[d] David Baumgardt, *Franz von Baader und die philosophische Romantik*, cit., p. 65. (N. E. A.)

publicou em outro lugar³, Baader aparece como o filho entusiasmado e irrequieto da época dos gênios. Enquanto pensador, ele manteve inteiramente o gestual do *Sturm und Drang*ᵉ – nesse tocante, comparável a F. H. Jacobi – e, enquanto homem, lançou-se aos filosofemas de um Böhme ou Pasqually com o mesmo entusiasmo com que se entregava aos seus humores quando era adolescente. Ao fazer isso, nem sempre foi conduzido pelo espiritualismo extremo que determinou o seu período tardio. A exemplo de tantos românticos – Novalis, Steffens, G. H. Schubert –, Baader estudou a disciplina do montanhismo, apropriando-se de factualidades e teorias físicas e industriais, cuja ligação com as teorias românticas da natureza ficou totalmente em aberto num primeiro momento. Uma viagem para a Inglaterra, empreendida de 1792 a 1796 com um irmão que era engenheiro, pareceu conferir passageiramente ao empirismo de um Hobbes ou Godwin a primazia no desenvolvimento de suas ideias. No entanto, essa guinada permaneceu episódica no conjunto de sua existência. A característica que ficou dela é a disposição mental que levou este homem, mais do que qualquer outro dentre seus contemporâneos, a fazer com que tudo e até mesmo as mais especulativas de suas convicções tardias exercessem alguma influência sobre a realidade. Desse modo, ganha existência um universalismo que pode se apresentar como um contraponto romântico à esfera de atuação congestionada de Goethe.

Ao lado dos estudos atinentes à sua disciplina, seu interesse englobou todo o âmbito do oculto. Experimentos com descobridores de fontes de água e magnetistas eram-lhe tão corriqueiros quanto a prospecção de minérios e a construção de ferrovias. Somava-se a isso uma ocupação não só teórica com questões de economia nacional; por muitos anos ele foi diretor de negócios de uma fábrica de vidros. No campo político, ele também atuou com entusiasmo, e a suposição de que o plano que levou à Santa Aliança de 1815 tenha sido obra sua tem razão de ser, mesmo que não seja possível prová-la por meio dos autos. Quando, por fim, as metas políticas de Baader – dominadas por sua ideia favorita de uma reconciliação das diferentes confissões cristãs e sobretudo da católico-romana com a ortodoxa-grega – foram assumindo um caráter cada vez

---

[3] Franz von Baader, *Seele und Welt, Franz Baader's Jugendtagebücher 1786-1792* [Alma e mundo, os diários da juventude de Franz Baader 1786-1792] (org. David Baumgardt, Berlim, 1928).

[e] *Sturm und Drang* [literalmente, "tempestade e ímpeto"] foi um movimento literário do Romantismo alemão, que ocorreu no período entre 1760 a 1780, em reação ao racionalismo postulado pelo Iluminismo do século XVIII e ao classicismo francês. (N. T.)

mais quimérico, elas o levaram perigosamente à beira da ruína social e econômica. O que ocorreu em maior ou menor grau com todas essas ações decerto foi isto: elas não tiveram um efeito tonificante sobre o todo da sua conduta de vida, como se pode presumir para Goethe, e sim marcaram somente os novos pontos focais de sua mentalidade excêntrica. Nessa práxis que avança em círculos – bem como na sua crítica obcecada da arte grega e em suas ideias não menos primitivas para uma arte cristã –, há um inquestionável elemento francamente bárbaro. Como disse muito bem Jung, não há "em toda a literatura alemã, com certeza, nenhuma linguagem que seja tão *bárbara* e *ao mesmo tempo de sentido tão profundo* quanto a de Baader"[f].

Uma "certa simetria das pequenas barbaridades convenientes" pode ter adornado também sua conduta de vida, o que talvez explique o tratamento adverso que foi obrigado a suportar de seus contemporâneos, e com certeza o juízo de Wilhelm von Humboldt torna isso compreensível, ao incluir Baader no rol das pessoas "que se consideram convictas de que trilhamos até agora caminhos totalmente falsos e superficiais, pensam possuir ideias próprias e mais profundas sobre a essência das coisas, mas que, talvez justamente por causa de sua profundidade, aos olhos de outros parecem ser totalmente místicas, especialmente quando aplicadas à natureza inanimada"[g].

No fundo, trata-se só de uma formulação diferente e feliz da mesma ideia, quando Baumgardt diz que o feitio peculiar da teoria de Baader se baseia não tanto em originalidade propriamente dita, mas antes "num contraste sumamente vivo e surpreendentemente profundo com o restante do pensamento de sua época ou do passado imediato"[h]. De resto, já a paixão com que é feito esse contraste leva a perguntar quanto daquilo contra o que Baader se voltou estava vivo e ativo dentro dele mesmo. Era sobretudo o Iluminismo. De modo muito plausível, Baumgardt explicita como Baader esteve à frente de quase todos os seus contemporâneos no diagnóstico da situação social das classes trabalhadoras. Porque sua teoria era romântica na mesma proporção em que era cosmopolita a práxis que ele pretendia desenvolver a partir dela. E isso não só no que se refere ao tráfego e à metalurgia, mas da mesma forma na constituição religioso-eclesiástica. "Assim como a religião é 'a ideia de todas as ideias', a Igreja deve

---

[f] Alexander Jung, *Charaktere, Charakteristiken und vermischte Schriften*, cit., p. 194. (N. E. A.)
[g] Wilhelm von Humboldt, citado em David Baumgardt, *Franz von Baader und die philosophische Romantik*, cit., p. 30. (N. E. A.)
[h] David Baumgardt, *Franz von Baader und die philosophische Romantik*, cit., p. 397. (N. E. A.)

ser 'a corporação de todas as corporações', 'avalista de tudo que é ideal'. [...] Isto é, para além de todas as 'barreiras nacionais', esse clero, enquanto 'espírito da humanidade' e do amor, enquanto uma luz a ser concedida a todos os seres humanos, deveria livremente 'servir de base asseguradora e guia' a todas as corporações aparentadas, tanto ao Estado como ao bem-estar e à beneficência públicas, tanto à ciência quanto à arte."[i] É o templo de Sarastro com as "três graças que tornam a nossa vida eterna e melhor: a religião, a especulação e a poesia" emergindo no ponto de fuga das construções de Baader. Por essa razão, certamente não se deve tomar de forma literal o que Baumgardt diz da aptidão do filósofo para "ajudar", dando um "empurrão rumo à mais decisiva e difícil das jornadas filosóficas, que também nós devemos voltar a fazer hoje, a jornada rumo a um novo 'mito' [...]"[j].

É essa a jornada que devemos empreender? Fazendo isso, a teoria de Baader, tão firmemente cravada pelo autor no seu próprio chão, surgiria diante de nós como marco indicativo ou, muito antes, como oratório de beira de estrada?

---

[i] Ibidem, p. 325. (N. E. A.)
[j] Ibidem, p. 399. (N. E. A.)

Fachada do Instituto de Pesquisa Social, Frankfurt, 2007.

# 14

## INSTITUTO ALEMÃO DE LIVRE PESQUISA[a]

[Introdução do editor alemão (corresponde à parte inicial das notas do editor alemão, *GS*, v. III, p. 681s.):

O plano de Benjamin de expor o trabalho do Instituto de Pesquisa Social num artigo mais extenso remonta ao ano de 1937. Ele pretendia publicar a resenha numa revista conservadora chamada *Maß und Wert* [Medida e valor], visando, como escreveu em carta de 6/12/1937 a Horkheimer, "chamar a atenção da burguesia culta". Ferdinand Lion, o redator da *Maß und Wert*, mostrou-se interessado com ressalvas. Na citada carta a Horkheimer, Benjamin explicitou sua estratégia para a planejada publicação:

À minha carta endereçada a Oprecht chegou, há uma semana, a resposta do redator Ferdinand Lion. Ele escreve o seguinte:
"P. S. B. [= Prezado Sr. Benjamin] – A concordância da redação? '*L'État c'est moi* [O Estado sou eu].' Portanto, *de tout cœur et avec le plus grand plaisir* [de todo coração e com imenso prazer]. Gostaria de publicar o artigo no caderno 4, no mais tardar no caderno 5. Só há um ponto a considerar: ele não pode ser comunista. – Segundo ponto: ele é destinado à nossa seção crítica, não é? De qualquer modo, como o Sr. já deve ter percebido, ali tampouco há falta de espaço nem de possibilidades de desenvolver um tema. Gostaria muito de saber de quantas páginas o Sr. precisa. E, de resto – velho erro dos redatores já na Bíblia –, teria curiosidade de saber do que se trata – bastam-me algumas poucas dicas e palavras."
Fiquei um pouco acabrunhado com a condição básica imposta por Lion em conexão com o fato de ele não ter uma concepção muito clara do caráter da revista. O que se deve entender de uma ressalva formulada nesses termos depende, entre outras coisas, do grau de formação de quem a formula. A última publicação de Lion, intitulada *Geschichte biologisch gesehen* [A história do ponto de vista biológico], me

---

[a] Publicado originalmente em: *Maß und Wert*, caderno 5, v. I, maio-jun. 1938, p. 818-22. Originais no arquivo de W. Benjamin: texto datilografado com correções à mão (*Benjamin-Archiv*, Ts 1.481-93) [texto-base das *GS*]; cópia carbono datilografada com correções à mão, identificado como "exemplar de trabalho" (*Benjamin-Archiv*, Ts 1.494-1.506). (N. E. A.)
Texto-base da tradução: Walter Benjamin, *Gesammelte Schriften III* (org. Hella Tiedemann-Bartels, Frankfurt, Suhrkamp, 1972), p. 518-26, 681-6. (N. E.)

faz avaliar esse grau de formação com muita cautela e comprova, ademais, que é de coração que ele formula o seu ponto um.

No que diz respeito ao ponto dois, a "seção crítica" se refere às glosas impressas em duas colunas ao final do caderno. Não suponho que o artigo deva se apresentar nesse formato. A contribuição mais extensa que encontrei nessa parte abrange quatro páginas; nesse caso, eu teria de mover-me dentro de limites tão acanhados que seria muito difícil alcançar o objetivo do artigo.

Os pontos de referência que tenho em mente para o artigo não independem da primeira condição imposta pela redação. Caso não queiramos facilitar demais as coisas para a censura de Lion, deveríamos deixar a perspectiva política tanto quanto possível na penumbra. A perda de nitidez para a perspectiva do artigo implicada nisso precisa ser compensada com a precisão nos detalhes. Isso entraria em choque com o ponto dois. No que segue, vou desconsiderar o ponto dois e presumir que terei cerca de dez páginas à disposição – se não mais. Com menos que isso, parece-me bastante difícil, sem dar a impressão – no caso de observância da diretriz política de Lion – de que se trata simplesmente de um novo segmento da atividade acadêmica.

Em todo caso, parece-me importante pôr em relevo aquilo que é capaz de chamar a atenção da burguesia culta. Apropriado para isso é tudo que tiver Freud como ponto de partida. Penso, portanto, que um espaço maior deverá ser reservado para os trabalhos de Fromm, aos quais, de qualquer modo, pretendíamos dar certa ênfase. Material adequado para isso me parece ser, por um lado, os dois ensaios sobre o matriarcado e sobre Briffault e, por outro lado, a sua introdução a *Autorität und Familie* [Autoridade e família]. A partir desses trabalhos certamente será possível traçar da forma menos chamativa possível as incontornáveis linhas de projeção para o campo político.

O ponto de convergência dessas linhas de projeção seria constituído pelo vosso ensaio *Egoismus und Freiheitsbewegung* [Egoísmo e movimento libertário]. O burguês, como o Sr. o concebeu ali, seria contraposto, enquanto tipo patricêntrico, ao tipo matricêntrico. Essa disposição das matérias tornaria possível distanciar, de certo modo, da atualidade a crítica que os trabalhos do Instituto fazem às pessoas que hoje estão no comando. A máxima aproximação a ela seria feita com um disfarce estético, isto é, por meio das investigações de Löwenthal sobre a recepção de Dostoiévski e da poesia de C. F. Meyer.

Vossa antropologia política seria confrontada em seguida com a antropologia metafísica de Scheler e Jaspers. Procedendo assim, poderíamos utilizar cautelosamente a crítica ao lacaísmo neoacadêmico, que é traço comum a todos os trabalhos da revista. Certamente a delimitação em relação a esse lacaísmo seria ilustrada de modo especialmente claro por meio da crítica com que a "sociologia do saber" se deparou na revista. Porém, nesse ponto, é preciso ter em mente que o primeiro caderno da *Maß und Wert* publicou uma contribuição extensa de Mannheim. Dificilmente se permitirá que esse autor seja tocado. De resto, Mannheim certamente representa a delimitação exata do campo de referência intelectual de Lion.

Ainda não sei bem como se poderia incluir num resumo *pour le Dauphin* [sucinto e palatável] um trabalho como *Traditionelle und kritische Theorie* [Teoria tradicional e teoria crítica], do qual tenho à mão uma boa quantidade de citações importantes, ou um trabalho como aquele sobre o jazz. Não preciso dizer que a crítica do conceito de sistema, como a que determina sobretudo o vosso ensaio mencionado por último, é, na minha opinião, um dos pilares básicos do nosso trabalho. Infelizmente, a graça dialética desse tema está em que, no caso das questões metodológicas "puras", as finalidades políticas às quais servem esses métodos apareçam de modo não menos "puro". A situação é um pouco mais favorável no caso dos métodos de crítica da arte. Espero poder delinear os trabalhos de Wiesengrund pelo menos quanto a esse aspecto.

O Sr. me permita admitir, de passagem, que foi durante os preparativos para o artigo em pauta que li pela primeira vez detidamente a parte geral do vosso trabalho sobre a autoridade. Vossa análise das teses que a *Fenomenologia do espírito* propõe sobre a família me impressionou muito. Ela constitui um contraponto às observações sobre o esquematismo kantiano no último caderno. Espero poder mostrar, partindo do vosso texto e do artigo de Marcuse sobre Hegel no mesmo volume, que os interesses da história da filosofia são defendidos com seriedade muito maior pela antropologia política do que pelos trabalhos dos metafísicos.

O primeiro cuidado a tomar, no entanto, será o de assegurar-nos de que a limitação de espaço e a ressalva temática impostas pela redação da revista não interajam de tal forma que entre as duas não sobre mais espaço algum. Encaro como algo natural que, na pior das hipóteses, escreverei o trabalho em vão. Em contrapartida, não deveríamos facilitar a Lion exercer em nosso prejuízo os poderes absolutistas que professa. (Carta de 6/12/1937 a M. Horkheimer.)

No dia 6/1/1938, Benjamin comunica a Horkheimer que trabalhou com Adorno no artigo para a *Maß und Wert*: "Porém, [...] não produzimos mais que fragmentos" (*Briefe*, p. 742). Benjamin continuou o trabalho sozinho e, no dia 6/3/1938, enviou o manuscrito finalizado acompanhado da seguinte carta a Lion:

> Na carta que escreveu de Ouchy no ano passado, o Sr. chamou minha atenção para o "espaço e as possibilidades de desenvolver um tema", oferecidos também pela seção crítica da *Maß und Wert*. Por essa razão, não foi pequeno o meu susto quando o seu último comunicado propôs primeiro duas páginas e por fim só uma página.
>
> O que levou o Sr. a isso foi o fato de a revista ter tomado conhecimento do teor do aporte? O cartão postal escrito pelo Sr. me permite pressupor o contrário.
>
> Mas mesmo que não seja assim, eu admitiria francamente que estou falando de amigos aos quais me une um propósito comum. Espero não ter sido digressivo;

admito, no entanto, que num assunto que nos é caro não conseguimos ser tão sucintos quanto num que nos é indiferente.
Para ir ao encontro do seu desejo, a saber, do primeiro desejo expresso pelo Sr., optei por tomar um caminho não menos singular. Envio-lhe pelo correio no mesmo envelope não um manuscrito, mas vários deles. Assim, ao caracterizar como lastro um item após o outro da minha carga de ideias, espero ter-lhe facilitado a tarefa de redator. (Carta de 6/3/1938 a F. Lion.)

No dia seguinte, Benjamin enviou o seguinte relato a Horkheimer:

Com estas linhas, envio-lhe o manuscrito que escrevi para a *Maß und Wert*.
A extensão mínima de um informativo sobre o trabalho do Instituto fora estimada por mim, na minha carta de 6 de dezembro do ano passado, em dez páginas. Essa de fato é a extensão aproximada do ensaio anexo. Ele se atém ao que lhe expus na referida carta, ao colocar como parte principal o relato sobre os trabalhos de Fromm, seguido do relato sobre *Egoísmo e movimento libertário*. Ele evita os conceitos "materialismo" e "dialética".
A dificuldade do trabalho consistiu em prevenir as presumíveis intenções de sabotagem de Lion, que se encontram sobejamente confirmadas no cartão postal anexo. Com base nele, o Sr. pode ver que, contrariando um anúncio anterior, Lion não vem mais aqui. Isso derrubou a expectativa de aproximar-me dele pelo diálogo. Diante disso, tive de concentrar-me ainda mais em coibir de saída a sua malquerença. Foi isso que determinou a concepção do artigo.
Daí resultou que o mais apropriado seria conferir-lhe o caráter de um quebra-cabeça que talvez atenuasse em Lion a vontade de fazer intervenções por apresentar-se numa forma que já vai ao encontro delas. A "observação prévia" fornece a chave do quebra-cabeça. A extensão mínima do trabalho não chega a três paginas. Tentei evitar a todo custo uma rejeição "por falta de espaço". – Existe alguma possibilidade de utilizar o texto *in extenso* de modo conveniente, por exemplo, na América do Norte?
Anexo também a carta que acompanhou a postagem endereçada a Lion. Pareceu-me correto dar a entender na última frase que o acolhimento do relato sobre o Instituto é, para mim, condição para continuar a colaborar com a *Maß und Wert*. Não sei se o Sr. recebe a revista regularmente. Para que o Sr. possa fazer uma ideia dela assim como do *tour d'esprit minable et inconsistant* [mentalidade infame e inconsistente] de Lion, envio-lhe o número que saiu no início do ano. O ensaio de Lion sobre o lirismo, que consta desse número, é uma teia de aranha beletrística, na qual estão presos, como moscas secas, dois versos erroneamente citados da *Marienbad Elegie* [*Elegia de Marienbad*]. (Carta de 7/3/1938 a M. Horkheimer.)

A "observação prévia" que fornece "a chave do quebra-cabeça", que foi como Benjamin formatou o seu manuscrito, tem o seguinte teor:

A moldura do manuscrito é formada pelas páginas 1, 2, 3 e pela página 11. As páginas 8, 9 e 10 formam um bloco que pode ser usado tanto separadamente como com outras páginas dentro dessa moldura. As outras páginas 4-5, 6 e 7 podem ser usadas individualmente ou juntas; a única coisa que se deve observar é que a página 6 não pode figurar sem as páginas 4-5 (o inverso é possível). – Portanto, a extensão mínima do manuscrito comporta menos de três páginas, a extensão máxima cerca de oito páginas cheias. (*Benjamin-Archiv*, Ts 1482.)

Para que a chave dessa "observação prévia" possa ser utilizada, indicaremos a seguir o conteúdo abrangido pelas páginas individuais do manuscrito: p. 1 de "Quando teve" até "sua amizade"; p. 2 de "O grupo" até "elevado interesse"; p. 3 de "A solidariedade" até "emergência social"; p. 4-5 de "Foi isso" até "problemática"; p. 6 de "Uma teoria" até "revista"; p. 7 de "Injustiça" até "da sociedade"; p. 8-10 de "Os trabalhos" até "gosto artístico"; p. 11 de "No centro" até "acadêmica".

No dia 16/4/1938, Benjamin escreveu a Horkheimer:

> O telegrama do qual depreendi que a nota redigida para a *Maß und Wert* agradou ao Sr. realmente me alegrou muito. [...] Ontem recebi o caderno em que minha nota foi publicada na forma de anúncio da *Zeitschrift für Sozialforschung* [Revista de Pesquisa Social] e com a extensão de quatro páginas impressas. [...] Estou contente porque isso está finalmente sacramentado, pois até o último momento julguei possível que Lion me confrontasse com um *fait inaccompli* [fato não consumado]. (*Briefe*, p. 753s.)

No dia 28/5/1938, Benjamin volta ao seu texto mais uma vez, novamente numa carta a Horkheimer:

> Senti, tanto quanto o Sr., que a localização e a redação dadas à nota sobre o Instituto não foram as desejadas; todavia – e também nesse ponto minha reação dificilmente será diferente da vossa –, isso não me surpreendeu. A relutância de Lion era manifesta e está por demais fundada no *habitus* do homem. (Carta de 28/5/1938 a M. Horkheimer.)]

---

Quando teve início a dispersão dos eruditos alemães no ano de 1933, nenhum dos territórios que escolheram como pátria poderia por si só lhes ter proporcionado um renome de destaque. Ainda assim, os olhares da Europa estavam voltados para eles, e o que mostravam era bem mais que simpatia. Nesses olhares havia uma interrogação do tipo que se dirige a quem foi golpeado por um perigo incomum, a quem foi assombrado por um novo terror. Durou certo tempo até que os atingidos fixassem em seu próprio íntimo a imagem daquilo que havia emergido diante deles. Porém, cinco anos são um prazo bastante longo. Esses anos tiveram de ser suficientes para que um grupo de pesquisadores, todos voltados para uma só e mesma experiência, que cada qual utilizou a seu modo e em seu campo de atividade, prestasse contas a si e a outros sobre o que lhes sucedera enquanto pesquisadores e o que determinaria seu trabalho dali para frente. Não por último eles talvez devessem essa justificativa àqueles que, no exílio, demonstraram-lhes sua confiança e amizade.

O grupo em questão aglutinou-se durante a república alemã em torno do Instituto de Pesquisa Social de Frankfurt. Não se pode afirmar que ele tenha constituído um grupo de estudos de uma só especialidade desde o seu surgimento. O diretor do Instituto, Max Horkheimer, é filósofo; seu colaborador mais próximo, Friedrich Pollock, é economista. Ao lado desses se encontram Fromm, como psicanalista; Grossmann, como economista político, Marcuse e Rottweiler[b], como filósofos (sendo o último também esteticista musical); Löwenthal, como historiador de literatura, e alguns outros. A ideia que levou a esse agrupamento é "que hoje a teoria da sociedade só conseguirá se desenvolver em estreita conexão com uma série de disciplinas, sobretudo com a economia política, a psicologia, a história e a filosofia". Em contrapartida, a aspiração comum aos pesquisadores mencionados é orientar o trabalho de sua respectiva disciplina na condição do desenvolvimento social e em sua teoria. A questão em pauta dificilmente poderá ser exposta em forma de doutrina e com certeza não em forma de sistema. Ela se mostra, antes, como sedimentação de uma experiência inalienável que impregna todas as reflexões. Implica que o rigor metodológico com que a ciência busca honrar-se só merece esse nome quando inclui em seu horizonte não só o experimento realizado no espaço isolado do laboratório, mas também o experimento realizado no espaço aberto da história. Os últimos anos fizeram com que essa necessidade se acercasse dos pesquisadores oriundos da Alemanha bem mais do que teriam desejado. Essa necessidade os levou a enfatizar a conexão que existe entre o seu trabalho e a corrente realista da filosofia europeia que se desenvolveu no século XVII, principalmente na Inglaterra; no século XVIII, na França; e no século XIX, na Alemanha. Hobbes e Bacon, Diderot e Holbach, Feuerbach e Nietzsche tinham em vista o alcance social da sua pesquisa. Essa tradição ganhou renovada autoridade, e o seu prosseguimento, elevado interesse.

---

[b] Hektor Rottweiler, pseudônimo de Theodor W. Adorno. (N. E. A.)

A solidariedade do mundo erudito concedeu a esses pesquisadores alemães, nas grandes democracias, sobretudo na França e na América do Norte, mais do que asilo. Na América do Norte, um Institute for Social Research [Instituto de Pesquisa Social] foi anexado à Universidade Columbia; na França, um Institut des Recherches Sociales [Instituto de Pesquisas Sociais], à Ecole Normale Supérieure. Onde quer que ainda haja discussão científica livre, ela é acompanhada por esse grupo de trabalho. Muita coisa fala a favor de derivar novamente essa discussão sobre as mais recentes palavras de ordem e formas discursivas das questões básicas da filosofia europeia ainda não passadas a limpo. O fato de ainda não terem sido passadas a limpo está relacionado com o estado de emergência social.

Foi isso que motivou o debate sobre o positivismo – a "filosofia empírica", como se diz hoje – que foi travado pelo Instituto nos últimos anos. A Escola de Viena de Neurath, Carnap e Reichenbach foi sua principal interlocutora. Já em 1932, no artigo "Bemerkungen über Wissenschaft und Krise" [Observações sobre ciência e crise][c], Horkheimer chamou a atenção para a propensão tão característica do positivismo de considerar a sociedade burguesa como eterna e tratar suas contradições – tanto as teóricas quanto as práticas – como bagatela. Três anos depois, o ensaio "Zum Problem der Wahrheit" [Sobre o problema da verdade][d] provê uma base mais ampla para essa análise. A investigação tem em mira o contexto inteiro da filosofia ocidental, já que a submissão acrítica ao vigente, que acompanha o relativismo do pesquisador positivista como a sua sombra, tem sua origem em Descartes "na ligação da dúvida metodológica universal [...] com o seu catolicismo sincero" (*Zeitschrift für Sozialforschung* [*ZfS*, Revista de Pesquisa Social], ano IV, caderno 3, p. 322). Mais dois anos se passam e lemos: "A teoria no sentido tradicional, fundado por Descartes, na forma em que é vivenciada em toda parte na atividade das ciências especializadas, organiza a experiência na base de questionamentos que resultam em conexão com a reprodução da vida no âmbito da sociedade atual"[e]. A rigor, criticar o positivismo significa examinar a "empresa" científica. Não foi por acaso que

---

[c] Max Horkheimer, "Bemerkungen über Wissenschaft und Krise", em *Zeitschrift für Sozialforschung*, v. I, 1932, p. 1-7. (N. E. A.)

[d] Idem, "Zum Problem der Wahrheit", em *Zeitschrift für Sozialforschung*, v. IV, 1935, p. 321--64. (N. E. A.)

[e] Idem, "Philosophie und kritische Theorie", em *Zeitschrift für Sozialforschung*, v. VI, n. 3, 1937, p. 625. (N. E. A.)

ele se evadiu às preocupações da humanidade e encontrou tanta facilidade em firmar contrato de trabalho com os detentores do poder. "O funcionamento em ponto morto de certos setores da empresa universitária, bem como a perspicácia sem sentido e a formulação metafísica e não metafísica de ideologias têm [...] o seu significado social sem [...] corresponder realmente aos interesses de qualquer maioria social digna de menção"[f].

Ademais, que expectativa os eruditos exilados poderiam ter em relação à empresa, visto que a sua função mais positiva – a de preservar as relações internacionais entre os pesquisadores – é coibida hoje de múltiplas maneiras? Há ramos da ciência, como a psicanálise, a que países inteiros não têm acesso; vemos as teorias da física teórica serem proscritas; a autarquia ameaça o intercâmbio intelectual, mesmo que seja só por razões materiais; os congressos, que deveriam se empenhar em sustentá-lo, estão repletos de tensões políticas não resolvidas. A teoria se transformou num cavalo de madeira, e a *universitas litterarum,* numa nova Troia, na qual os inimigos do pensamento e da razão já começaram a descer de seu esconderijo. Tanto mais decisivo torna-se contrapor à preponderância das condições atuais sobre o andamento dos relatórios de pesquisa sua própria atualização. Esse intento é comum a todas as contribuições da *Zeitschrift für Sozialforschung.* Informações mais precisas sobre o seu objetivo são fornecidas por uma discussão com o pragmatismo que antecipara tal atualização à sua maneira – que, na verdade, é sumamente problemática.

Uma teoria do conhecimento científico não tinha como passar ao largo do positivismo e muito menos do pragmatismo justamente na América do Norte. O pragmatismo se diferencia do positivismo, antes de tudo, pela visão da relação que existe entre a teoria científica e a práxis. Segundo o positivismo, a teoria volta as costas para a práxis; segundo o pragmatismo, ela deve orientar-se na práxis. A comprovação da teoria na "práxis" é, para o pragmatismo, o critério da verdade daquela. Em contraposição a isso, para o pensador crítico "a própria comprovação, a própria demonstração de que ideia e realidade objetiva coincidem constituem um processo histórico que pode ser inibido e interrompido"[g]. O pragmatismo tenta em vão saltar por cima dos fatos históricos, alçando a primeira "práxis" que encontra pela frente a parâmetro do ato de pensar. Para a

---

[f] Idem, "Traditionelle und kritische Theorie", em *Zeitschrift für Sozialforschung*, v. VI, n. 2, 1937, p. 261. (N. E. A.)

[g] Idem, "Zum Problem der Wahrheit", cit., p. 346. (N. E. A.)

teoria crítica, em contraste, "as categorias do melhor, do útil, do apropriado"[h], com as quais ela opera, não são aceitáveis sem mais nem menos. Ela volta a sua atenção especialmente para aquele ponto em que a formação dos conceitos científicos começa a abdicar da memória crítica que lhe foi infundida em vista da práxis social e se dispõe a transfigurar essa práxis.

"Na mesma proporção em que o interesse por uma sociedade melhor [...] ia sendo substituído pelo empenho em fundamentar a eternidade da sociedade atual, foi ingressando um momento inibidor e desorganizador na ciência."[i] Esse empenho tende a esconder-se atrás da aparência de rigor conceitual; descobrir o seu rastro foi a intenção com a qual alguns conceitos fundamentais da crítica do conhecimento e da ciência – os conceitos da verdade, da essência, da comprovação, do egoísmo, da "natureza" do ser humano – foram tratados na revista.

Injustiça sofrida faz pensar em justiça com as próprias mãos. Até agora isso valeu para toda e qualquer emigração. O meio mais saudável contra isso certamente é procurar a justiça na injustiça sofrida. Não se poderá afirmar que os intelectuais tenham previsto o que estava por vir e ainda menos que lhe tivessem posto entraves no caminho. Os olhares precisam voltar-se da ciência "positiva", que tantas vezes se tornou cúmplice da violência e da brutalidade, precisam mirar além dos detentores de suas cátedras, para a "intelectualidade livre". Esta reivindicou uma primazia que, nesses termos, não lhe cabe. O que interessa aos pesquisadores libertários no momento é obter uma noção das suas próprias possibilidades, das possibilidades que lhes foram sonegadas, para deter o retrocesso da humanidade na Europa. Para isso, eles não necessitam "de instrução acadêmica sobre a sua assim chamada posição"[j]. Em contrapartida, isso tampouco se faz com bordões, venham de onde vierem. "O intelectual que, com veneração contemplativa, meramente proclama a força criadora do proletariado [...] ignora" que a falta de um esforço teórico que, de modo proveitoso, talvez "pudesse levá-lo a opor-se temporariamente às massas [...], torna essas massas mais cegas e mais débeis do que precisam ser."[k] Não é a transfiguração do proletariado que dispersará o nimbo imperial com que se

---

[h] Idem, "Traditionelle und kritische Theorie", cit., p. 261. (N. E. A.)
[i] Idem, "Bemerkungen über Wissenschaft und Krise", cit., p. 3. (N. E. A.)
[j] Idem, "Traditionelle und kritische Theorie", cit., p. 275. (N. E. A.)
[k] Ibidem, p. 268. (N. E. A.)

cobriram os candidatos ao milênio. Essa noção já aponta para o objeto de uma teoria crítica da sociedade.

Os trabalhos do Instituto de Pesquisa Social convergem numa crítica da consciência burguesa. A crítica não é feita a partir de fora, mas como autocrítica. Ela não fica presa à atualidade, mas se volta para a origem. O quadro mais amplo foi delimitado pelos trabalhos de Erich Fromm. Suas pesquisas remontam a Freud e mais ainda a Bachofen. Valendo-se da pulsão sexual, Freud demonstrou a existência de numerosas camadas intercaladas. Suas descobertas são históricas, mas são mais frequentemente atinentes à pré-história do que às épocas históricas da humanidade. Fromm levanta enfaticamente a questão das variáveis históricas da pulsão sexual. (Analogamente, outros pesquisadores desse círculo levantaram a questão das variáveis históricas da percepção humana.) Fromm faz um uso muito cauteloso da concepção das estruturas pulsionais "naturais"; seu interesse está em constatar a condicionalidade das necessidades sexuais em sociedades historicamente dadas. Ao fazer isso, parece-lhe equivocado colocá-las sempre como homogêneas. "A classe dependente precisa reprimir suas pulsões numa proporção bem maior do que as classes dominantes" (Studien über Autorität und Familie [Estudos sobre autoridade e família], *Forschungsberichte aus dem Institut für Sozialforschung* [Relatórios de pesquisa do Instituto de Pesquisa Social], Paris, 1936, p. 101, em *Schriften des Instituts für Sozialforschung* [Escritos do Instituto de Pesquisa Social, org. Max Horkheimer, v. V])[1].

As investigações de Fromm estão voltadas para a família como a correia de transmissão em virtude da qual as energias sexuais influenciam a constituição social e as energias sociais influenciam a constituição sexual. A análise da família o leva de volta até Bachofen. Ele retoma as teorias desse autor referentes à ordem polar da família, à família matricêntrica e à família patricêntrica, que a seu tempo foram consideradas por Engels e por Lafargue uma das maiores realizações históricas daquele século. A história da autoridade, na medida em que ela perfaz a integração crescente da coerção social na vida interior do indivíduo, coincide fundamentalmente com a família patricêntrica. "A própria autoridade do pai de família está fundada, em última instância, na estrutura autoritária da sociedade como um todo. O pai de família é, perante a criança (do ponto de vista temporal), o primeiro mediador da autoridade social, mas não é (do pon-

---

[1] Erich Fromm, "Theoretische Entwürfe über Autorität und Familie" [Esboços teóricos sobre autoridade e família], parte sociopsicológica. (N. E. A.)

to de vista do conteúdo) seu modelo, e sim seu retrato."ᵐ O objeto mais importante da crítica de Fromm é a interiorização da coerção social, que, numa família de constituição extremamente patricêntrica, como a que toma forma na Era Moderna, ganha um matiz cada vez mais sombrio, um caráter cada vez mais hostil à vida. O critério dessa crítica está contido em seu ensaio *Die sozialpsychologische Bedeutung der Mutterrechtstheorie* [O significado sociopsicológico da teoria do matriarcado], no qual ele escreve o seguinte:

> Se até os mais progressistas dentre os filósofos iluministas franceses já provieram da estrutura patricêntrica de sentimento e pensamento, então o portador propriamente dito [...] das tendências matricêntricas vem a ser a classe cujos impulsos para uma vida totalmente dedicada ao trabalho procedem essencialmente de uma coerção econômica e somente em parte de uma coerção interiorizada (*ZfS*, v. III, n. 2, p. 225).

Com base nas teorias de Fromm, Horkheimer tira a prova num ensaio sobre o estado de consciência dos líderes na luta de libertação da burguesia. O autor caracteriza sua investigação sobre *Egoismus und Freiheitsbewegung* [Egoísmo e movimento libertário] como uma contribuição para a "antropologia da era burguesa". A análise apresenta a história da emancipação burguesa num grande arco que se estende de Cola di Rienzo até Robespierre. O raio do arco é determinado por uma reflexão, cujo parentesco com o que foi reproduzido anteriormente é evidente. "Quanto mais puro o modo de dominação da sociedade burguesa [...], tanto mais indiferente e hostil é o modo como se defrontam as pessoas." Porém, "a crítica do egoísmo combina melhor com o sistema dessa realidade egoísta do que a sua franca defesa, pois ele está baseado de modo crescente na negação do seu próprio caráter". "Na Era Moderna, a relação de dominação é encoberta em termos econômicos pela aparente independência dos sujeitos economicamente ativos, em termos filosóficos pelo conceito [...] da liberdade absoluta do ser humano e interiorizada pela domesticação e pelo amortecimento das reivindicações de prazer" (*ZfS*, v. V, n. 2, p. 165, 169 e 172). Entre as passagens mais significativas do ensaio estão aquelas em que o autor tenta derivar a espiritualização, o entusiasmo retórico festivo e também ascético, comum aos movimentos revolucionários da burguesia, das energias das massas desenfreadas, energias essas direcionadas "de fora para dentro já durante o movimento" (*ZfS*, v. V, n. 2, p. 188). Isso é feito especialmente em relação à Revolução Francesa. No fim, as massas que ela empregou como força

---

ᵐ Ibidem, p. 88. (N. E. A.)

motriz histórica estavam muito longe de verem suas reivindicações atendidas. "Robespierre é um líder burguês. [...] O princípio de sociedade que ele defende, contém [...] a contradição à sua ideia de justiça universal. A cegueira para essa contradição mancha seu caráter, apesar de toda a entusiástica racionalidade, com marca do fantástico" (*ZfS*, v. V, n. 2, p. 209). O terror, no fim das contas, adere a esse fantástico, e há um tipo de interiorização que é capaz de se manifestar como crueldade – em que medida isso ocorre e de que tipo são questões esclarecidas numa perspectiva histórica que desemboca em nossos dias atuais. De fato, uma série de outros estudos aplica os mesmos motivos a fenômenos do presente. Hektor Rottweiler estudou o jazz como complexo sintomático social[n]; Löwenthal vai em busca da pré-história da ideologia autoritária em Knut Hamsun[o]; Kracauer investiga a propaganda dos Estados totalitários[p]. Os referidos estudos têm em comum o propósito de, tomando como exemplo obras da literatura e da arte, evidenciar, por um lado, a técnica da produção e, por outro, a sociologia da recepção. Desse modo, eles alcançam objetos que não se revelam facilmente a uma crítica baseada no simples gosto artístico.

No centro de um trabalho científico que se reputa sério figuram questões metodológicas. As que foram abordadas aqui formam simultaneamente o centro de um círculo de problemas mais amplo, concêntrico ao do Instituto de Pesquisa Social. Na literatura libertária, fala-se no momento muito da "herança cultural" alemã. Isso é compreensível em vista do cinismo com que, no presente, está sendo escrita a história alemã, do cinismo com que, no presente, o patrimônio alemão está sendo administrado. Porém, nada teria sido ganho se, em contrapartida, entre os que se calam aqui dentro ou entre os que podem ser seus porta-vozes lá fora, sobressaísse a autossatisfação dos herdeiros legítimos, se o orgulho de mendigo de um novo *omnia mea mecum porto* [tudo que tenho trago comigo] fosse de bom tom. Porque atualmente as posses espirituais não estão mais garantidas do que as materiais. E cabe aos pensadores e pesquisadores que ainda dispõem de liberdade para pesquisar distanciar-se da concep-

---

[n] Hektor Rottweiler, "Über Jazz", em *Zeitschrift für Sozialforschung*, v. V, 1936, p. 235-59. (N. E. A.)

[o] Leo Löwenthal, "Knut Hamsun. Zur Vorgeschichte der autoritären Ideologie", em *Zeitschrift für Sozialforschung*, v. VI, 1937, p. 295-345. (N. E. A.)

[p] Siegfried Kracauer empreendeu suas análises sobre o filme alemão por certo tempo em estreito contato com o Instituto de Pesquisa Social; cf. S. Kracauer, *Propagand and the Nazi War Film* (Nova York, 1942) e *From Caligari to Hitler: A Psychological History of the German Film* (Princeton, 1947). (N. E. A.)

ção de um acervo de bens culturais disponível – e inventariado – de uma vez por todas. Especialmente eles devem querer muito contrapor um conceito crítico de cultura ao "conceito afirmativo de cultura"[q]. Este último provém, como tanta outra riqueza falsa, da época do estilo que imitava a Renascença. Em contraste, ir em busca das condições técnicas da criação cultural, de seu acolhimento e durabilidade cria espaço para uma tradição autêntica às custas de acordos cômodos.

A dúvida em relação ao "conceito afirmativo de cultura" é uma dúvida alemã e certamente deve ser incluída no número daquelas que foram expressas com precisão e relevância numa passagem da *Maß und Wert* (v. I, n. 4). Ali consta o seguinte: "A derrota da democracia é tão perigosa porque o espírito, ao qual ela se reporta, está agonizando"[r]. Essa sentença dá a entender do que depende, no fim das contas, o resgate da herança cultural. A suma da atualidade resulta nisso: "Tudo que já foi alcançado só lhe foi dado como algo que desaparece e está ameaçado" (*ZfS*, v. VI, n. 3, p. 640). Ainda seria possível isolar do processo de desagregação da sociedade democrática os elementos que – ligados aos seus primórdios e ao seu sonho – não negam solidariedade a uma sociedade futura, à própria humanidade? Os pesquisadores alemães que deixaram seu país não teriam salvo muita coisa, e pouco teriam a perder se a pergunta anterior não recebesse uma resposta afirmativa. A tentativa de ler os lábios da história não é acadêmica.

---

[q] Herbert Marcuse, "Über den affirmativen Charakter der Kultur" [Sobre o caráter afirmativo da cultura], em *Zeitschrift für Sozialforschung*, v. VI, 1937, p. 54s. (N. E. A.)

[r] Anônimo, "Deutsche Zweifel an Europa" [Dúvidas alemãs em relação à Europa], *Maß und Wert*, n. 4, v. I, 1938, p. 622 (N. E. A.)

Käthe Kollwitz, *Die Mütter* [As mães], xilogravura, peça 6, série Krieg, 1921-1922.

15

CRÔNICA DOS DESEMPREGADOS ALEMÃES[a]

Sobre o romance *Die Rettung* [O resgate], de Anna Seghers[1]

As tentativas feitas por escritores no sentido de descrever a existência e as condições de vida dos proletários eram obstaculizadas por preconceitos do tipo que não se supera de um dia para o outro. Um dos mais persistentes via o proletário como o "homem simples do povo", que se encontra em oposição não só ao homem culto, mas em geral ao membro diferenciado de algum estrato superior. Ver o oprimido como um ser da natureza foi a coisa mais plausível para a classe burguesa em ascensão no século XVIII. Depois que essa classe conquistou a vitória, ela confrontou no oprimido, cujo lugar ela própria entrementes havia cedido ao proletariado, não mais a degeneração feudal, mas a sua própria gradação, a individualidade burguesa nuançada. A forma utilizada para expô-la foi o romance burguês, o seu objeto, o "destino" incalculável do indivíduo, frente ao qual todo Iluminismo se mostraria insuficiente.

Por volta da virada do século [XIX para o século XX], alguns romancistas feriram esse privilégio burguês. Não há como negar que, entre outros, Hamsun deixou de lado as "pessoas simples" em seus livros, e que os êxitos que obteve se devem em parte à natureza bastante complexa das suas pessoas humildes do campo. Depois disso, algumas evoluções sociais abalaram o preconceito em questão. A guerra irrompeu e, nos anos pós-guerra, a psiquiatria foi acrescida de mais uma disciplina, a da neurose de guerra, na qual o "homem do povo" recebeu o que lhe cabia por direito, até mais do que teria gostado. Mais alguns anos se passaram e o desemprego em massa chegou ao país. A nova miséria

---

[a] Publicado (com cortes) como "Die Rettung", *Die neue Weltbühne*, caderno 19, v. XXXIV, 12 maio 1938, p. 593-97
Original: *Eine Chronik der deutschen Arbeitslosen. Zu Anna Seghers Roman "Die Rettung"*. – Texto datilografado com correções à mão, caracterizado como "exemplar de trabalho" (Benjamin-Archiv, Ts 1.507-12); texto-base das *GS*. (N. E. A.)
Texto-base da tradução: Walter Benjamin, *Gesammelte Schriften III* (org. Hella Tiedemann-Bartels, Frankfurt, Suhrkamp, 1972), p. 530-8, 691. (N. E.)

[1] Anna Seghers, *Die Rettung. Roman* (Amsterdã, Querido, 1937), 512 p.

permitiu vislumbrar novas perturbações no equilíbrio, novas alucinações e novas anormalidades no comportamento dos atingidos por ela. De sujeitos da política eles passaram com bastante frequência à condição de objetos patológicos dos demagogos. O "homem simples do povo" ressuscitou na forma do *Volksgenosse* [compatriota][b] – moldado com a substância do neurótico, do subnutrido e do desafortunado.

De fato, uma das condições que o nazismo encontrou para o seu crescimento foi o abalo da consciência de classe a que o proletariado ficou exposto com o desemprego. O novo livro de Anna Seghers tem a ver com esse processo. Ambientado num povoado minerador da Alta Silésia, relata o desenrolar dos acontecimentos após a desativação da mina local. Visto por alto, bem pouco acontece. Porque também ali reina a injustiça, e a indignação é rara. "Até os mais esfarrapados, os mais revoltados, os que estavam com vontade de arrebentar todo aquele mundo insuportável, diziam abertamente: 'É hora de voltar para os nabos' ou 'A coisa com o rádio azedou'. Porém, nem lhes cabia dizer essas palavras, pensou Bentsch; na sua boca, elas não faziam sentido" (p. 97). Bentsch fala com a voz de Anna Seghers. É o personagem principal de sua narrativa e nos é apresentado como um mineiro mais velho e sossegado que não permite que se toque em seu Senhor Deus nem em seu pastor. De casa ele não é uma cabeça politizada e muito menos um radical. É preciso conceder-lhe: ele trilha sozinho seu caminho. Hoje em dia, muitos têm de trilhá-lo sozinhos. Inclusive proletários que pouco têm da sutileza bronca do burguês e menos ainda da simplicidade hipócrita do "compatriota". Aliás, trata-se de um caminho longo. Ele leva Bentsch até o arraial dos que praticam a luta de classes.

O livro toca com muita cautela na situação política. Esta é comparável ao conjunto de raízes de uma planta. Quando a autora o levanta com mão delicada, fica preso nele o húmus das relações privadas – vicinais, eróticas, familiares.

Esses proletários com sua renda cada vez mais reduzida precisam, ao mesmo tempo, esticar uma vivência cada vez mais curta. Eles se enredam em hábitos que nada significam, tornam-se implicantes, contabilizam cada centavo do seu limitado orçamento psíquico. Depois atêm-se indenes a exaltações, para as

---

[b] O conceito *Volksgenosse* foi disseminado durante o período nazista e designava quem tinha "sangue alemão ou aparentado". O ponto 4 do Programa do Partido dos Trabalhadores Nacional-Socialista Alemão (NSDAP), de 1920, já estipulava isto: "Só pode ser cidadão quem é *Volksgenosse*. Só pode ser *Volksgenosse* quem tem sangue alemão, independentemente da confissão. Por conseguinte, nenhum judeu pode ser *Volksgenosse*". (N. T.)

quais rapidamente se acham argumentos duvidosos ou prazeres surrados. Tornam-se instáveis, irregulares e imprevisíveis. Sua tentativa de viver como as outras pessoas os afasta cada vez mais delas mesmas, e acontece o mesmo que com Findlingen, o povoado de mineradores onde se sentem em casa. "As pessoas tinham começado a revolver a terra também em locais insólitos para cultivar alguns feijões ou pés de rabárbaro, mas exatamente por isso Findlingen se tornou cada vez mais dessemelhante de um povoado autêntico" (p. 100).

Uma das bênçãos do trabalho é que só ele torna possível sentir o gozo de não fazer nada. Kant qualifica o cansaço após a jornada de trabalho como um dos maiores prazeres dos sentidos. Ócio sem trabalho é tortura. Ele se soma às privações dos desempregados. Eles são vencidos pelo curso do tempo que, como um íncubo, os engravida contra a sua vontade. Eles não geram, mas têm desejos excêntricos como as grávidas. Cada um deles é mais instrutivo que enquetes inteiras sobre os desempregados. "Depois que seus últimos convidados tinham ido embora, Bentsch sempre tinha o desejo de correr para a rua e trancar a porta de sua cozinha não por dentro, mas por fora. Porém, até mesmo a ele esse desejo parecia tão esquisito e absurdo que sempre que ele o acometia, logo tratava de dar um bocejo ou dizer: 'Até que enfim!'" (p. 115). É impressionante a quantidade de apátridas a que a narradora deu acolhida sob o teto dessa cozinha. Ela é o contraponto à "superfície ampla e pouco usada da Praça de Bismarck" (p. 320), sobre a qual paira o céu "rijo e amarelado" (p. 44). Lá, tanto quanto aqui, uma pessoa não tem teto sobre a cabeça. Por isso, Bentsch não consegue decidir-se a ir para a cama, e muitas vezes fica sentado na cozinha escura como se estivesse sentado num banco da Praça de Bismarck. Então lhe passou pela cabeça que se passaram quinze anos desde que irrompeu a guerra. "Esses anos passaram rapidamente. Isso não o assustou; o que lhe causava espanto era que tudo aquilo tivesse mesmo acontecido. Ele ficava admirado. Alguém tinha de saber quem ele era. Como é possível que Ele não tivesse tido outros planos para ele?" (p. 115).

Enquanto o pensamento dos que foram excluídos do sistema de seguridade social ainda girava em torno da sua mina, teve início, sem que eles ficassem sabendo de muita coisa sobre isso, um processo decisivo. No mundo lá fora, o que está em jogo não é uma empresa mineradora a mais ou a menos. O que está em jogo é a própria subsistência do capitalismo. Os economistas políticos começam a seguir a doutrina do desemprego estrutural. Mas a doutrina de que a gente de Findlingen precisa se apropriar tem o seguinte teor: para poderem retornar à mina, vocês têm de conquistar o Estado. Essa verdade precisa superar uma infinidade de obstáculos no caminho até os cérebros. Até agora ela só conseguiu penetrar em bem poucos – dentre os quais o de Lorenz, um jovem desempregado, que antes de ser assassinado deixou, no povoado cinzento, o rastro luminoso que Bentsch jamais esquecerá.

Esses poucos são a esperança do povo. O relato de Anna Seghers é sobre o povo. Mas este não faz parte do seu grupo de leitores. Menos ainda ele pode falar a ela hoje. Só os seus sussurros podem chegar até ela. A narradora em nenhum momento perde a noção disso. Ela narra com pausas, como alguém que espera em silêncio pelos ouvintes chamados e, para ganhar tempo, às vezes se interrompe. "Quanto mais tarde da noite, mas belos os convidados." Essa tensão atravessa o livro. Ele está muito distante da instantaneidade da reportagem, que não pergunta muito a quem está propriamente se dirigindo. Ele está igualmente distante do romance, que, no fundo, pensa apenas no *leitor*. A narradora não abdicou da sua voz. O livro foi salpicado com muitas histórias que estão ali esperando pelo *ouvinte*.

O que está em ação na grande quantidade de personagens do livro não é a lei do romance, no qual as figuras episódicas aparecem no mesmo ambiente em que se encontra uma figura principal. Esse ambiente – o "destino" – falta aqui. Bentsch não tem destino: se tivesse um, ele teria sido anulado no momento em que Bentsch, no final da história, desapareceu como anônimo entre os ilegais. O leitor se lembrará das pessoas que conheceu, em primeira linha, como testemunhas. Trata-se de mártires no sentido exato da palavra (*mártyr*, em grego: a testemunha). O relato sobre eles é uma crônica. Anna Seghers é a cronista dos desempregados alemães. A base de sua crônica é uma fábula que, podemos dizer, dá ao livro o cunho romanesco. No dia 19 de novembro de 1929, dentre 53 soterrados no poço de uma mina são resgatados sete que ainda estão com vida. Esse é "o resgate". Ele funda o vínculo que se estabelece entre esses sete. A narradora acompanha-os com uma pergunta muda: qual a experiência que subsistirá ao lado daquela que os perdidos fizeram no poço quando repartiram lá embaixo o último gole de água e o último pedaço de pão? Eles conseguirão confirmar a solidariedade que demonstraram em meio à catástrofe natural também em meio à catástrofe social? – Eles ainda não tiveram alta do hospital, quando os indícios sombrios dessa catástrofe chegam até eles. "Eles talvez façam como lá em L. Não vale mais a pena. Requerimento de desativação" (p. 31).

O requerimento é expedido, e seus termos são cumpridos. "Durante 26 semanas ganha-se 11,35 marcos de auxílio-desemprego, depois ganha-se 8,80 marcos. Vinte e seis semanas é o mínimo, depende da cidade, foi por causa da crise; depois vem a assistência social, total 6,50 marcos, mais dois marcos mensais por criança. Depois disso não vem mais nada" (p. 94). Os leitores ficam sabendo disso pelo livro, e os atingidos, por boca de uma certa Katharina, que caminha pela narrativa como moça estrangeira. Ela é de fora em mais de um sentido. E assim essa informação trazida pelo "som incomum" de uma voz tranquila se assemelha a uma sentença que é pronunciada de lugares remotos sobre os desempregados. E ela continua determinando a vida que eles resgataram da mina.

O primeiro aniversário do evento que se chama "o resgate" toma um rumo sombrio e acaba acarretando a morte justamente dos que haviam sido resgatados. "Faz só um ano?", dizem. Para os desempregados, esse ano parece mais longo do que aqueles em que cumpriam o seu turno. Eles estão sentados na taberna do Aldinger.

"Bentsch, a tua língua já deve estar gasta de tanto discursar para nós. Sair desse buraco de ratos coisa nenhuma. Se soubesses que aqui fora as coisas ficariam como ficaram, terias te esforçado assim mesmo?" "Sim." Ele nunca tinha pensado a respeito, mas já sabia. "Sim?", disse Sadovski espantado. Nas mesas ao lado, todos escutavam com muita atenção. "Com toda certeza sempre queremos sair. Estar com todos os outros." Bentsch fez um movimento com o braço por cima daqueles que estavam sentados à volta. (p. 219-20.)

Não menos muda que a pergunta muda da qual se falou anteriormente é a resposta que ela recebe dessa maneira.

O que diferencia a crônica da exposição histórica em seu sentido mais recente é que lhe falta a perspectiva temporal. Suas descrições chegam bem próximas daquelas formas de pintura anteriores à descoberta da perspectiva. Quando o espectador se depara com as formas das miniaturas ou dos antigos painéis sobre um fundo dourado, seus traços ficam gravados na sua memória com a mesma intensidade que têm quando o pintor os põe na natureza ou num nicho. Elas são delimitadas por um espaço transfigurado sem perder nada de sua nitidez. Do mesmo modo, os caracteres do cronista medieval são delimitados por um tempo transfigurado que pode interromper subitamente a sua atuação. O reino de Deus os alcança como catástrofe. Com certeza não é essa a catástrofe que está à espera dos desempregados cuja crônica é *O resgate*. Porém, ela é algo como a sua imagem inversa, o aparecimento do anticristo. Como se sabe, este arremeda a bênção que foi anunciada como messiânica. Assim sendo, o Terceiro Reich arremeda o socialismo. O desemprego acaba porque o trabalho forçado se tornou legal. Só poucas páginas do livro de Seghers se ocupam da "nação em marcha". Porém, o horror dos porões nazistas dificilmente alguma vez terá sido conjurado da maneira como foi nessas páginas, que não revelam das suas práticas mais do que pode saber uma moça que se informa numa caserna da S. A.[c] sobre o seu namorado que era comunista.

A narradora ousou encarar a derrota que a revolução sofreu na Alemanha – uma capacidade viril, mais necessária do que difundida na atualidade. Essa postura caracteriza também o restante da sua obra. Ela nem de longe tem a intenção de se destacar em descrições da miséria. O respeito pelo leitor que lhe proíbe o apelo barato à sua empatia é associado por ela ao respeito pelos humilhados que lhe serviram de modelo. É a essa postura reservada que ela deve o apoio do próprio espírito da linguagem popular quando resolve chamar as coisas pelo nome. E ao fazer com que um desempregado vindo de fora, que de alguma forma foi parar na secretaria do trabalho de Findlingen, se orientasse pela seguinte constatação: "Aqui a coisa fedeu do mesmo jeito que em Kalingen" –, de um só golpe ela encosta toda a sociedade de classes na parede. Ela possui, antes de tudo, os meios para lidar com a linguagem de um modo que nada tem a ver com a falsa singeleza tão usual na moderna arte pátria. O modo como ela franqueia, com deslocamentos mínimos do corriqueiro, câmaras remotas no cotidiano lembra, antes, a autêntica arte popular – à qual se reportou em tempos idos o Der blaue Reiter [Cavaleiro Azul][d]. Quando a polícia revista a sala de estar na casa de Bentsch, a sua mulher troca um olhar com ele. "Ele deu um leve sorriso. Era como se tivessem estado juntos todos aqueles anos só para ensaiar algo para esse momento" (p. 498-9). Ou: "Katharina não fez três de dois, nem o gato fez isso" (p. 118).

Fala-se aí da estranha criatura, a enteada de Bentsch, que é hóspede de sua família. Mas não é mais caseira que Melusina quando mora por algum tempo com um homem. Ela é atraída de volta ao palácio que foi edificado no fundo da fonte. Do mesmo modo Katharina é atraída para casa. Entretanto, essa criatura humana ainda não tem um lar. Em pé, ela limpa as janelas: "Onde foram parar as vidraças que nunca estavam suficientemente reluzentes para que uma luz clara mas não ofuscante brilhasse em todos os cantos da sala, onde a mesa estava posta, a cama pronta, não às pressas e para o gasto, mas desde

---

[c] S. A. = *Sturmabteilung*, "Divisão de Ataque", polícia política do partido nazista. (N. T.)
[d] Grupo de artistas alemães de cunho expressionista que se formou em Munique em 1911 e se manteve até o início da Primeira Guerra Mundial. (N. T.)

sempre e para sempre – enfim Katharina!" (p. 118). Ela definha em vista de um aborto que planejam fazer nela. Ela percorreu seu caminho estreito calada e antes que alguém percebesse. Ela veio, não soube se virar e desapareceu. No entanto, se essa Katharina não fosse o que ela é, se lhe faltasse o que ela tem de melhor, ela não estaria além da sabedoria de vida o mesmo tanto que está aquém dela. Nesse aspecto, ela é irmã da Catarininha[e], através da qual o conto dá entender de maneira tão bela o que as pessoas inteligentes podem esperar das virgens néscias. O sorriso das duas não está conforme com o mundo, e elas tampouco estão conformes consigo mesmas. Elas não têm pressa de estar em suas casas enquanto o coração for apenas um refúgio no mundo e não seu centro.

"Tenho de inventar algo", pensa Katharina, que acabara de escutar uma recomendação inteligente de Bentsch dirigida a uma terceira pessoa, "para pedir-lhe orientação. Ela ficou pensando. Não lhe ocorreu nada. Ela não tinha nenhuma esperança que estivesse ameaçada de malograr. Nada lhe faltava e nada possuía. Ela não tinha em vista a mínima coisa para a qual precisasse de orientação. Ela estava totalmente desorientada" (p. 120). Essas palavras descortinam a forma épica do livro. Desorientação é o selo da personalidade incomensurável que provê os heróis para o romance burguês. Nele se trata, como já se disse[f], do indivíduo em sua solidão, o indivíduo que não consegue mais pronunciar-se de modo exemplar sobre seus interesses mais importantes, ele próprio carente de orientação, não tendo como orientar ninguém. Ao tangenciar esse mistério, mesmo que inconscientemente, o livro revela, como fazem quase todos os romances importantes dos últimos anos, que a própria forma do romance está em reforma.

A estrutura da obra dá a entender isso de múltiplas maneiras. Está ausente nela a subdivisão em episódio e enredo principal. Ela tende para formas épicas mais antigas, para a crônica, para a seleta. Há nela histórias curtas em profusão que com frequência constituem o ponto alto. É caso da história de 19 de novembro de 1932, na qual o aniversário do resgate retorna pela última vez no decurso da narrativa. Ninguém mais o comemora: nisso já dá para sentir o que ele tinha significado. Para esses desempregados, ele representa tudo que já trouxera luz para as suas vidas. Eles poderiam dizer desse dia que ele é a sua Páscoa,

---

[e] Cf. uma versão do conto "Frederico e Catarina", em Jacob Grimm e Wilhelm Grimm, *A bela adormecida e outras histórias. Contos de Grimm* (trad. Zaida Maldonado, Porto Alegre, L&PM, 2002, v. I, p. 105-13. (N. T.)

[f] Benjamin cita a si mesmo. Cf. Walter Benjamin, "Oskar Maria Graf als Erzähler", em *Gesammelte Schriften III*, cit., p. 309. (N. E. A.)

o seu Pentecostes e o seu Natal. Mas agora ele caiu no esquecimento, e só restou a escuridão total. "Há muito já havia passado da hora em que se costumava comemorar aquele dia. De fato, esqueceram de mim, pensou Zabusch. Ou estão querendo ficar entre si. Não sabem o que fazer comigo. 'Acende a luz', disse a sua mulher. 'Acende tu', disse Zabusch. Então ela ficou sem ser acendida." Por fim, ele não aguenta mais ficar no escuro. Desce a rua Findlingen, abre a porta da taberna com um puxão.

> "Uma clara? Uma escura?" Zabusch não deu resposta ao taberneiro; estupefato, ele olhou em volta. Primeiro ele pensou que tinha agarrado a porta errada. No entanto, na rua Findlingen só havia o Aldinger. E ali estava o próprio Aldinger, ele o reconheceu. Seu salão é que estava todo mudado, não havia ali nenhum rosto conhecido. Então começaram a rir... "Chega mais. Ainda tem lugar. Senta aí, camarada." Todos esses rapazes nazistas enchiam cadeiras e bancos – esse banco de canto não estivera aí no ano passado – com seus joelhos e cotovelos espaçosos de moradores do lugar. (p. 450-1.)

Essa queda que, para a pessoa que não precisa de nenhuma, cujos dias até o calendário desiste de contar, que, para o abandonado que já está no fundo do poço, abre um poço ainda mais fundo: a saber, o inferno nazista, onde o próprio abandono faz festa para si mesmo – essa queda concentra os anos narrados pelo livro no pavor de um único instante.

Essas pessoas conseguirão se *libertar*? Flagramo-nos com a sensação de que para elas, como pobres almas que são, só existe uma *redenção*. A autora indicou de que lado ela virá ao se deparar com as crianças em seu relato. As crianças proletárias de que ela fala não serão esquecidas tão cedo por nenhum leitor.

> Naquela época apareciam ali com frequência crianças como o Franz. Alguém trazia a sua própria ou elas vinham por si mesmas da vizinhança ou então de algum outro lugar, alteavam-se um pouquinho acima da borda da mesa sobre a qual eram dobrados os panfletos, enfiavam-se por entre as pernas das pessoas ou corriam e bufavam para levar embora uma carta ou um pacote de jornais ou para chamar alguém que era necessário naquele momento. Arrastadas até lá por um pai [...] ou levadas pela curiosidade ou atraídas por aquilo que atrai as pessoas, e talvez já comprometidas até a morte. (p. 440-1.)

Foi sobre essas crianças que Anna Seghers construiu. Talvez um dia a memória que elas têm dos desempregados de quem descendem incluirá a memória que terão da sua cronista. Com certeza os seus olhos refletirão o brilho das vidraças, com as quais sonha a Katharina limpadora de janelas – as vidraças "que nunca estavam suficientemente reluzentes para que uma luz clara mas não ofuscante brilhasse em todos os cantos da sala, onde a mesa estava posta, a cama pronta, não às pressas e para o gasto, mas desde sempre e para sempre".

16

BÉGUIN, *L'ÂME ROMANTIQUE*[a]

A maior parte da volumosa obra de Béguin é dedicada a investigações sobre o romantismo alemão. O fato de ser seguida de uma breve caracterização dos românticos franceses não é determinado pelos interesses da história literária comparativa (contra a qual Béguin se delimita, v. II, p. 320). O romantismo alemão se apresenta ao autor não como o pai do romantismo francês, mas como o fenômeno romântico *par excellence*, pelo qual deve se dar a iniciação nesse movimento intelectual. Para Béguin, trata-se de fato de uma iniciação. Ele escreve que o objeto é do interesse

> daquela parcela mais secreta de nós mesmos [...], na qual só sentimos ainda um único desejo, a saber, o desejo de explorar a linguagem dos acenos e presságios, para assim apropriar-nos do estranhamento com que a vida humana enche *aquele* que por um instante a encara em toda a sua excentricidade, em seus perigos, no temor que provoca, em sua beleza e em seus tristes limites. (p. xvii)

As análises da parte final giram em torno da poesia surrealista e determinam a orientação do autor desde o começo – uma indicação a mais de como ele está empenhado em abandonar o âmbito da pesquisa acadêmica. Deve-se acrescentar a isso que ele não cede nem um pouco no rigor do manuseio, se não do método, então certamente da aparelhagem. O livro é exemplarmente elaborado, com precisão, sem ostentação erudita. Esse feitio colabora para que, a despeito de sua postura básica problemática, no detalhe ele seja de modo geral tão original quanto cativante.

As debilidades da obra estão claramente manifestas em suas formulações leais. O autor diz: "A objetividade, que certamente pode e deve constituir a lei

---

[a] Resenha de Albert Béguin, *L'âme romantique et le rêve: essai sur le romantisme allemand et la poésie française* (Marselha, Cahiers du Sud, 1937), 2 v.
Publicação: *Maß und Wert*, caderno 3, jan.-fev. 1939, v. II, p. 410-3. Texto-base das *GS*.
Originais no arquivo de Benjamin: – Texto datilografado com correções à mão (*Benjamin-Archiv*, Ts 1.583-7). (N. E. A.)
Texto-base da tradução: Walter Benjamin, *Gesammelte Schriften III* (org. Hella Tiedemann-Bartels, Frankfurt, Suhrkamp, 1972), p. 557-60, 696-7. (N. E.)

das ciências descritivas, não pode determinar de modo fecundo as ciências do espírito. Nesse campo, toda pesquisa 'desinteressada' implica uma traição imperdoável ao próprio eu e ao 'objeto' da investigação" (p. xvii). Contra isso ninguém quererá levantar objeção. O erro só se origina quando se pretende igualar um interesse intensivo com um interesse não mediado. O interesse não mediado sempre é um interesse subjetivo e tem tão pouco direito de existir na ciência do espírito quanto em qualquer outra. Não se pode ir diretamente à questão referente, a saber, se as teorias românticas sobre o sonho eram "corretas"; a questão deveria voltar-se, muito antes, para a constelação histórica da qual brotam os referidos empreendimentos românticos. Nesse interesse mediado, que se volta em primeira linha para o indicativo da condição histórica das intenções românticas, nossa própria e efetiva participação no objeto se tornará mais legítima do que no apelo à interioridade que se volta diretamente para os textos com o propósito de inquirir deles a verdade. O livro de Béguin começa fazendo esse apelo e, desse modo, talvez tenha dado margem a mal-entendidos.

André Thérive, que no *Le Temps* é responsável pela crítica literária nos termos da tradição laicista, comenta a respeito desse livro que ele é dependente da opinião que cultivamos a respeito dos destinos da humanidade, da opinião sobre se conseguimos nos declarar de acordo ou somos forçados a considerar muito chocante "quando o espírito é remetido às trevas como o único lugar em que lhe cabe a alegria, a poesia, o domínio secreto sobre o universo" (*Le Temps*, agosto de 1937). Talvez se some a isso que o caminho que passa pelos iniciados de tempos passados só é atrativo para o adepto quando esses iniciados são autoridades, quando é possível deparar-se com eles na qualidade de testemunhas. Apenas excepcionalmente esse é o caso dos poetas; com certeza não é o caso dos poetas românticos. Ritter é o único que poderia, a rigor, ser entendido como iniciador. O formato não só das suas ideias, mas sobretudo de sua vida permite isso. Pode-se pensar, ademais, em Novalis e em Caroline von Günderode – os românticos geralmente estavam por demais enredados na atividade literária para figurarem como "guardiões do limiar". Isso são fatos que muitas vezes fazem Béguin retornar aos procedimentos corriqueiros da história da literatura. Deve ser-lhe concedido que eles não correspondem totalmente ao seu tema. Isso pode depor contra eles, mas pode também depor contra o tema.

Goethe lembra que quem empreende uma análise deve ter o cuidado de basear-se numa síntese autêntica. Por mais atrativo que seja o objeto tratado por Béguin, é de se perguntar como se coaduna com o conselho de Goethe a postura com que ele se acercou desse objeto. Realizar a síntese é prerrogativa do conhecimento histórico. O objeto, na forma como está delineado no título, de fato permite esperar uma elaboração histórica. Essa teria validado o estado de consciência do autor e, desse modo, o nosso, de modo mais duradouro do que por meio da consideração atualizada do surrealismo e da filosofia existencialista. Ela teria constatado que o romantismo completa um processo que havia sido iniciado pelo século XVIII: a secularização da tradição mística. Os alquimistas, *illuminati* e rosacrucianistas haviam posto em marcha o que foi finalizado no romantismo. A tradição mística sobreviveu a esse processo não sem sofrer danos. Isso ficou evidente nas excrescências do pietismo, assim como em teurgos do talhe de um Cagliostro e de um Saint-Germain. A dimensão do corrompimento das doutrinas e necessidades místicas foi a mesma tanto nas camadas mais baixas quanto nas mais altas.

O esoterismo romântico apegou-se a essa experiência. Ele constituiu um movimento de restauração com todas as violências inerentes a ele. Em Novalis, a mística finalmente havia conseguido se afirmar pairando sobre a terra firme da experiência religiosa: mais ainda em Ritter. Porém, o período final não só do romantismo tardio, mas também já de Friedrich Schlegel, mostra que a ciência secreta está prestes a retornar ao seio da Igreja. O período em que se consumou a secularização da tradição mística coincidiu com os primórdios de um desenvolvimento social e industrial que colocou em xeque uma experiência mística que havia perdido seu lugar sacramental. Para um Friedrich Schlegel, um Clemente Brentano, um Zacharias Werner, a consequência foi a conversão. Outros, como Troxler ou Schindler, buscaram refúgio no recurso a uma vida onírica, às manifestações vegetativas e animalescas do inconsciente. Eles encetaram um recuo estratégico e descartaram áreas da vida mística superior, para poderem afirmar tanto melhor a vida mística implantada na natureza. Seu apelo à vida onírica foi um aviso de emergência; foi um indicativo não tanto do caminho que a alma deve tomar para retornar ao lar, mas de que esse caminho já havia sido obstruído.

Béguin não chegou a uma noção desse tipo. Ele não conta com a possibilidade de que o cerne real e sintético do objeto, como revelado ao conhecimento histórico, possa enviar uma luz na qual se decompõem as teorias do romantismo sobre os sonhos. Essa insuficiência deixou marcas no método da obra. Ao dedicar-se separadamente a cada um dos autores românticos, ele revela que sua confiança na força sintética de seu modo de formular a questão não é irrestrita. Todavia, essa debilidade também tem seu lado bom. Ela lhe oferece a possibilidade de afirmar-se como um compositor de caracteres que muitas vezes dá gosto acompanhar. O que faz com que valha a pena ler o livro, a despeito de sua organização, são os estudos que retratam personalidades. O primeiro, que traça as relações entre o vigilante G[eorg] Ch[ristoph] Lichtenberg e a vida onírica de seus semelhantes e da sua própria, já dá uma boa ideia da capacidade de B[éguin]. Ao tratar de Victor Hugo no segundo volume, ele produz em poucas páginas uma obra-prima. Quanto mais fundo o leitor penetrar nos detalhes dessas magistrais peças fisionômicas, tanto maior é a frequência com que vê corrigido um preconceito que poderia ter posto em risco o livro desde a origem. Numa figura como a de G. H. Schubert, é precisamente a exposição de Béguin que evidencia cabalmente a importância bastante restrita de certas especulações esotéricas dos românticos; ele faz isso com uma clareza tal que honra tanto mais a lealdade do historiador quanto mais modesto é o resultado que essas especulações trazem à sua exploração imediata.

## 17

### BRION, *BARTOLOMÉ DE LAS CASAS*[a]

A história colonialista dos povos europeus começa com o processo pavoroso da conquista que transforma todo o novo mundo conquistado numa câmara de tortura. A colisão da soldadesca espanhola com os enormes tesouros de ouro e prata da América produziu uma disposição mental da qual ninguém consegue se inteirar sem ficar horrorizado. Nada mais triste e espantoso do que constatar que o homem, de cuja atuação o escrito em pauta dá testemunho, foi um indivíduo solitário, um combatente heroico num posto absolutamente perdido. Las Casas foi à América pela primeira vez com 24 anos de idade como membro da terceira expedição de Colombo (1498). Lá, ele logo se inteirou da condição desesperadora dos nativos e, durante o resto de sua vida, empenhou-se sem esmorecer pela melhoria dessa condição. Considerando que, na qualidade de sacerdote (por último, de Bispo de Chiapas), ele era obrigado a embasar a sua ação nos preceitos morais da Igreja católica – e dado que os teóricos da conquista baseavam em grau ainda maior as suas pretensões no domínio sobre a "Índia", que havia sido concedido pelo papa ao imperador – bem como na catolicidade universal dos espanhóis conquistadores, os debates assumiram um caráter totalmente teológico-jurídico. O grande mérito de Brion é ter elaborado isso de modo tão resoluto quanto envolvente, provando e esclarecendo tudo em detalhes num anexo versado. É muito interessante acompanhar como, nesse caso, a necessidade econômica de uma colonização que ainda não era a

---

[a] Resenha de Marcel Brion, *Bartholomé de Las Casas: "Père des Indiens"* (Paris, Plon, 1928), 309 p.
A resenha do livro de Marcel Brion é a quarta de cinco resenhas de livros estrangeiros que integram um artigo intitulado *Bücher, die übersetzt werden sollten* [Livros que deveriam ser traduzidos (para o alemão)], publicado originalmente em *Die literarische Welt*, v. V, n. 25, 21 jun. 1929, p. 7s. (N. E. A.)
Texto-base da tradução: Walter Benjamin, *Gesammelte Schriften III* (org. Hella Tiedemann-Bartels, Frankfurt, Suhrkamp, 1972), p. 180-1. O texto completo abrange as p. 174-82. (N. E.)

imperialista – naquele tempo se necessitava de países tributários, não de mercados – sai em busca de uma justificação teórica: a América seria terra sem dono; a subjugação seria a precondição da missão; seria dever cristão interferir nos sacrifícios humanos dos mexicanos. O teórico da razão de Estado – que, no entanto, não se apresentava abertamente como tal – foi Sepúlveda, o cronista da corte. A disputa entre os dois adversários, que teve lugar em Valladolid no ano de 1550, sinaliza o ponto alto na vida de Las Casas – e infelizmente também da sua atuação. Por mais próximo que tenha sido o contato desse homem com a realidade, o êxito do conjunto de sua ação permaneceu restrito à Espanha. Depois da disputa de Valladolid, Carlos V promulgou decretos que aboliram a escravidão, extinguiram a assim chamada "*encomienda*", o "patronado", que era uma de suas formas mais sádicas etc. Porém, medidas iguais ou parecidas a essas já haviam sido decretadas antes, praticamente sem efeito nenhum. E quando Las Casas morreu num mosteiro dominicano de Madri em 1566, ele tinha feito a sua parte, mas ao mesmo tempo a obra de destruição já havia sido consumada. O profundo trabalho de Brion mostra aqui, no campo moral, a mesma dialética histórica com que nos deparamos no campo cultural: em nome do catolicismo um sacerdote se contrapõe aos horrores cometidos em nome do catolicismo; foi assim que um sacerdote chamado Sahagún, por meio de sua obra *Historia general de las cosas de Nueva España* [História geral das coisas da Nova Espanha][b], resgatou a tradição do que foi entregue à destruição sob o protetorado do catolicismo. Brion nos enriqueceu com uma excelente exposição de batalhas dogmático-políticas, pelas quais justamente em nosso tempo se renova o interesse e a compreensão.

---

[b] Esse é o título correto do livro do frei Bernardino de Sahagún. Na resenha de Benjamin, consta *Historia general de Las Casas de Nueva España*. (N. T.)

## Índice onomástico

**Abade de Saint-Pierre** [Charles-Irénée Castel de Saint-Pierre] (1658-1743) – filósofo francês, precursor das organizações internacionais, escreveu *Projeto de paz perpétua na Europa*, em 1713.
**Abraão a Santa Clara** [Johann Ulrich Megerle] (1644-1709) – sacerdote agostiniano e eloquente pregador vienense.
**Adorno, Theodor W.** (1903-1969) – sociólogo e filósofo alemão, e um dos membros fundadores da Escola de Frankfurt.
**Alving, Helen** – protagonista da peça *Espectros*, de Henrik Ibsen, escrita em 1881.
**Anselmo** – personagem de *O pote de ouro*, escrito por E. T. A Hoffmann e publicado em 1814.
**Antônia** – protagonista de *Rat Krespel*, conto de E. T. A Hoffmann, escrito em 1818.
**Aquino, Tomás de** (1725-1774) – nascido na Itália, foi padre dominicano e influente teólogo escolástico. Pensador de ética, metafísica e teoria política, suas principais obras foram a *Suma teológica* e a *Suma contra os gentios*.
**Armínio** (16 a.C.-21 d.C.) – chefe germano da tribo dos Queruscos, ficou conhecido como líder da aliança de tribos que derrotou três legiões romanas na Batalha da Floresta de Teutoburgo. O acontecimento serviu de inspiração para a peça *A batalha de Armínio*, escrita por Kleist em 1808.
**Arndt, Ernst Moritz** (1769-1860) – escritor, historiador e filólogo, participou ativamente da luta de libertação do povo alemão contra o domínio de Napoleão; membro da Assembleia Nacional de Frankfurt, defensor da monarquia constitucional.
**Arnim, Achim von** [Carl Joachim Friedrich Ludwig von Arnim] (1781-1831) – poeta e romancista alemão, é considerado um dos mais relevantes nomes do romantismo. Casou-se com a também escritora Betinna von Arnim.
**Arnim, Bettina von** (1785-1859) – escritora alemã da escola romântica e defensora das ideias liberais dos anos 1840. Irmã de Clemente Brentano e casada com Achim von Arnim, também assinava Bettina Brentano, seu nome de solteira.
**Baader, Franz von** (1765-1841) – filósofo e teólogo alemão, pensador tipicamente romântico.
**Bachofen, Jakob** (1815-1887) – jurista e antropólogo suíço, lecionou direito na Universidade da Basileia. Defensor do matriarcado, foi posteriormente tomado como fonte de certas correntes feministas do século XX.
**Bacon, Francis** (1561-1626) – filósofo, escritor e político inglês, criou a "teoria dos ídolos" e é considerado o fundador da ciência moderna e do empirismo, ao lado de Galileu. Sua obra mais importante é *Novum organum* (1620).
**Bahr, Hermann** (1863-1934) – escritor e teatrólogo austríaco.

**Bahrdt, Karl Friedrich** (1741-1792) – teólogo e escritor protestante do Iluminismo.

**Barão vom Stein** [Heinrich Friedrich Karl Stein] (1757-1831) – estadista prussiano, defendeu reformas que visavam à consolidação da Prússia.

**Barbusse, Henri** (1873-1935) – militante do Partido Comunista e romancista francês. Com a obra *O fogo*, ganhou o prêmio Goncourt (1916). Foi admirador de Mariátegui, a quem chamou de "iluminado" e "protótipo do novo homem americano". Também Mariátegui o admirava, tendo escrito um ensaio acerca de sua obra (em *La escena contemporánea*), no qual afirmou que o escritor era um "profeta" que ouvia a "música furiosamente doce da revolução" e destacou uma frase sua: "Par sagesse, par pitié, révoltez-vous!" [Por sabedoria, por piedade, revoltai-vos!].

**Barkhausen, Johann Conrad** (1666-1723) – farmacêutico, químico e médico alemão.

**Basedow, Johann Bernhard** (1724-1790) – pedagogo alemão, foi idealizador de uma reforma do ensino e criou a escola progressista Philanthropium, que funcionou de 1774 a 1793.

**Baumgardt, David** (1890–1963) – filósofo alemão. Mudou-se para a Inglaterra e, depois, para os Estados Unidos na sequência da tomada do poder por Adolf Hitler. É conhecido por seus estudos sobre o legado religioso judaico.

**Beethoven, Ludwig van** (1770-1827) – compositor alemão, considerado a mais importante figura da transição do período clássico para o romântico na música clássica ocidental.

**Béguin, Albert** (1901-1957) – escritor, crítico, tradutor e editor suíço, assíduo pesquisador do romantismo alemão.

**Belmore, Herbert W.** [Herbert Blumenthal] – colega de escola de Benjamin em Berlim, com quem trocou ampla correspondência antes de ser rejeitado, junto com uma série de outros amigos de infância de Benjamin. Mudou o sobrenome para Belmore na Inglaterra.

**Benda, Julien** (1867-1956) – ensaísta, editor francês, crítico das ideias de Henri Bergson e defensor da intervenção dos intelectuais na vida social.

**Bentsch, Andreas** – protagonista de *Die Rettung*, romance de Anna Seghers escrito em 1937.

**Bernoulli** [Carl Albrecht] (1868-1937) – teólogo suíço, estudioso do pensamento de Franz Overbeck, de quem foi pupilo.

**Bierbaum, Otto Julius** (1865-1910) – jornalista, escritor e libretista alemão, também conhecido pelos pseudônimos Martin Möbius e Simplicissimus.

**Bismarck, Otto, Príncipe de** (1815-1898) – estadista e diplomata; chefe de gabinete nos períodos de 1862-1872 e 1873-1890; de 1871 a 1890, primeiro-ministro do Império [*Reichskanzler*]; em 1870, deu fim à guerra com a França e, em 1871, apoiou a repressão à Comuna de Paris; promoveu, com uma "revolução a partir de cima", a unidade do Império; em 1878, foi autor da lei de exceção contra a social-democracia (conhecida como "lei contra os socialistas").

**Blok, Alexander** (1880-1921) – poeta lírico russo, expoente do simbolismo.

**Bloy, Léon** (1846-1917) – escritor francês católico, de espírito mordaz e agressivo. Escreveu diversas obras, nas quais é marcante seu estilo obscuro.

**Böhme, Jakob** (1575-1624) – filósofo alemão cujas ideias protestantes influenciaram o pensamento místico alemão pós-kantiano.

**Bölsche, Wilhelm** (1861-1939) – escritor alemão, figura central do *Friedrichshagener Dichterkreis*, um círculo de poetas fundado em 1888 e ligado ao movimento naturalista.

**Bonald, Louis-Gabriel-Ambroise, visconde de** (1754-1840) – político e jornalista francês, monarquista; um dos ideólogos da reação aristocrática e clerical na Restauração.

**Borchardt, Rudolf** (1877-1945) – escritor e poeta alemão. Influenciado por Herder, estudou teologia, filologia e arqueologia. Sua obra abrange todos os gêneros literários, mas reserva à poesia lírica um lugar-chave, segundo Adorno – ele lerá o poeta, no ensaio *Die beschworene Sprache* [A linguagem convocada], de maneira semelhante à que lê Heidegger, como um ideólogo de uma linguagem irrecuperável que deve ser retomada pela poesia.

**Borkman, John Gabriel** – protagonista de *John Gabriel Borkman*, penúltima peça de Henrik Ibsen, escrita em 1896.

**Börne, Ludwig** [Löb Baruch] (1786-1837) – escritor alemão; exerceu influência sobre o movimento literário *Junges Deutschland* [Jovem Alemanha].

**Borsig, Johann Friedrich August** (1804-1854) – empresário alemão, fundador da *Borsig-Werke*.

**Brandes, Johann Christian** (1735-1799) – ator, dramaturgo e teatrólogo alemão, amigo de Lessing, que foi padrinho de sua filha Charlotte Wilhelmine Franziska.

**Brentano, Bettina** – ver Arnim, Bettina von.

**Brentano, Clemente** (1778-1842) – poeta e romancista alemão, um dos principais expoentes da segunda geração do romantismo alemão, os chamados "românticos de Heidelberg", junto com sua irmã Bettina von Arnim, Achim von Arnim e Joseph von Görres.

**Briffault, Robert Stephen** (1876-1948) – antropólogo social francês, conhecido pela chamada Lei de Briffault, segundo a qual a fêmea determina todas as condições da família animal e a associação com o macho só ocorre quando ela é benéfica para a fêmea.

**Brion, Marcel** (1895-1984) – escritor, crítico e historiador francês. Especialista em romantismo alemão e renascimento italiano, é autor de muitas biografias históricas.

**Brod, Max** (1884-1968) – nascido em Praga e de origem judaica, foi escritor em língua alemã, compositor e jornalista. Amigo, biógrafo e testamenteiro de Franz Kafka, organizou e publicou muitos de seus escritos, tendo se recusado a seguir as instruções do autor para queimar sua obra.

**Burckhardt, Jacob** (1818-1897) – nascido na Suíça, foi um importante historiador do século XIX. Crítico da moderna sociedade industrial e contrário às tendências idealistas e historicistas do mundo acadêmico de seu tempo, elaborou o que passou a ser conhecido como *Kulturgeschichte* (história da cultura, tendo cultura o sentido de civilização). Foi amigo de Friedrich Nietzsche, aliás, Elisabeth, irmã de Nietzsche, declara que Burckhardt exerceu muita influência em seu irmão.

**Burke, Edmund** (1729-1797) – estadista e orador político irlandês. Foi deputado no Parlamento britânico.

**Cagliostro, conde Alessandro di** (1743-1795) – teurgo, ocultista e alquimista associado à Cabala e à maçonaria. Notório charlatão identificado com o viajante italiano Giuseppe Balsamo, a figura aparece em escritos de Schiller, Nietzsche, Tolstói, Conan Doyle e Goethe.

**Calé, Walter** (1881-1904) – poeta alemão, cuja obra se tornou mais conhecida após seu suicídio aos 23 anos.

**Carlos V** (1500-1558) – imperador romano-germânico (1519-1556); como Carlos I, rei da Espanha (1516-1556).

**Carnap, Rudolph** (1891-1969) – filósofo e lógico alemão, ligado ao chamado "Círculo de Viena", cujo projeto era a unificação do saber científico por meio da eliminação dos conceitos vazios de sentido e dos pseudoproblemas. Carnap pretendeu também constituir uma linguagem geral e rigorosa das ciências, em que a lógica matemática fornecia o modelo geral.

**Chklovski, Viktor Borisovich** (1893-1984) – crítico literário, escritor e cenógrafo soviético. Um dos principais expoentes do formalismo, cunhou o conceito de estranhamento, procedimento artístico para combater o automatismo perceptivo. Ligado aos "Irmãos de Serapião", foi organizador da Sociedade para o Estudo da Linguagem Poética.

**Colombo, Cristóvão** (1451-1506) – explorador italiano que, a serviço da Espanha, descobriu a América em 1492. Realizou três expedições a esse continente sem que nunca soubesse tratar-se de um novo mundo.

**Cristo** – personagem do Novo Testamento.

**D'Annunzio, Gabriele** (1863-1938) – escritor, poeta e dramaturgo italiano ligado ao futurismo. Assumiu uma vida política ativa a partir da Primeira Guerra Mundial.

**Deborin, Abrão Moiseevich Joffe** (1881-1963) – filósofo marxista soviético, porta-voz do Partido Comunista, foi um dos principais expoentes da represnda a *História e consciência de classe*, de Lukács.

**Deutsch, Otto Erich** (1883-1967) – musicólogo e escritor vienense, conhecido pelo primeiro catálogo abrangente da obra de Franz Schubert. Editou as obras completas de Ferdinand Kürnberger.

**Dickens, Charles** (1812-1870) – escritor inglês, o mais célebre romancista da era vitoriana, autor de vasto painel sobre os efeitos da industrialização em Londres.

**Diderot, Denis** (1713-1784) – filósofo e literato francês que, junto com D'Alembert, dirigiu a *Enciclopédia*.

**Dostoiévski, Fiódor Mikhailovitch** (1821-1881) – escritor russo, filho de um proprietário rural. Ingressou nos meios progressistas pelas mãos do crítico Vissarion Belinski, a quem deve seus primeiros sucessos. Descreveu sua experiência num campo de trabalhos forçados na Sibéria em *Recordações da casa dos mortos* (1862). Várias de suas obras, como *Crime e castigo*, *O idiota* e *Os irmãos Karamazov*, são consideradas verdadeiras obras-primas. Viveu sempre com muita dificuldade e sob a vigilância constante da polícia.

**Doyle, Arthur Conan** (1859-1930) – escritor britânico. Com formação em medicina, destacou-se pelo trabalho na literatura policial com a criação do personagem do detetive Sherlock Holmes.

**Duverynoy, Gustav Heinrich de** (1802-1890) – político liberal, acadêmico e advogado alemão.

**Egells, Franz** (1788-1854) – empresário alemão, fundador da *Neue Berliner Eisengießerei*.

**Egmont, conde** – personagem da peça *Egmont*, escrita por J. W. Goethe em 1788 e livremente inspirada na figura de Lamoral.

**Ehrlich, Paul** (1854-1915) – bacteriologista alemão criador da arsfenamina, composto sintético responsável pelo primeiro tratamento efetivo da sífilis e primeiro agente quimioterapêutico moderno.

**Engels, Friedrich** (1820-1895) – pensador alemão, amigo e colaborador de Karl Marx, com quem escreveu várias obras fundamentais, como *A sagrada família* e a *A ideologia alemã*. Dedicou-se ao problema da dialética da natureza, além de a estudos sobre a situação da classe trabalhadora na Inglaterra. É autor dos livros *Anti-Dühring, A dialética da natureza, A situação da classe trabalhadora na Inglaterra*. Encarregou-se também da publicação *post mortem* dos Livros II e III de *O capital*, de Marx.

**Enemoser, Joseph** (1787-1854) – físico de Bolzano, abraçou as teorias de Franz Anton Mesmer sobre o magnetismo animal.

**Espinosa, Bento de** (1632-1677) – filósofo holandês que exerceu grande influência sobre o racionalismo do século XVIII. Seu sistema apresenta um caráter peculiar em relação à linha de pensamento posterior a Descartes. Ele se propôs, sobretudo, a buscar na filosofia o bem supremo que proporcionasse uma serena e eterna bem-aventurança. Trata-se de um conhecimento racional que deve começar por eliminar toda causa do erro, toda representação confusa e vaga.

**Euler, Leonhard** (1707-1783) – matemático e físico suíço. Realizou importantes descobertas em diversos campos da ciência (cálculo infinitesimal, teoria dos gráficos, mecânica, dinâmica dos fluidos, ótica, astronomia), tendo introduzido boa parte da terminologia e notação matemática moderna, como a noção de função matemática.

**Fedin, Constantin Aleksandrovich** (1892-1977) – escritor russo, integrante do grupo literário "Irmãos de Serapião".

**Feuerbach, Ludwig** (1804-1872) – importante representante do movimento neo-hegeliano que, embora tenha influenciado a trajetória marxiana, quando de seu momento de ruptura com a filosofia especulativa, tendo sido reconhecido, inclusive por Marx, como "o único neo-hegeliano a acertar contas com a embriaguez especulativa", é depois tomado para análise crítica em *A ideologia alemã,* exatamente por conta da incompreensão do papel da atividade sensível e seu modo de conceber, especulativamente, o gênero ou essência humana.

**Fichte, Johann** (1762-1814) – filósofo alemão. Abandonou a academia, acusado de ateísmo. Foi crítico de Kant. Autor de *Discursos à nação alemã*.

**Frauenstädt, Christian Martin Julius** (1813 -1879) – escritor filosófico alemão, discípulo e executor literário de Schopenhauer.

**Freud, Sigmund** (1856-1939) – neurologista austríaco e criador da psicanálise. Morou em Viena até a invasão nazista, em 1938. Em 1895, em colaboração com Breuer, escreveu *Estudos sobre a histeria*, no qual expõe conceitos básicos da psicanálise. A primeira obra propriamente psicanalítica que escreveu é *A interpretação dos sonhos*, de 1900. Estudou os grandes problemas da civilização de uma perspectiva psicanalítica. Sua teoria do inconsciente exerceu forte impacto sobre a cultura do século XX.

**Fromm, Erich** (1900-1980) – psicanalista alemão da escola de Frankfurt. Sua formação sociológica, aliada ao humanismo da tradição judaica de Nehmia Nobel, Salman Baruch Rabinkow e Gershom Scholem e a psicanálise da escola de Frieda Reichmann, deu o tom de sua integração de marxismo e psicanálise.

**Gide, André** (1869-1951) – escritor francês, cofundador da editora Gallimard e fundador da *Nouvelle Revue Française*. Foi um dos primeiros a desenvolver a ideia de *action gratuite* em literatura. Entre suas principais obras estão *Os frutos da terra*, *Corydon* e *O imoralista*.

**Giedion, Sigfried** (1888-1968) – historiador e crítico da arquitetura suíço, nascido em Praga.

**Godwin, William** (1756-1836) – escritor e jornalista inglês; um dos fundadores do anarquismo.

**Goethe, Johann Wolfgang Von** (1749-1832) – escritor e pensador alemão, foi um dos baluartes do romantismo europeu e um dos mentores do movimento *Sturm und Drang* [Tempestade e ímpeto]. Trouxe ao mundo obras como *Os sofrimentos do jovem Werther* e *Fausto*.

**Goltz, Bogumil** (1801-1870) – escritor prussiano.

**Görres, Johann Joseph von** (1776-1848) – escritor alemão do romantismo, foi um dos principais expoentes do jornalismo político católico.

**Gregers Werle** – personagem da peça *O pato selvagem*, escrita por Henrik Ibsen em 1884.

**Grimm, Jacob Ludwig Karl** (1785-1863) – filólogo e historiador da cultura. Junto com Wilhelm Karl Grimm, compõe a famosa dupla de contistas os Irmãos Grimm que, inspirados no nacionalismo romântico de figuras como Herder, empenharam seu trabalho literário na recuperação de um folclore próprio à tradição oral.

**Grossman, Henryk** (1881-1950) – economista e historiador marxista. Aluno de Carl Grünberg, fez parte do Instituto de Pesquisa Social de Frankfurt.

**Grunholzer, Heinrich** (1819-1873) – professor, político e jornalista suíço. Conheceu os Irmãos Grimm e Bettina von Arnim, com quem trocou extensa correspondência. Investigou o emergente fenômeno do pauperismo em Vogtland.

**Gruppe, Otto Friedrich** (1804-1876) – filósofo e escritor anti-hegeliano.

**Guilherme II [Friedrich Wilhelm Viktor Albrecht]** (1859-1941) – terceiro e último imperador alemão e nono rei da Prússia.

**Günderrode, Caroline Friederike Louise Maximiliane von** (1780-1806) – poetisa alemã do romantismo.

**Gutzkow, Karl Ferdinand** (1811-1878) – escritor, dramaturgo e jornalista alemão; participou do movimento literário *Junges Deutschland* [Jovem Alemanha].

**Haas, Willy** (1891-1973) – jornalista, crítico e roteirista alemão, amigo de Walter Benjamin.

**Hamsun, Knut** (1859-1952) – escritor norueguês, vencedor do Prêmio Nobel de Literatura de 1920. Em uma análise seminal, Löwenthal leu seus escritos como apenas uma pseudonegação do *status quo*, antecipando em sua literatura, em especial no seu tratamento da natureza, traços inerentes de fascismo.

**Hardenberg, Karl August Fürst von** (1750-1822) – estadista prussiano. Amigo de Kleist, foi Primeiro Ministro da Prússia.

**Hauptmann, Gerhart** (1862-1946) – dramaturgo e romancista alemão ligado ao naturalismo. Seu projeto de drama social enfrentava as dificuldades de conciliação de elementos épicos, advindos do tema, com dramáticos, herdados da forma. Destacam-se as peças *Antes do alvorecer*, de 1889, e *Os tecelões*, de 1892.

**Hebbel, Christian Friedrich** (1813-1863) – poeta e dramaturgo alemão.

**Hedda Gabler Tesman** – protagonista da peça *Hedda Gabler*, escrita por Henrik Ibsen em 1890.

**Hegel, Georg Wilhelm Friedrich** (1770-1831) – destacada figura do idealismo alemão, elaborou um sistema filosófico em que a consciência não é apenas consciência do objeto, mas também consciência de si. *A fenomenologia do espírito* descreve a marcha do pensamento até seu próprio objeto, que no final é o próprio espírito, na medida em que venha a absorver completamente o pensado. O espiritual são as formas de ser das entificações. A ciência da Ideia Absoluta procede de modo dialético: trata-se de um processo de sucessivas afirmações e negações que conduz da certeza sensível ao dito saber absoluto. A dialética não é um simples método de pensar; é a forma em que se manifesta a própria realidade, ou seja, é a própria realidade que alcança sua verdade em seu completo autodesenvolvimento.

**Heine, Christian Johann Heinrich** (1797-1856) – poeta romântico alemão, bastante crítico da sociedade de sua época. Foi amigo de Marx e Engels.

**Herder, Johann Gottfried** (1744-1803) – filósofo e poeta alemão, precursor do nacionalismo romântico. Seus estudos, marcados pela valorização da história, sublinham a importância das canções populares [*Volkslieder*], a língua e as tradições folclóricas na formação do pensamento e da nação. Junto com Goethe, Hamann, Lenz e Schiller participou ativamente do movimento *Sturm und Drang* [Tempestade e ímpeto].

**Hobbes, Thomas** (1588-1679) – foi um materialista convicto, a ponto de atribuir a Deus uma realidade material. Ou seja, Hobbes admite apenas a existência dos corpos, classificados entre naturais e artificiais. O homem é entendido, ao mesmo tempo, como o mais perfeito dos corpos naturais e como artífice do corpo político do Estado. A obra de Hobbes pode ser entendida como uma tentativa de coordenar a crise surgida entre o feudalismo e a modernidade. *De Cive* e *Leviathan* refletem as experiências dramáticas do Seiscentos inglês, o contraste entre o absolutismo de Cromwell e dos Stuart nas lutas entre o poder soberano e os órgãos constitucionais.

**Hoffmann, E. T. A.** [Ernst Theodor Amadeus Wilhelm Hoffmann] (1776-1822) – escritor maior do romantismo alemão, sua literatura fantástica combina com o universo dos contos de fadas, o grotesco e o absurdo de uma nova sensibilidade plasmada pela sociedade burguesa.

**Hoffmann, Franz** (1804-1881) – escritor filosófico alemão e discípulo de Franz von Baader, organizou suas obras completas em conjunto com Julius Hamberger, Emil August Von Schaden e Christoph Bernhard Schlüter.

**Hofmannsthal, Hugo von** (1874-1929) – escritor e dramaturgo vienense. Amigo de Walter Benjamin, integrou o movimento literário *Jung Wien* [Jovem Viena] junto com Arthur Schnitzler, Felix Dörmann, Peter Altenberg, Richard Beer-Hofmann, Felix Salten, Raoul Auernheimer e Karl Kraus.

**Holbach, Paul Henri Dietrich, barão de** (1723-1789) – filósofo franco-alemão, materialista mecanicista, ateísta; ideólogo da burguesia revolucionária francesa.

**Homero** (c. século VIII a. C.) – poeta épico da Grécia Antiga, autor dos poemas *Odisseia* e *Ilíada*.

**Horkheimer, Max** (1895-1973) – filósofo alemão. Dirigiu o Instituto de Pesquisa Social de Frankfurt entre 1930 e 1958. Com a morte de Carl Grünberg, assumiu a direção do Instituto, sendo responsável pela guinada de uma epistemologia indutiva, própria ao marxismo mecanicista de seu antecessor, para uma teoria crítica interdisciplinar fortemente ancorada na história da filosofia social.

**Hugo, Victor Marie, conde** (1802-1885) – escritor francês. Durante a Segunda República, foi deputado nas assembleias Constituinte e Legislativa. É autor, entre outras obras, de *Os miseráveis*.

**Humboldt, Wilhelm von** [Friedrich Wilhelm Christian Karl Ferdinand] (1767-1835) – filósofo, diplomata, fundador da Universidade de Berlim (Humboldt-Universität). Irmão de Alexander von Humboldt.

**Hume, David** (1711-1776) – filósofo, historiador e economista inglês, defendeu a teoria quantitativa do dinheiro.

**Huysmans, Joris-Karl** [Charles-Marie-Georges Huysmans] (1848-1907) – escritor francês inicialmente associado ao naturalismo de Zola, passou em sua oscilação entre satanismo e catolicismo medievais, por uma guinada em direção ao decadentismo – principalmente com *À rebours*, seu livro mais conhecido.

**Ibsen, Henrik Johan** (1828-1906) – célebre dramaturgo norueguês considerado o "pai do realismo". Em suas obras, carregadas de interioridade, o uso da técnica analítica acaba por subordinar ao passado o tempo presente da ação.

**Immermann, Karl Leberecht** (1796-1840) – escritor e dramaturgo alemão, é autor dos romances *Die Epigonen* (1836) e *Münchhausen. Eine Geschichte in Arabesken* (1838).

**Ivanov, Vsevolod** (1895-1963) – escritor soviético, foi um dos líderes do grupo literário "Irmãos de Serapião".

**Jacobi, Friedrich Heinrich** (1743-1819) – filósofo alemão, crítico da filosofia sistemática de Kant, Fichte e Schelling, cunhou o termo niilismo como ponto cego do projeto iluminista.

**Jahn, Friedrich Ludwig** (1778-1852) – pedagogo alemão e ativista político nacionalista empenhado em restaurar o espírito alemão por meio do desenvolvimento da ginástica, é conhecido como *Turnvater Jahn* [Jahn, pai da ginástica].

**Jaspers, Karl Theodor** (1883-1969) – filósofo e psiquiatra alemão. Foi nomeado professor de filosofia da Universidade de Heidelberg e afastado do cargo em 1937, por causa de sua oposição ao regime nazista. É um dos principais nomes do existencialismo e da filosofia do século XX. A filosofia existencial, segundo Jaspers, constitui o âmbito no interior do qual se dão todo o saber e todo o possível descobrimento do ser.

**Judas** [Judas Iscariotes] – um dos 12 apóstolos de Jesus Cristo que segundo o Novo Testamento foi o traidor que o entregou.

**Júlia** – personagem de *Die Abenteuer der Sylvester-Nacht*, conto de E. T. A. Hoffmann escrito em 1815.

**Jung, Alexander** (1799-1884) – historiador literário, poeta e jornalista alemão. Acusando-o de positivista, Engels o descreveu como "o escritor mais covarde, confuso e perdido da Alemanha".

**Kafka, Franz** (1883-1924) – nascido em Praga, foi nas palavras de Borges "o maior escritor clássico deste tumultuado e estranho século". Sua obra constitui um dos pontos mais altos da prosa do século XX, tendo revolucionado a narrativa realista, mesclando-a de sonho e absurdo. Seus livros – *O processo*, *A metamorfose* – exibem a impotência do homem diante da organização social à qual está submetido.

**Kaisersberg, Johann Geiler von** (1445-1510) – padre suíço, considerado um dos mais importantes pregadores populares do final da Idade Média.

**Kant, Immanuel** (1724-1804) – pensador alemão que definiu o filósofo como "legislador em nome da razão humana", autor de obras seminais como *Crítica da razão pura*, *Crítica da razão prática* e *Crítica do juízo*.

**Keller, Gottfried** (1819-1890) – escritor e ativista político suíço, sua literatura de traços germânicos, realista e antirromântica, é marcada pelo escárnio em relação à sociedade que o cercava. Tentou, sem sucesso, a carreira de pintor.

**Kerenski, Alexandr** (1881-1970) – socialista revolucionário russo. Era primeiro-ministro do governo provisório quando este foi derrubado pelos bolchevistas.

**Kierkegaard, Søren Aabye** (1813-1855) – filósofo dinamarquês considerado precursor do existencialismo. Crítico ao idealismo, seu pensamento combina a investigação da ironia e parábola com uma religiosidade ontológica, via interioridade e angústia do sujeito.

**Kipling, Joseph Rudyard** (1865-1936) – célebre escritor inglês, autor de clássicos da literatura infantil e reconhecido pela inovação no tratamento do conto. Posteriormente, teve os conteúdos crescentemente políticos de sua obra questionados, tendo sido descrito por George Orwell como "profeta do imperialismo britânico".

**Klages, Ludwig** (Konrad Eduard Friedrich Wilhelm Ludwig Klages) (1872-1956) – filósofo e antropólogo alemão, fundador da grafologia científica expressiva.

**Kleist, Bernd Heinrich Wilhelm von** (1777-1811) – influente dramaturgo, poeta e ensaísta alemão do romantismo.

**Knigge, Freiherr Adolph Franz Friedrich Ludwig** (1752-1796) – escritor alemão, membro da baixa nobreza. Formado em direito, foi membro da *Corps Hannovera*, da massonaria, dos Iluminatti da Bavaria, além de outros postos oficiais na corte de Weimar. É amplamente conhecido pelo livro *Über den Umgang mit Menschen*, um manual sociológico sobre os princípios fundamentais das relações humanas voltado para o comportamento e os costumes – em alemão, Knigge significa também etiqueta.

**Kracauer, Siegfried** (1889-1966) – escritor, sociólogo e crítico cultural alemão ligado ao Instituto de Pesquisa Social de Frankfurt. Sua pioneira análise de fenômenos culturais de massa, como o cinema, bem como sua capacidade de conciliação entre uma atenta leitura imanente de textos filosóficos e uma afiada sociologia do saber, foi de grande influência para os frankfurtianos, em especial Adorno e Benjamin.

**Kreisler, Johannes** – personagem recorrente de E. T. A Hoffman. Infame gênio musical tido como *alter ego* de Hoffmann, é referência a composições de Schumann e Kurtág.

**Krespel** – personagem de *Rat Krespel*, conto de E. T. A Hoffmann escrito em 1818.

**Kubin, Alfred Leopold Isidor** (1877-1959) – influente pintor e escritor austríaco. Ilustrou obras de Edgar Allan Poe, E. T. A. Hoffmann e Fiódor Dostoiévski, entre outros. Seu livro mais conhecido é *Die andere Seite* [O outro lado], de 1909.

**Kürnberger, Ferdinand** (1821-1879) – escritor e publicista vienense, crítico arguto do liberalismo financeiro. Participou na insurreição de outubro 1848 em Viena como membro da Legião Acadêmica. É dele a frase "A vida não vive", usada na epígrafe da primeira parte de *Minima Moralia*, de Theodor Adorno.

**Lady Maria** – protagonista da peça *Maria Stuart*, escrita por Schiller em 1799, que retrata os últimos dias da Rainha Maria I da Escócia.

**Lafargue, Paul** (1842-1911) – jornalista e revolucionário socialista franco-cubano. Foi genro de Karl Marx, casando-se com sua filha Laura. Seu mais conhecido trabalho é *O direito à preguiça*, publicado no jornal socialista *L'Égalité* [A igualdade]. Suicidou-se junto com Laura, aos 69 anos, em um pacto existencial.

**Landauer, Gustav** (1870-1919) – influente teórico alemão do anarquismo. Pacifista confesso e defensor do anarquismo socialista, estudou e traduziu escritores como Shakespeare, Walt Whitman e Oscar Wilde.

**Las Casas, frei Bartolomé de** (1474-1566) – conhecido como "o protetor dos índios". Do México, escreveu para Carlos V: "já falta mais da metade da gente dos naturais, por causa das humilhações e dos maus-tratos recebidos".

**Lassalle, Ferdinand** (1825-1864) – jurista e ativista político alemão, defensor dos ideais democráticos. Seguidor de Hegel e amigo de Marx, embora não estivessem de acordo a respeito das questões fundamentais de sua época.

**Leão XIII, Papa** [Vincenzo Gioacchino Raffaele Luigi Pecci] (1810-1903) – conhecido como "papa das encíclicas sociais", em especial por aquela escrita em 1891 denominada *Rerum Novarum: sobre a condição dos operários*, em que discute os impactos do capitalismo e da revolução industrial manifestando-se a favor do direito de formação de sindicatos, mas contra o socialismo e violação da propriedade privada.

**Lessing, Gotthold Ephraim** (1729-1781) – escritor e filósofo alemão; proeminente representante do Iluminismo.

**Lichtenberg, Georg Christoph** (1742-1799) – cientista, matemático e escritor alemão. Realizou extensa correspondência com Kant, Goethe, Ramberg e Kästner, e é considerado o primeiro escritor de aforismos em língua alemã.

**Linguet, Simon-Nicolas-Henri** (1736-1794) – advogado, publicista, historiador e economista francês, adversário dos fisiocratas, analisou e criticou as liberdades burguesas e as relações capitalistas de propriedade.

**Lion, Ferdinand** (1883-1968) – jornalista e escritor suíço. Trabalhou nas revistas *Neue Rundschau*, *Der neue Merkur*, *Maß und Wert* e na editora Ullstein. Escreveu também obras ficcionais e tratados históricos e filosóficos, tendo sido citado por Benjamin no projeto das *Passagens*.

**Löwenthal, Leo** (1900-1993) – Sociólogo alemão, destacou-se no Instituto de Pesquisa Social de Frankfurt como historiador da literatura e pesquisador em cultura popular.

**Loyola, Inácio de** (1491-1556) – teólogo e sacerdote católico espanhol. Fundador da Companhia de Jesus, foi uma das principais figuras da Contrarreforma.

**Ludendorff, Erich Friedrich Wilhelm** (1865-1937) – general alemão vitorioso da Primeira Guerra Mundial. Desenvolveu, em seu livro *Der Totale Krieg* (1935) a teoria da guerra total.

**Lukács, György** (1885-1971) – húngaro, influente filósofo marxista do século XX. Seu livro *História e consciência de classe* (1923) é considerado fundador do marxismo ocidental. A partir da década de 1930, o filósofo inicia uma guinada ontológica que o leva a desenvolver um ambicioso projeto que se desdobra da estética à ética.

**Lutero, Martinho** (1483-1546) – personalidade da Reforma Protestante, fundador do protestantismo na Alemanha.

**Maiakóvski, Vladimir Vladimirovitch** (1893-1930) – poeta, dramaturgo e revolucionário russo, membro do Partido Bolchevique. Após a Revolução Soviética, apoiou a política cultural do Estado, criando diversas formas para cativar multidões e levar a arte ao povo. É um dos fundadores do futurismo russo. Entre sua obra, destacam-se: "Ode à Revolução" e "Vladimir Ilitch Lenin" (poesia), *Mistério-bufo* e *O percevejo* (teatro), *Poética – Como fazer versos?* (ensaio) e *Eu mesmo* (autobiografia).

**Maistre, Joseph-Marie, conde de** (1753-1821) – escritor francês, monarquista, ideólogo da reação aristocrática e clerical, inimigo ferrenho da Revolução Francesa.

**Mann, Luiz Heinrich** (1871-1950) – escritor alemão, irmão mais velho de Thomas Mann.

**Mann, Thomas** (1875-1975) – romancista alemão, considerado um dos maiores nomes da literatura do século XX. Entre suas principais obras estão *Os Buddenbrooks* e *A montanha mágica*.

**Maquiavel, Nicolau** (1469-1527) – filósofo e político ítalo-florentino. Sua obra é considerada um pilar da política moderna. Autor, dentre outros, do clássico *O príncipe*.

**Marcuse, Herbert** (1898-1979) – filósofo alemão, aluno de Husserl e Heidegger. Fez parte do "círculo interno da Escola de Frankfurt", tendo desenvolvido a noção de "caráter afirmativo da cultura". Posteriormente, tornou-se uma figura influente nos movimentos de contracultura dos Estados Unidos na década de 1960.

**Marinetti, Filippo** (1876-1944) – poeta italiano. Fundador do movimento futurista, cujo manifesto aparece no jornal *Le Figaro*, de Paris (1909), e cujos principais frutos se encontram na revista *Poesia*, editada por seu grupo. Suas ideias defendiam a destruição da sintaxe, a oposição às fórmulas tradicionais e acadêmicas, expondo a necessidade de abandonar as velhas fórmulas e criar uma arte livre e anárquica, capaz de expressar o dinamismo e a energia da moderna sociedade industrial. Mariátegui, em seu artigo *El balance del suprarrealismo* [O balanço do surrealismo], afirma que o aspecto megalomaníaco e ávido por modernidade desse movimento acabou por facilitar sua incorporação pelo regime fascista. Autor de *Zang-Tumb-Brumb* e *Futurismo e fascismo*.

**Marx, Karl Heinrich** (1818-1883) – filósofo, economista e político socialista alemão, passou a maior parte da vida exilado em Londres. Doutorou-se em 1841 pela Universidade de Berlim, com uma tese sobre Epicuro. Foi ligado à esquerda hegeliana e ao materialismo de Feuerbach. Em 1844 conheceu Friedrich Engels e em 1848 redigiu com ele o *Manifesto Comunista*. Desenvolveu uma ideia de comunismo ligada à sua concepção da história e a uma resoluta intervenção na luta política, solidária com o movimento operário. Suas obras mais famosas são *O capital* e *A ideologia alemã* (esta escrita em colaboração com Engels).

**Maurras, Charles** (1868-1952) – político monarquista-fascista francês. Dirigiu o jornal *L'Action Française* [A Ação Francesa]. Após a última ocupação alemã da França, foi condenado ao cárcere como colaboracionista.

**Meier, Georg Friedrich** (1718-1777) – filósofo alemão. Professor da Universidade de Halle, foi discípulo de Alexander Gottlieb Baumgarten.

**Mell, Max** (1882-1971) – escritor e poeta austríaco. Amigo de Hoffmannsthal, Felix Braun, Hans Carossa e Anton Wildgans, fundou o PEN clube que deu origem à Liga de escritores alemães na Áustria, uma organização nazista camuflada.

**Menzel, Wolfgang** (1798-1873) – crítico literário e historiador alemão; representante da concepção de mundo "germano-cristão"; denunciou os escritores da Jovem Alemanha, que tinha em Heine, Börne e Büchner seus maiores nomes, cujas obras foram proibidas na Alemanha.

**Metternich, Clemens Wenzel Lothar, príncipe de** (1773-1859) – estadista e diplomata austríaco, ministro do Exterior (1809-1821) e chanceler (1821-1848); um dos organizadores da Santa Aliança.

**Meyer, Alfred Gotthold** (1864-1904) – historiador alemão, professor de história da arte e artesanato na Universidade Técnica Real em Charlottenburg.

**Meyer, Conrad Ferdinand** (1825-1898) – poeta e romancista histórico suíço associado ao realismo.

**Moisés** – personagem do Antigo Testamento.

**Moritz, Karl Philipp** (1756-1793) – escritor alemão, um dos autores inaugurais do romantismo alemão. Ligado ao movimento *Sturm und Drang* [Tempestade e ímpeto] e amigo próximo de Goethe, escreveu *Viagem de um alemão à Itália*.

**Möser, Justus** (1720-1794) – estadista alemão, historiador e escritor político.

**Müller, Adam Heinrich, Cavaleiro de Nitterdorf** (1779-1829) – publicista e economista; na economia política, defensor da escola romântica, que correspondia aos interesses da aristocracia feudal; adversário de Adam Smith.

**Napoleão Bonaparte I** (1769-1821) – dirigente efetivo da França a partir de 1799 e imperador de 1804 a 1814 e em 1815.

**Nekrasov, Nikolai Alekseevich** (1821-1877) – escritor, poeta e crítico russo, editou a revista *Sovremennik* [O contemporâneo].

**Nestroy, Johann Nepomuk Eduard Ambrosius** (1801-1862) – célebre dramaturgo, ator e cantor austríaco.

**Neurath, Otto** (1882-1945) – filósofo da ciência, sociólogo e economista político austríaco. Expoente do positivismo lógico, foi uma das figuras centrais do Círculo de Viena, ou Escola de Viena.

**Newton, Isaac** (1642-1727) – físico, astrônomo e matemático inglês, fundador da ciência da mecânica, hoje chamada de mecânica clássica. No campo da matemática, suas contribuições referem-se ao método de fluxões e, no da física, ao desenvolvimento e à sistematização da mecânica, com as leis do movimento, ou seja, o "sistema do mundo", com a teoria da gravitação universal; desenvolvimento das leis da refração e reflexão da luz e teoria corpuscular da luz.

**Nietzsche, Friedrich Wilhelm** (1844-1900) – depois de rápida carreira como filólogo, dedicou-se a escrever e deixou uma obra filosófica e literária das mais importantes. Escreveu aforismos, como *Assim falou Zaratustra* (1884), estudos sobre música, como *O nascimento da tragédia no espírito da música* (1871) e o autobiográfico *Ecce homo* (1888). Morreu em estado de loucura, em 1900.

**Nora Helmer** – protagonista da peça *Casa de bonecas* (1879), de Henrik Ibsen.

**Novalis** [Georg Philipp Friedrich Freiherr von Hardenberg] (1772-1901) – filósofo, poeta e escritor alemão romântico ligado ao círculo de Jena. Para György Lukács, a radicalização da ironia romântica em Novalis aparece como um desvio subjetivista que torna possível a criação de uma totalidade artística às custas de uma evasão do enfrentamento das fissuras do indivíduo moderno.

**Oken, Lorenz** [Lorenz Okenfuß] (1779-1851) – filósofo e naturalista alemão. Um dos principais expoentes da filosofia da natureza, empenhou-se em estender à ciência física os princípios filosóficos da epistemologia e moral kantianas.

**Oprecht, Emil** (1895-1952) – editor e livreiro suíço. Fundou a editora Europa (Europa-Verlag Aktiengesellschaft), notável pelo amparo editorial a autores perseguidos como Ernst Bloch, Hans Habe, Heinrich Mann, Bernard von Brentano, entre outros, assim como por publicar o periódico *Maß und Wert*.

**Ostwald, Friedrich Wilhelm** (1853-1932) – químico e filósofo báltico adepto do monismo de Ernst Haeckel. Promoveu o darwinismo social, a eugenia e a eutanásia.

**Overbeck, Camille Franz** (1837-1905) – historiador e teólogo protestante alemão próximo de Friedrich Nietzsche, com quem trocou extensa correspondência

**Panizza, Leopold Hermann Oskar** (1853-1921) – escritor alemão crítico à Igreja Católica, aos tabus sexuais e à moralidade burguesa. Seu principal trabalho, *O conselho de amor* [Liebeskonzil], escrito em 1894, foi considerado por Freud uma "forte peça revolucionária".

**Paquet, Alfons** (1881-1944) – poeta, dramaturgo e jornalista alemão. Fundou, com Jacob Kneip, a associação *Bund Rheinischer Dichter*, do qual foi presidente.

**Pascal, Blaise** (1623-1662) – filósofo francês, prodigioso matemático, cientista e inventor, realizou em sua juventude notáveis colaborações a diversos campos do saber. Crítico ao racionalismo de Descartes, sua filosofia investiga a relação entre razão e fé, apontando os limites da razão humana. Em *Ursprung des deutschen Trauerspiel*, Benjamin recupera duas longas citações de *Pensées*, principal obra de Pascal, que para ele dão "voz ao sentimento de sua época" na caracterização da melancolia no drama barroco alemão.

**Pasqually, Jacques de Livron Joachim de la Tour de la Casa Martinez de** (1727-1774) – teurgo fundador do martinismo, doutrina maçônica organizada em torno da queda e redenção de Adão, o primeiro homem.

**Péguy, Charles** (1873-1914) – poeta, dramaturgo e ensaísta francês.

**Plutão** – deus do submundo na mitologia clássica, no lugar do antigo Hades, e associado a *Plutus* (do grego, rico) como deus da riqueza, já que, como soberano do subterrâneo, guardava as sementes de uma farta colheita.

**Poe, Edgar Allan** (1809-1849) – Escritor, poeta e crítico literário americano do romantismo. Célebre contista, trabalhou o fantástico, o mistério e o gótico, teve profunda influência em Baudelaire, que traduziu suas obras para o francês. *O homem da multidão* [The man of the crowd] (1840) é descrito por Benjamin como uma "radiografia de um romance policial".

**Polgar, Alfred** (1873-1955) – escritor, crítico e tradutor vienense.

**Pollock, Friedrich** (1894-1970) – economista e filósofo alemão, membro fundador do Instituto de Pesquisa Social de Frankfurt. Integrante do dito círculo interno da Escola de Frankfurt, notabilizou-se pelo desenvolvimento do conceito de "capitalismo de Estado".

**Polônio** – personagem da peça *Hamlet*, de Shakespeare, que para Benjamin é "certamente um daqueles grandes dramas barrocos".

**Prutz, Robert** (1816-1872) – escritor, poeta e publicista liberal.

**Púchkin, Alexander Sergueievitch** (1799-1837) – escritor russo da era romântica, considerado por muitos o fundador da literatura russa.

**Pulver, Max Albert Eugen** (1889-1952) – escritor, psicólogo e grafólogo suíço. Amigo de Rainer Maria Rilke e Walter Benjamin, estudou ironia e comédia romântica, tendo organizado a publicação dos escritos de Franz von Baader. Desenvolveu a interpretação psicológica do simbolismo do espaço gráfico e fundou a Sociedade Suíça de Grafologia, que presidiu até o fim da vida.

**Rei de Hannover** (Ernesto Augusto de Hanôver) (1771-1851) – nascido na Inglaterra, foi rei de Hannover entre 1837 e 1851. Logo que assumiu o trono dissolveu o parlamento e substituiu a constituição por uma patente. Em um ato controverso, expulsou de Hannover os Irmãos Grimm, junto com outros professores da Universidade de Göttingen que se recusaram a apoiar seu decreto.

**Reichenbach, Hans** (1891-1953) – filósofo da ciência alemão, expoente do positivismo lógico, ligado ao Círculo de Viena e membro fundador do Círculo de Berlim.

**Renan, Ernest** (1823-1892) – escritor, filólogo e historiador francês. Professor do Colégio de França. Dentre sua obra, destaca-se *Vida de Jesus*, primeira parte de sua *História das origens do cristianismo*.

**Richter, Adrian Ludwig** (1803-1884) – pintor e água-fortista alemão tradicional. Suas xilogravuras típicas ilustraram trabalhos de Schiller, Musäus e inúmeros contos populares e caracterizam-se pela fusão das figuras humanas à paisagem.

**Riegl, Alois** (1858-1905) – historiador de arte austríaco. Membro da Escola de Viena de História da Arte e aluno de Moritz Thausing, defendeu o estabelecimento da história da arte como disciplina autônoma, tendo cunhado o termo *Kunstwollen* (vontade-da-arte).

**Rienzo, Cola di** [Nicola di Rienzo] (1313-1354) – humanista, político e orador romano. Sua intensa vida política foi objeto de um romance de Edward Bulwer-Lytton, uma tragédia de Julius Mosen, versos de George Byron e de uma peça de Friedrich Engels.

**Rilke, Rainer Maria** [Rainer René Karl Wilhelm Johann Josef Maria Rilke] (1875--1926) – escritor e poeta austríaco.

**Ritter, Johann Wilhelm** (1776-1810) – filósofo e cientista alemão. Ligado ao primeiro romantismo, foi amigo de Goethe, Humboldt, Herder, Brentano e Ørsted.

**Robespierre, Maximilien de** (1758-1794) – político, advogado e revolucionário francês. Uma das figuras centrais da Revolução Francesa.

**Rosenzweig, Franz** (1886–1929) – filósofo e teólogo alemão. Discípulo de Hermann Cohen, seu pensamento unia uma suspeita em relação a Hegel e uma redescoberta do judaísmo. Sua principal obra é *Stern der Erlösung* [Estrela da redenção].

**Rousseau, Jean-Jacques** (1712-1778) – pensador e teórico político suíço, é um dos ícones do Iluminismo francês. Sua teoria sobre a liberdade ser inerente à natureza humana o tornou inspirador de movimentos liberais, marxistas e arnaquistas.

**Sadovski** – personagem do livro *Die Rettung*, escrito por Anna Seghers em 1937.

**Sahagún, Bernardino de** (1499-1590) – frade franciscano, missionário e etnógrafo espanhol que participou do processo de colonização da Nova Espanha (atual México). Sua obra mais importante *Historia general de las cosas de la Nueva España* é um documento bilíngue que investiga a fundo a civilização asteca.

**Saint-Germain, conde de** (1696-1784) – figura mística, alquimista, cortesão, aventureiro, músico e compositor.

**São Clemente Maria Hofbauer** [Johannes Hofbauer] (1751-1820) – eremita e religioso integrante da Congregação do Santíssimo Redentor e santo padroeiro de Vienna.

**São Martinho** [Louis Claude de Saint-Martin] (1743-1803) – filósofo e místico francês. Discípulo de Pasqually, assinava como *le philosophe inconnu* [o filósofo desconhecido].

**Scheler, Max** (1874-1928) – pensador alemão, é um dos desenvolvedores do tema do valor em filosofia. Discípulo de Husserl, foi também um dos implementadores da fenomenologia.

**Schelling, Friedrich Wilhelm** (1775-1854) – filósofo alemão, um dos desenvolvedores do idealismo.

**Schiller, Friedrich** (1759-1805) – poeta, pensador e historiador alemão, foi um dos ícones da literatura romântica daquele país no século XVIII, ao lado de Goethe.

**Schindler, Heinrich Bruno** (1797-1859) – psicólogo e historiador cultural alemão interessado no estudo de fenômenos parapsicológicos.

**Schlegel, Friedrich** (1772-1829) – escritor do Romantismo alemão, Schlegel considerava o fragmento uma forma genuína da filosofia crítica. Autor de muitos livros, tem publicados no Brasil *Dialeto dos fragmentos e Conversa sobre a poesia*.

**Schleiermacher, Friedrich Daniel Ernst** (1768-1834) – filósofo e teólogo alemão, sua obra é tida como base para a hermenêutica moderna.

**Schnitzler, Arthur** (1862 -1931) – escritor e dramaturgo vienense. Médico de formação, nutria uma relação tensa de afinidade com Freud, que temia, assumidamente, encontrar no romancista seu duplo [*Doppelgänger*]. Integrou o movimento literário *Jung Wien* [Jovem Viena] junto com Hugo von Hofmannstal, Felix Dörmann, Peter Altenberg, Richard Beer-Hofmann, Felix Salten, Raoul Auernheimer, Hugo von Hofmannsthal e Karl Kraus.

**Scholem, Gershom** [Gerhard Scholem] (1897-1982) – filósofo, teólogo e filólogo alemão. Considerado fundador do estudo moderno da Cabala, exerceu profunda influência sobre Walter Benjamin, com quem manteve duradoura correspondência.

**Schubert, Gotthilf Heinrich von** (1780-1860) – médico, teólogo e filósofo naturalista do romantismo alemão, desenvolveu um ambicioso projeto de união entre as filosofias de Schelling e Herder à tradição cristã.

**Seghers, Anna** [Netty Radványi-Reiling] (1990-1983) – escritora alemã de origem judaica, teve uma intensa vida política, tendo aderido ao partido comunista alemão em um momento de plena ascensão do nazismo. Amiga de Benjamin, Brecht e Lukács, questionou a rejeição deste último ao experimento formal, apesar de ser bastante associada ao "novo objetivismo" e ao "realismo socialista".

**Seligson, Carla** – uma das camaradas próximas de Benjamin no movimento estudantil. Irmã de Frederika Seligson (esposa de Friedrich Heinle), estudou medicina em Berlim e manteve longa correspondência com Benjamin.

**Sepúlveda, Juan Ginés de** (1489-1573) – teólogo e filósofo humanista espanhol nomeado cronista do imperador Carlos V. Partidário da "razão do estado", de Maquiavel, defendeu a justa escravidão e colonização dos povos do "Novo Mundo" na controvérsia de Vallodoid.

**Serpentina** – personagem de *Der goldne Topf. Ein Märchen aus der neuen Zeit*, escrito por E. T. A. Hoffmann em 1814.

**Shakespeare, William** (1564-1616) – poeta e dramaturgo inglês. Com os dois longos poemas que dedicou ao conde de Southampton, obteve dinheiro suficiente para tornar-se sócio da companhia teatral Lord Chamberlain's Men. Suas obras completas foram publicadas por dois antigos colegas de palco sete anos após a sua morte.

**Shepherd, William G.** (1878-1933) – jornalista norte-americano. Escreveu em 1917 o livro "Confissões de um correspondente de guerra", em que denuncia a censura e a edição tendenciosa por parte dos jornais de seu país de suas matérias e das de outros repórteres que trabalharam na Primeira Guerra Mundial.

**Slonimski, Michael** [Mikhail Leonidovich Slonimski] (1897-1972) – escritor soviético, discípulo de Viktor Chklovski. Irmão do compositor Nicolas Slonimski, foi um dos membros fundadores do grupo literário os "Irmãos de Serapião".

**Solness, Halvard** – protagonista da peça *Solness, o construtor* [*Bygmester Solness*], escrita por Henrik Ibsen em 1892.

**Sombart, Werner** (1863-1941) – sociólogo e economista alemão criador do termo "criação destruidora". Autoproclamado "marxista convencido" foi descrito por Engels como o único professor alemão que entendeu *O capital*. No final da vida defendeu o nacional-socialismo como forma de abolir as contradições do capitalismo, advogando a ascensão de um espírito nacional (*Volksgeist*), antítese metafísica do espírito judeu, portador da ética capitalista.

**Sorel, Georges Eugène** (1847-1922) – filósofo e engenheiro francês. Teórico do sindicalismo revolucionário, foi defensor da violência como meio de libertação da mediocridade social predominante. Marxista heterodoxo, influenciou-se pela ética de Proudhon, pela repulsa à mediocridade de Nietzsche e também por Giambattista Vico, Henri Bergson e William James. Trabalhando como engenheiro, pede demissão em 1892 para dedicar-se a estudos de filosofia social. Impulsionador da luta de classes, foi admirado por Mariátegui e Gramsci – embora tenha sido criticado por Lenin. Escreveu, dentre outros trabalhos, *Meditações sobre a violência* e *Materiais para uma teoria do proletariado*.

**Spengler, Oswald** (1880-1936) – historiador e pensador alemão, sua obra mais marcante é *O declínio do Ocidente*.

**Spitteler, Carl Friedrich Georg** (1845-1924) – poeta suíço vencedor do Prêmio Nobel de Literatura em 1919.

**Spitzer, Daniel** (1835-1893) – escritor e jornalista vienense. Formado em direito, tornou-se amplamente conhecido como folhetinista satírico.

**Steffens, Heinrich** (1773-1845) – filósofo e escritor norueguês, influenciado por Schelling. É tido como o introdutor do Romantismo alemão na Dinamarca, para onde se mudou aos 14 anos.

**Steiner, Rudolf** (1861-1925) – filósofo e educador austro-húngaro. Foi fundador da antroposofia e da pedagogia Waldorf.

**Stranitzky, Josef Anton** (1676-1726) – Ator, dramaturgo, marionetista e dentista austríaco. Criou a figura do *Hanswurst* no teatro popular vienense.

**Strauß, Ludwig** (1892-1953) – escritor, poeta e crítico literário alemão. Amigo de Benjamin, dedicou muitos de seus estudos à obra de Hölderlin.

**Strindberg, Johan August** (1849-1912) – dramaturgo e escritor sueco inovador, considerado precursor da dramaturgia do eu. Seu projeto de um novo estilo dramático ligado à teoria do romance psicológico e fundado na autobiografia tenciona a forma do drama clássico na medida em que sua unidade tende a gravitar mais em torno do eu do que da ação.

**Sturz, Helfrich Peter** (1736-1779) – escritor alemão visto como importante mediador entre o Iluminismo tradicional e o romantismo do movimento *Sturm und Drang* [Tempestade e ímpeto].

**Thérive, André** [Roger Puthoste] (1891-1967) – um dos pseudônimos do escritor, romancista e crítico literário francês Roger Puthoste. Figura marcante no mundo das letras francesas no século XX, trabalhou no *Le Temps* e no *Revue critique des idées et des livres*.

**Tolstói, Liev Nikolayevich** (1828-1910) – escritor russo, autor de *Guerra e paz* e *Anna Kariênina*.

**Troeltsch, Ernst** (1865-1923) – teólogo protestante e filósofo alemão da religião e da história. Defendia, em especial em *Die Soziallehren der christlichen Kirchen und Gruppen* (1912), teses sensivelmente idênticas às de Max Weber na questão sobre a origem do capitalismo.

**Troxler, Ignaz Paul Vital** (1780-1866) – físico, político e filósofo suíço. Aluno de Hegel e Schelling, rompeu com a filosofia da natureza deste último em direção a uma concepção de filosofia como antropologia objetivada.

**Unger, Erich** (1887-1950) – filósofo alemão de origem judaica. Postulava que a única maneira de se colocar contra o capitalismo é através do abandono (*Heraustrennung*) de sua esfera de eficiência (*Wirkungsbereich*), pois dentro dela ele é capaz de absorver qualquer ação contrária.

**Verne, Júlio Gabriel** (1828-1905) – romancista, poeta e dramaturgo francês conhecido por clássicos da literatura de aventura e ficção científica como *Viagem ao centro da terra* (1864), *Da Terra à Lua* (1865), *Vinte mil léguas submarinas* (1870) e *A volta ao mundo em oitenta dias* (1872).

**Voltaire, François-Marie Arouet** (1694-1778) – filósofo deísta, escritor e historiador francês, principal representante do Iluminismo burguês.

**Walser, Robert** (1878-1956) – escritor suíço de língua alemã, autor de muitos poemas, romances (restaram quatro apenas – só um publicado no Brasil, *O ajudante*) e contos. De vida errática, acabou em um sanatório. Autor admirado por Kafka, Robert Musil e Walter Benjamin. Agamben declara que Walser é um teólogo que descreve formas e figuras da existência que deixaram de ser humanas, mas também divinas ou animalescas, figuras que vivem para além da danação ou da salvação, como se estivessem no limbo.

**Wassermann, Jakob** (1873-1934) – escritor e romancista alemão de origem judaica, autor de *Caspar Hauser oder Die Trägheit des Herzens* (1909).

**Weber, Max** [Maximilian Carl Emil] (1864-1920) – sociólogo, historiador e economista alemão, é considerado um dos fundadores da sociologia. Foi dos primeiros cientistas sociais a levar em conta a importância da religião na economia política. Weber não aceitava as teses de Marx sobre a acumulação primitiva e sua obra mais importante – *A ética protestante e o espírito do capitalismo* (1904-1905) – refuta a tese de que o capitalismo nascera somente da exploração do homem pelo homem.

**Weininger, Otto** (1880-1903) – filósofo vienense conhecido principalmente por *Geschlecht und Charakter*, publicado pouco antes de seu suicídio.

**Wells, Herbert George** (1866-1946) – romancista inglês. Dedicou-se a narrativas utópicas, fantásticas e científicas – e inclusive muitos de seus vaticínios se cumpriram. Defendia um ateísmo otimista. Escreveu *A guerra dos mundos*, *O homem invisível*, *Breve história do mundo* e *Uma utopia moderna*, entre outros livros.

**Werner, Friedrich Ludwig Zacharias** (1768-1823) – poeta e dramaturgo alemão do romantismo. Tornou-se em 1814 um padre e pregador católico.

**Whitman, Walt** (1819-1892) – poeta norte-americano considerado o pai do verso livre.

**Wieland, Christoph Martin** (1733-1813) – poeta e escritor alemão situado entre a tradição iluminista e a romântica. Criou e editou o periódico *Der teutsche Merkur*.

**Windischmann, Karl Joseph Hieronymus** (1775-1839) – filósofo e antropólogo alemão. Seu pensamento, inicialmente influenciado pela filosofia da natureza de Schelling, passou de um panteísmo a um projeto de filosofia da história cristã positiva, influenciado por Hegel.

**Wolf, Hugo** (1860-1903) – compositor vienense de origem eslovena, destacado pelo seu trabalho com canções românticas (*Lieder*), tendo musicado poemas de Goethe, Eichendorff, Scheffel e Mörike.

**Xenofonte** (c. 430-354 a.C.) – político, general e escritor grego, autor de tratados históricos, econômicos e filosóficos.

**Zabusch** – personagem de *Die Rettung*, romance de Anna Seghers escrito em 1937.

**Zelter, Carl Friedrich** (1758-1832) – compositor e maestro alemão próximo de Goethe, com quem trocou extensa correspondência.

# Sobre o autor e o organizador

**Walter Benjamin**, filósofo e crítico literário, nasceu em Berlim em 1892 e se suicidou em 1940, na fronteira da França com a Espanha, durante uma tentativa de fuga dos nazistas. A rejeição de sua tese de habilitação, "A origem do drama barroco alemão", o impediu de exercer a docência universitária na Alemanha. A partir de 1924 descobriu o marxismo, através da obra de Lukács, e se tornou simpatizante do movimento comunista. Foi associado à Escola de Frankfurt, o Instituto de Pesquisa Social da Universidade de Frankfurt, criado em 1923, e seus principais escritos versam sobre o materialismo histórico, a estética e a arte, o idealismo alemão e, de maneira geral, o marxismo ocidental. Em seus ensaios, combina referências literárias e artísticas com filosofia e sociologia. Em 1933, com a tomada do poder dos nazistas, exilou-se na França. Foi amigo e correspondente de Theodor Adorno, Max Horkheimer, Gershom Scholem, Bertolt Brecht e Hannah Arendt. Seu último escrito, as Teses *"Sobre o conceito de história"*, de 1940, associa o materialismo histórico ao messianismo revolucionário. Sua obra, de caráter fragmentário e ensaístico, foi parcialmente publicada em coletâneas no Brasil, incluindo *Passagens* (Imesp, 2006) e três volumes de *Obras escolhidas*, pela Brasiliense: *Magia e técnica, arte e política* (1985), *Rua de mão única* (1987) e *Charles Baudelaire, um lírico no auge do capitalismo* (1989).

**Michael Löwy** nasceu na cidade de São Paulo em 1938, filho de imigrantes judeus de Viena. Licenciou-se em Ciências Sociais na Universidade de São Paulo em 1960 e doutorou-se na Sorbonne, sob a orientação de Lucien Goldmann, em 1964. Vive em Paris desde 1969, onde trabalha como diretor de pesquisas no CNRS (Centre National de la Recherche Scientifique) e dirigiu um seminário na École des Hautes Études en Sciences Sociales. Considerado um dos maiores pesquisadores das obras de Karl Marx, Leon Trotski, Rosa Luxemburgo, György Lukács, Lucien Goldmann e Walter Benjamin, tornou-se referência teórica para militantes revolucionários de toda a América Latina. Foi homenageado, em 1994, com a medalha de prata do CNRS em Ciências Sociais. É autor de livros e artigos traduzidos em 25 línguas. Sobre ele, a Boitempo publicou *As utopias de Michael Löwy: reflexões sobre um marxista insubordinado* (orgs. Ivana Jinkings e João Alexandre Peschanski, 2007). Tem vasta obra publicada em português, incluindo *As aventuras de Karl Marx contra o barão de Münchhausen* (Cortez, 1994), *A guerra dos deuses* (Vozes, 2000), *Franz Kafka: sonhador insubmisso* (Azougue, 2005) e, pela Boitempo, *Walter Benjamin: aviso de incêndio* (2005), *Lucien Goldmann ou a dialética da totalidade* (com Sami Naïr, 2009), *Revoluções* (organizador, 2009), *A teoria da revolução no jovem Marx* (2012), *A jaula de aço* (2014), *Revolta e melancolia* (com Robert Sayre, 2015), *Centelhas* (com Daniel Bensaïd, 2017), *A estrela da manhã: surrealismo e marxismo* (2018), *O caderno azul de Jenny* (com Olivier Besancenot, 2021) e *Marx, esse desconhecido* (2023).

Benjamin como *Angelus Novus* de Klee.

Publicado em 2013, 80 anos após Benjamin exilar-se em Paris, fugindo da perseguição aos judeus e comunistas perpetrada por Hitler, este livro foi composto em Adobe Garamond Pro, 11/15, e reimpresso em papel Pólen Natural 80 g/m², na gráfica Rettec, para a Boitempo, em outubro de 2023 com tiragem de 1.000 exemplares.